上海文化发展基金会图书出版专项基金资助项目

Education Reform for
the 21st Century Skills :
China and World

丛书主编 彭正梅

面向21世纪能力的教育变革：中国与世界

众生喧嚣：
公众如何影响K-12标准化教育改革

高 原/著

上海教育出版社

丛书总序
发展 21 世纪能力,建设现代教育强国①

其本乱而末治者,否矣。
其所厚者薄,而其所薄者厚,未之有也。
——《大学》

为了应对全球知识社会日益扩展所带来的挑战,自 20 世纪末以来,世界各国兴起了超越知识的 21 世纪能力教育改革运动(21st century skills-oriented educational reform movements),美国智库布鲁金斯学会(Brookings Institution)将这场改革运动称为"全球能力运动"(global skills movement)。② 全球教育系统的目标、内容、方法和评价更为明确地关注并聚焦 21 世纪个人及社会所需的广泛的高阶能力,即 21 世纪能力。21 世纪能力已经成为世界各国回应全球知识社会、提升其全球竞争力的重要抓手,成为各国教育改革的核心,也成为 21 世纪教育强国的本质体现。③

今天的中国已经一改近代以来的被动地位,更加主动地参与到国际和全球事务之中,力图推动建立更加合理公正的国际秩序,从而在全球格局中谋取中华民族的伟大复兴和全人类的共同福祉。对于已经实现从"面向世界"到"在世界之中"的中华民族来说,结合自身国情,顺应全球教育趋势,推动以 21 世纪能力为导向的教育转型从未像今天这样刻不容缓,成功的教育转型也从未像今天这样可望可即。

① 本文作者为彭正梅、邓莉和周小勇,发表在《中国教育政策评论 2018》。郑太年、沈伟、沈章明和高原对本文的思想形成作出了贡献,这里表示感谢。
② Ananiadou, K. & Claro, M. 21st Century Skills and Competences for New Millennium Learners n OECD Countries [R]. OECD Education Working Papers, No.41, OECD Publishing, 2009: 8.
③ 邓莉,彭正梅.全球学习战略 2030 与中国教育的回应[J].开放教育研究,2017,23(3): 18-28;彭正梅,邓莉.培养具有全球竞争力的美国人——基于 21 世纪美国四大教育强国战略的考察[J].比较教育研究,2018,7: 11-19.

1

一、全球 21 世纪能力教育改革运动及其本质

21 世纪以来,国际上出现一场全球性的 21 世纪能力运动,其本质是一种以人的高阶能力发展为导向的教育改革运动,体现了一种新人形象的教育目的。

1. 21 世纪能力教育改革运动的兴起

2001 年是 21 世纪以来教育改革的开端,世界各国教育改革纷纷布局自己的教育战略,以应对各自面临的挑战。在美国,在 2001 年的总统选举中,民众关心的第一议题就是教育问题,并由此促进了 2001 年《不让一个孩子掉队法案》(No Child Left Behind Act)的出台;在中国,为了解决基础教育中的应试教育问题,2001 年教育部启动了基础教育课程改革;德国在 2001 年经济合作与发展组织(Organization for Economic Co-operation and Development,简称 OECD)主导的国际学生评估项目(Program for International Student Assessment,简称 PISA)测试中遭受"PISA 震动"(PISA shock),迅速开启了新的全国性的教育改革。

之后,每隔三年的 PISA 测试进一步把世界各国拖入教育竞争之中。卷入 PISA 测试的国家都极为关心自己的 PISA 测试排名,并把这一排名视为教育竞争力、人力资本竞争力乃至国家竞争力的关键。2009 年和 2012 年,上海 PISA 测试两获世界第一,震惊了整个世界。一方面,人们惊奇地发现,长期以来被西方世界刻板化为死记硬背的"填鸭式"的中国教育居然具有世界最强的教育潜力;另一方面,国际社会特别是西方社会把这视为中国经济的潜在竞争力,并惊呼这是一次新的"人造卫星"危机,就像 60 多年前苏联的人造卫星上天对西方教育、科研体制乃至社会的冲击。PISA 测试试图用同一把尺子来衡量参与国的教育质量,推动和促进了各国的教育改革及其反思浪潮。

这些改革的核心议题是探讨 21 世纪教育需要培养什么样的人。1999 年,OECD 提出个体在 21 世纪获得"兴盛"(flourishment)需要什么关键能力的框架;2002 年,美国 21 世纪学习合作组织(Partnership for 21st Century Learning,

原名为 Partnership for 21st Century Skills,简称 P21)提出个体在 21 世纪获得成功需要什么样技能的框架图。2001 年,美国教育家布卢姆(B. S. Bloom)认知领域教育目标分类经过修订,"创造"被置于顶端。如果说古典经济学家把专业化和贸易视为发展的主要因素,那么在 21 世纪,人们日益确信,创新和创业才是经济增长的主要驱动力,创新力才是各国的核心竞争力。培养人的创新力成为各国教育竞争力乃至国家竞争力的核心。

2016 年,布鲁金斯学会环球教育中心(Center for Universal Education at Brookings)和乐高基金会(LEGO Foundation)联合启动"变化世界中所需的技能"(Skills for A Changing World)项目,旨在探索 21 世纪新的教育需求,以及各国教育系统如何回应这种需求。该项目对 113 个国家的教育系统(从愿景或使命陈述到课程)进行的调查发现,世界主要国家及国际组织纷纷研制了 21 世纪能力框架来界定和遴选 21 世纪所需的技能或能力。即便在英国苏格兰、克罗地亚、危地马拉和菲律宾等地理、工业和社会经济地位迥异的国家和地区,也都一致认同教育应该培养学生的 21 世纪能力。显然,在全球范围内,越来越强调发展学生超越传统学科知识的广泛的 21 世纪能力,并且体现为一场 21 世纪能力导向的全球性的教育改革运动。[1]

各国及国际组织在自己的文件中指称 21 世纪能力所用的概念有差异。例如,OECD 和欧盟称为"关键能力"(key competences / key competences),美国称为"21 世纪技能"(21st century skills)、日本和新加坡称为"21 世纪能力"(21st century competencies),中国称为"核心素养"。此外,还有"横向能力"(transversal competencies)、"高阶思维技能"(higher-order thinking skills)、"高阶技能"(higher-order skills)、"通用技能"(generic skills)、"通用能力"(general capabilities)、"可迁移技能"(transversal skills)、"深度学习"(deeper learning)、"21 世纪流畅力"(21st century fluencies)、"全球能力/全球胜任力"(global competencies)、"终身学习素养"(lifelong learning competences)、"新基础性技能"(new basic skills)、"软技能"(soft skills)以及"非学术技能"(non-

---

[1] Care, E., Anderson, K., & Kim, H. Visualizing the Breadth of Skills Movement across Education Systems[R]. The Brookings Institution, 2016.

academic skills），等等。[1]

这些指称有其共同之处，但也有不同的侧重点，主要体现为两个英文关键词"competency"和"skill"之间的区分。一般而言，"skill"和"competency"在某种程度上都是指完成某一（些）任务所需要的能力。"skill"偏重可表现、可观察的技能，因此"skill"并不能完全告诉我们"如何"（how）成功地完成一项任务或动作。相对而言，"competency"这个概念更广泛，能够涵盖把"skill"转化为工作行为时遗漏的部分。也就是说，"competency"包含着知识、技能以及态度和价值观这三个方面的含义，而不仅仅是可表现、可操作和可观察的行为。因此，那些使用"skills"来指称 21 世纪能力的国家，为了避免这个概念较为狭隘的含义，把"skills"理解为 KSA（即 knowledge，skills，attitudes and values）；而那些使用"competency"的国家，为了避免这个概念的广泛性和模糊性，越来越多地使用"skills"来指称 21 世纪能力明确的特殊性。

实际上，"全球技能运动"产生于并旨在回应 21 世纪以来日益扩展和加深的全球化和全球市场，因此，它比较忽略带有更多文化性和意识形态的知识、态度和价值观，而是强调更具表现性和结果性的"skills"。因此，布鲁金斯学会把这场全球性的教育改革运动称为"全球技能运动"，可谓抓住了这场运动的本质。

中国把这场"全球技能运动"称为"核心素养运动"，自然反映了我们重视知识、价值观的教育传统，却忽视了这场运动强调可表现、可操作和可观察的技能的本质。然而，"技能"在中文中常常与职业教育联系在一起，使用"技能"概念，反而不利于这场运动在所有教育领域展开，不如"能力"这个概念更好。因此，这里把"全球技能运动"称为"21 世纪能力教育改革运动"。这样，我们可以把对这场运动的研究和考察与中国教育界长期以来关于知识与能力关系问题的讨论联系起来，并有利于这个问题在 21 世纪的澄清。同时，考虑到"21 世纪技能运动"（21st century skills movement）主要是为了培养个体在 21 世纪获得成功和生命"兴盛"所需要的能力，因此"技能"这个狭隘的概念也不足以涵盖个体"成功"和"兴盛"所需要的能力。而且，如果再把"21 世

---

[1]　邓莉.如何在教学上落实 21 世纪技能：探究性学习及其反思和启示[J].教育发展研究,2017,37(8)：77-84.

纪能力”从中文翻译成英文,则宁可采用阿玛蒂亚·森(Amartya Sen)和玛莎·努斯鲍姆(Martha C. Nussbaum)的“能力”(capabilities)概念,把它翻译为“21st capabilities”。①

2. 21 世纪能力是高阶能力

21 世纪能力教育改革运动首先体现在很多国家或组织制定的 21 世纪能力框架之中。这些框架界定了本国或组织所认可的最为重要的 21 世纪能力,来引领学校变革和课程教学变革。

各国或有关国际对 21 世纪能力的定义及其包含的子技能有所不同,但呈现出某种共同的关怀。各国或有关国际提出的 21 世纪能力通常包含认知和非认知的知识、技能以及态度或价值观,其共同特征在于强调 4C 技能(Critical thinking and problem solving,Communication,Collaboration,Creativity,即批判性思维和问题解决、交流、合作、创造技能)、ICT 技能(Information Communications Technology,即信息通信技术技能)、人际交往、适应能力等。其中亚洲国家如新加坡和日本同时把伦理道德和价值观摆在重要位置。② 这里对 21 世纪能力与布卢姆认知领域的教育目标分类进行比较。

20 世纪 50 年代,美国教育心理学家布卢姆提出教育目标分类法:知识(knowledge)、领会(comprehension)、应用(application)、分析(analysis)、综合(synthesis)、评价(evaluation)。这六个阶段的认知水平由低阶走向高阶,其中,分析、综合与评价是问题解决能力的三个水平,是综合运用多种知识、技能和策略解决问题的能力,是高阶能力。2001 年,安德森(Lorin Anderson)和克拉斯沃尔(David Krathwohl)修订了布卢姆的认知领域教育目标分类。修订版将“创造”置于知识复杂度的顶层,也就是说,创造和创造性思维被视为最复杂的人类认知过程。这一修订试图强调,学习结果仅仅满足于知识习得和理解层面是不够的,学习的成功必须通往高阶目标或层次,最终导向问题解决、创造力的获得。

因此,按照布卢姆的教育目标分类,读写算能力即 3R(Reading, wRiting,

① 杨兴华.阿玛蒂亚·森和玛莎·努斯鲍姆关于可行能力理论的比较研究[J].学术论坛,2014,37(2):31-34.
② 邓莉.如何在教学上落实 21 世纪技能:探究性学习及其反思和启示[J].教育发展研究,2017,37(8):77-84

Arithmetic）能力和传统教育的学科知识属于较为低阶的知识和能力,因为它侧重记忆和回忆等认知水平层次,只需要学生付出低层次的认知努力,而分析、综合与创造等高阶能力需要付出更大的认知努力,包括复杂推理、逻辑思维、问题解决等,并能够将知识迁移到实际生活中。

如果以布卢姆教育目标分类来考察,我们可以看出,21 世纪能力特别是 4C 技能分布在高阶区域(见图 1)。

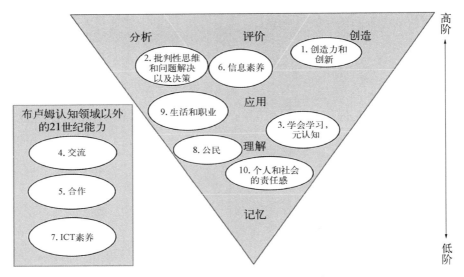

图 1　21 世纪能力的教育目标分类①

4C 正是 21 世纪能力教育改革运动的核心。布鲁金斯学会的研究发现,97 个国家在公开文件中提到特定的能力,如合作、问题解决、信息素养、创造力、交流等能力,并强调通过教育系统发展这些能力;55 个国家在课程文件中提到这些能力;45 个国家在其使命和愿景陈述中提到 21 世纪能力和个人品质;13 个国家提到在不同学段、年级中的能力进阶(能力的不同层次水平)。② 在各国政策中最为频繁提到的 21 世纪能力是交流技能,其次是创造

---

① Suto, I. 21st Century Skills：Ancient, Ubiquitous, Enigmatic？[J]. Cambridge Assessment, 2013：11.
② Care, E., Anderson, K., & Kim, H. Visualizing the Breadth of Skills Movement across Education Systems[R]. The Brookings Institution, 2016：9.

力、批判性思维和问题解决技能(见图 2)。①

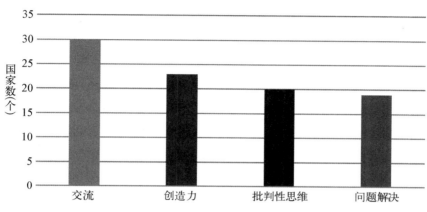

图 2　各国最为频繁提到的 21 世纪能力

澳大利亚一项研究也显示,4C 在各国 21 世纪能力框架处于最重要的位置(见图 3)。②

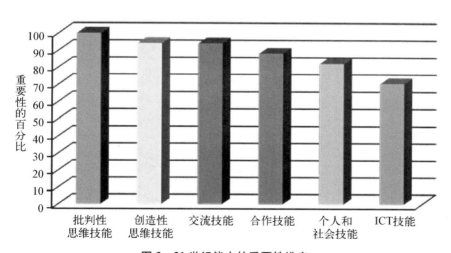

图 3　21 世纪能力的重要性排序

---

① Care, E., Anderson, K., & Kim, H. Visualizing the Breadth of Skills Movement across Education Systems[R]. The Brookings Institution, 2016：9.
② Queensland Curriculum and Assessment Authority. 21st Century Skills for Senior Education：An Analysis of Educational Trends[EB/OL]. 2015－11[2017－11－20]. https：//www.qcaa.qld.edu.au/downloads/publications/paper_snr_21c_skills.pdf,2015：10.

因此，可以说，21 世纪能力被世界各国视为当前和未来社会个人取得生活和职业成功、国家取得经济繁荣所需要的必备能力。与低阶能力相比，作为高阶能力的 21 世纪能力超越了传统的读写算能力，超越传统学科，主要包含批判性思维、问题解决、合作、交流、创造力等能力。高阶能力的本质在于如何创造性地应用知识来解决问题，它超越了学科知识的认知性掌握，是知识、技能、思维和态度的综合。正是从这个角度，21 世纪能力教育改革运动也被称为从 3R 到 4C 的运动。①

实际上，高阶能力是一个历史的概念，受到政治、经济、文化等方面的影响。农业时代、工业时代所认为的高阶能力是读写算能力，当今时代的高阶能力在未来也会发生变化，有些会被人工智能代替，而一些新的能力会加进来。基于当前 21 世纪所处的全球知识社会背景，以及从全球 21 世纪能力教育改革运动的背景，目前社会的高阶能力主要是指 21 世纪能力，这样的能力是目前和未来一段时期机器所难以取代的能力，"甚至是人摆脱被人工智能取代的重要资本"。②

今天，世界各国所言的 21 世纪能力具有共同的主要特征：横向的或通用的，即不与特定的领域直接联系，但与很多领域相关；多维度的，即包含知识、技能和态度；高阶的，即与高阶技能和行为相关，是能够应对复杂问题和突发情况的能力。③ 21 世纪能力中的批判性思维和问题解决技能、合作技能、交流技能、创新和创造技能等尤其具有复杂性、高阶性、跨学科性、多维性和合作性，并且是对每个人的要求。

在 21 世纪，高阶能力已不能仅仅是偶然的、附带的教育和教学的点缀，而必须成为我们教育系统中普遍的刻意行为。要致力于更加公平和有效的教育，我们就必须普遍教授儿童如何去思考，如何将所学知识应用于实践，帮助所有儿童去习得可迁移的高阶能力。也就是说，在柏拉图时代，作为精英阶层

① 邓莉,彭正梅.美国学校如何落实 21 世纪技能——21 世纪学习示范学校研究[J].外国教育研究,2017,44(9)：51－71.
② 郑太年.美国教育的基础性制度和发展战略的嬗变[J].教育发展研究,2018,38(11)：18－26.
③ OECD. The Definition and Selection of Key Competencies［Executive Summary］[EB/OL]. 2005－05－27[2017－09－25]. http://www.oecd.org/pisa/35070367.pdf.

的"奢侈品"的批判性思维技能等高阶能力，必须走向每个人。①

这种以培养人的高阶能力为导向的全球性的教育改革，体现了一种国际教育中的新人形象，而培养这种新人恰恰是 21 世纪的全球知识社会基本而迫切的要求。

二、全球知识社会需要培养个体的 21 世纪能力

尽管 21 世纪能力教育改革运动的落脚点是个体成功，但需要从个体及教育所属的社会和世界，特别是从现代化的视角来加以考察，才能看出这场运动的特殊性、必要性和迫切性。

1. 现代化的前提是人的现代化

从西方教育历史发展来看，现代教育强调的是培养理性的主体。卢梭（Jean-Jacques Rousseau）提出，教育的目的既不是培养暴君，也不是培养奴才，而是培养一个人。暴君任性，他想做什么就做什么，并且禁止别人评判和批评；奴才没有个性，以他人的意志作为自己的意志。卢梭要培养的是具有真情实感和能够理性思考的主体。康德（Immanuel Kant）把卢梭的论述进一步归纳为培养"能够不依赖他人而独立使用自己理性的个体"。因此，康德鼓舞人类："拿出勇气来，去使用自己的理性！"②

在康德之前夸美纽斯（Johann Amos Comenius）呼吁要把"一切知识教给一切人"，因为只有拥有知识，人类才能思考。康德之后的赫尔巴特（Johann Friedrich Herbart）认为，知识即道德，没有经过理性思考、没有理性抉择的道德，不是真正的道德。

杜威（John Dewey）认为，教育不仅在于培养理性主体，更在于培养致力于社会改善的理性主体。因为只有改善了的社会，才允许人的理性使用及其进一步使用。因此，在杜威看来，现代教育的任务是培养能思考的积极的公民。

---

① 彭正梅,邓莉.迈向教育改革的核心：培养作为 21 世纪技能核心的批判性思维技能[J].教育发展研究,2017,37（24）：57－63.
② ［德］康德.康德论教育[M].李其龙,彭正梅,译.北京：人民教育出版社,2017：78.

这里以一则事例来加以说明。

      贝尔市是美国洛杉矶近郊一个蓝领工人聚居的普通小城。2010 年 7 月初的一天，50 多岁的拾荒妇女简·艾丽丝正在漫不经心地清理从贝尔市政府回收的废纸。突然，一份贝尔市官员的工资单闯入眼帘，上面的数字让艾丽丝惊呆了：市长里佐的年薪竟然高达 78.8 万美元，相当于美国总统年薪的两倍。警察局长兰迪·亚当斯的年薪同样令人咋舌，达到 46 万美元，比洛杉矶市警察局长的年薪多出 15 万美元。

      艾丽丝越看越感到震惊：斯帕希只是一名助理执政官，年薪竟高达 37.6 万美元，而市议会的 4 名议员并非全职工作，每人年薪也达到 10 万美元。在美国，一般城市里的议员每月通常只有微薄的薪水。

      艾丽丝愤然走上街头，通过演讲揭露这件蹊跷事。此举引起《洛杉矶时报》关注，该报组织一个 20 人的采访小组进行调查，结果证明艾丽丝所言属实，并引起检察机关介入。

      美国咨询公司"奥马力国际"总裁约翰·奥马力对本报记者说，美国城市一般规模不大，政府预算不多，给人留下官员没有贪腐空间的印象，但贝尔市的腐败案改变了人们的想法。尤其可怕的是，这些腐败官员是一位拾荒者在偶然间发现并揭露出来的，倘若没有艾丽丝，这些硕鼠也许至今仍逍遥法外。[①]

      一个国家想要健康发展，就必须让每一位公民都具备判断能力、监督意识和监督能力。在杜威看来，只有这样"能思考的积极的公民"，才能帮助我们理性地建设一个不断改进的社会环境。否则，理性思考能力就是一种屠龙之技。

      杜威之后，美国社会学家英格尔斯（Alex Inkeles）在 20 世纪 60 年代明确指出，现代社会建立的前提是人的现代化。人的现代化不是现代化的产物或副产品，从根本上说，恰恰是现代化的必要前提和条件。

      英格尔斯在其国际调查中发现，国家落后和不发达不仅仅是一堆能勾勒

---

① 陈一鸣.美国拾荒大妈拉地方贪官落马［EB/OL］. 2014－06－05［2017－11－23］. http://opinion.people.com.cn/ n/2014/0605/c1003－25107547.html.（内容有删减）

出社会经济图画的统计指数，也是一种国民的心理状态，一种落后的国民素养。"痛彻的教训使一些人开始体会和领悟到，那些完善的现代制度以及伴随而来的指导大纲、管理守则，本身是一些空的躯壳。如果一个国家的人民缺乏一种赋予这些制度以真实生命力的广泛现代心理基础，如果执行和运用这些现代制度的人，自己都还没有从心理、思想、态度和行为方式上经历一个向现代的转变，失败和畸形发展的悲剧是不可避免的。再完美的现代制度和管理方法，再先进的技术工艺，也会在传统人的手中变成废纸一堆。"①

那么，这些素养是什么呢？ 在英格尔斯看来，人的现代素养包括：准备和乐于接受新的生活经验、思想观念和行为方式；准备接受社会的改革和变化；思路开阔，头脑开放，尊重和愿意考虑各方面的不同意见和看法；注重未来与现在，守时、惜时；强烈的个人效能感，办事讲究计划和效率；充满尊重知识的气氛，热心探索未知的领域；可信赖性和信任感；重视专门技术；有意愿根据技术水平高低来领取不同报酬的心理基础；乐意让自己和后代选择离开传统所尊敬的职业；对教育内容和传统智慧敢于挑战；相互了解、尊重和自尊；了解生产及过程等。② 只有国民具有这些素养，国家才可真正成为现代化的国家，才能实现有效的管理和高速稳定的经济发展。否则，即使由于某种其他原因或机遇，经济开始起飞，获得短暂繁荣，也不会长久，难以持续。因此，人的现代化是国家现代化必不可少的因素，是现代化制度和经济赖以长期发展并取得成功的先决条件。这就是为什么德国和日本能在"二战"后迅速崛起的原因。只要人的技能还存在，被毁坏的国家就可以迅速重建。

2. 全球知识社会需要 21 世纪能力

一个国家国民的心理和精神如果处于传统守旧的意识之中，就会严重阻碍国家经济社会发展及其现代化。英格尔斯把这种人称为"传统人"。传统人恐惧不同观点以及社会变革，盲目服从传统和权威，没有时间感和效率观，总是以古人和传统来评断新事物，希望古代的几本经典可以解决一切现代问题，等等。传统人还不断地攻击现代化及其需要的理性主体的培养，并把国际社

---

① 英格尔斯.人的现代化[M].殷陆君,译.成都:四川人民出版社,1985:4.

② 同上:22-36.

会出现的对现代性的批判视为对现代性的根本否定。

自 20 世纪 60 年代开始在西方世界盛行的后现代的诸种思考，如后殖民主义、后结构主义和批判主义，并未动摇以理性主体为核心的现代社会，更没有产生一种后现代社会。"柏林墙的倒塌"反而预告了一种更具连接性的现代社会，即全球化时代的到来。

1990 年，柏林墙的倒塌、东欧社会主义国家的转型以及苏联的解体，被认为是自由民主人权取得了胜利。美国学者福山（Francis Fukuyama）甚至认为，历史走向了终结。他乐观地想象道："人类不会是盛开千姿百态美丽花朵的无数蓓蕾，而是奔驰在同一条道路上的一辆辆马车……马车构造表面上的差别并不能被视为驾驭马车的人之间永久的、必然的差异，而只不过是因为他们在路上所处的位置不同罢了……有相当多的马车驶入城镇这一情景会使任何有理性的人看到后都不得不承认只有一条路，且只有一个终点。而毋庸置疑，我们现在就处在这个目的地上。"① 在福山看来，这个目的地就是市场经济、民主政治和个体自由。他相信，自由民主的理念和制度已在全球范围内得到认可和扩展，并成为唯一的意识形态；市场经济力量正在推动国家壁垒的崩溃，正在创造一个唯一的、一体化的世界市场。

在福山看来，从 20 世纪 90 年代开始的全球化不是后现代社会，而是现代化在全球的扩张，一种全球性的西方化。可以看出，他的这种西方化实际上就是马克思主义所批判的资本主义的全球化，其中隐含着被后现代深刻批判的"西方中心论"：西方文明是高级文明，其他文明是低级文明；西方文明普遍有效，其他文明特殊狭隘。而实际上，在这种资本主导的全球化进程中，前共产主义东欧几十年来积累的社会财富被抢劫一空。② 对此，这里不作进一步探讨。福山所描述的这种作为现代化扩展的全球化，带有任何民族国家及其教育都必须加以回应的新的特性。也就是说，这里的全球化实际上是一种知识经济的全球化。

与以英格尔斯所描述的工业经济为特性的第一次现代化不同的是，20 世纪 90 年代开启的全球化，是一种知识经济的现代化，是第二次现代化。OECD

---

① 弗朗西斯·福山.历史的终结和最后的人[M].黄胜强,许铭原,译.北京：中国社会科学出版社,2003：381－382.
② 卡奇米耶日·Z.波兹南斯基.全球化的负面影响——东欧国家的民族资本被剥夺[M].佟宪国,译.北京：经济管理出版社,2004.

认为，知识经济正在改变整个世界经济劳动力市场的技能水平的要求。在工业国家，以知识为基础的行业迅速扩张，劳动力市场需求也相应发生改变。新技术的引入，对高技能工人的需求，特别是对高技能信息通信技术工人的需求增加了。与此同时，对低技能工人的需求下降了。① 社会学家吉登斯（Anthony Giddens）也指出，在知识经济时代，劳动力主要不是在物质生产或原料物资分配环节，而是在设计、开发、技术、营销、销售和服务领域。这是一种在思想、信息、知识支撑下的创新和增长的经济。②

如果我们把迈入知识经济的社会称为知识社会，那么这个社会有哪些特征呢？我们又应当如何教育当下及未来的公民，使他们能够更好地在这个社会工作和生存呢？换句话说，知识社会时代的教育使命是什么？

根据汉斯-戴尔特·埃弗斯（Hans-Dieter Evers）的观点，知识社会具有以下几个特征：

- 与其他社会相比，知识社会的成员受教育水平一般较高，劳动力中很大一部分人群是研究人员、科学家、信息专家、知识管理专家等"知识工作者"；③
- 知识社会的工业产品集成了人工智能；
- 知识社会的组织机构——无论是私人、政府还是社会机构——都应转型为智能化、学习型组织；
- 系统化知识呈上升趋势，以数字化专业知识为形式存储在数据库、专业系统、组织计划和其他媒介当中；
- 专业知识和知识生产呈现多中心扁平化趋势；
- 有明显的生产和利用知识的文化。④

---

① OECD. The Knowledge Economy and the Changing Needs of The Labor Market [EB/OL]. 2001 [2017-12-10]. http://siteresources.worldbank.org/INTLL/Resources/Lifelong-Learning-in-the-Global-Knowledge-Economy/chapter1.pdf.

② Giddens, A. Sociology[M]. 4th Edition. Cambridge: Polity Press, 2001: 378.

③ "知识工作者"是"现代管理学之父"彼得·德鲁克（Peter Drucker）提出的术语，用来描述知识经济的参与者，与工业时期生产有形产品的产业工人相对，他们的主要资本是知识，对知识生产及其处理是他日常的工作和活动，软件工程师、建筑师、科学家、律师、教师与科研人员等是常见的知识工作者。

④ Evers, H. Transition Towards a Knowledge Society: Malaysia and Indonesia in Comparative Perspective [J]. Comparative Sociology, 2003, 12(1): 355-373.

对于教育而言,知识社会的这些特征意味着教育目的与以往相比发生了
重大变化,知识社会对学校提出了一些新的要求。学校应当：

- 将知识作为工作和日常生活的中心；重新设计学习经验,这些学习
经验应当考虑将所学的知识在将来应用于产品、市场或需要与之打交道
的用户；拓展培训受益面,使所有人都能成为参与其中的研究者或行动研
究者——分析情境、预估并解决问题、有创造性的思维、不断创新并在合
理判断的基础上大胆尝试；这意味着我们在做任何事情时都要不断地从
认知的角度加以反思。

- 让学习者成为主导适应变化的领导者,以免在面对未来社会形态时
手足无措；支持/鼓励建立跨学科协作团队,在面对我们这个时代的重要
挑战时采取具有前瞻性的措施——这些挑战包括可持续发展、科技变革、
经济发展和各种形式的全球主义。

- 培养优秀的公民——优秀的企业公民(法人)、地方性公民、国家公
民以及全球公民；在学习过程中培养学习者的 21 世纪能力,使他们能够
独立或协作承担社会责任；培养学习者正确的伦理价值观和个人判断力。

- 创设一种富有建设性的多样性,以确保多元的个人经验和知识都能
够参与经济与社会发展——这些多元的经验与知识包括不同的个人观
点、沟通方式、人际网络、对问题的理解能力和应对挑战的方法等。

- 培养学习者的创新能力,支持他们建立在合理判断基础上的大胆创
新,为创新精神的自由发展提供空间等。[①]

因此,如果说在试图实现以工业社会为特征的现代社会需要英格尔斯所
列举的人的现代素养,那么在作为以全球知识社会为特征的当代社会,则需要
培养 21 世纪能力这种新的基本的高阶能力。也就是说,正是全球知识社会,
内在地促进了 21 世纪能力教育改革运动的产生。

显然,在这样一种知识经济的全球化中,竞争其实并没有消失,反而更加

---

① Mary, K., Bill, C., & Walter, M. New Learning：A Charter for Change in Education［EB/OL］. 2012－01－31
［2017－12－30］. https：//education.illinois.edu/newlearning/knowledge-society.html.

激烈,从两个主要阵营的竞争转向全球竞争。而且,在这样一种全球竞争、全球流动的背景之下,低阶的常规性技能的需求整体呈下滑趋势,而对非常规性分析和非常规性人际技能的需求却大幅上升。也就是说,作为 21 世纪能力的高阶能力已经成为全球性的货币,成为各国教育的核心关注。

尽管如此,不能把全球化简单地作为第一次现代化的延续和扩展,西方的理性主体的理论毕竟经过后现代以及后殖民主义等的批判,这使得对理性主体的吁求更加带有多元文化的色彩。这也说明,理性主体不能只从理性的使用维度,更要从 4C 的维度来加以阐释。由于全球化时代持续的社会变革及技术进步,个体需要不断地学习;由于全球化带来的普世价值和地方价值的冲突以及由此带来的日益的异质性,跨文化能力或多元文化能力已经成为个体必要的生存能力(survival skills)。全球知识社会时代需要乔布斯(Steve Jobs)那样一种"求知若渴、虚心若愚"的新的理性主体。这种理性主体就是 21 世纪能力所体现的新人形象。

康德指出,我们可以把人类的历史大体上视为大自然的一项隐秘计划的实现。[①] 从工业的现代社会到全球性的知识社会的进展,体现了人的理性的不断积累。在技术和人工智能的帮助之下,人类独特的理性禀赋将会得到普遍使用,而且这种使用会有利于人类命运共同体的逐渐确立和完善。

三、教育强国的新界定及中国的战略应对

随着 21 世纪能力成为全球知识社会的基本能力,教育强国的现代定义也出现了相应的变化。对中国来说,建设现代教育强国要更加复杂,也出现了不同于其他世界教育强国的新要求。

1. 教育强国即 21 世纪能力的强国

教育强国是一个不断变动的指标体系。在 19 世纪末,普鲁士可能被称为教育强国;在 20 世纪初,美国和苏联可以被称为教育强国。那么,在知识经济

---

① [德]康德.历史理性批判文集[M].何兆武,译.北京:商务印书馆,1990:1-21.

时代,在全球知识社会,教育强国的基本特征又是什么呢?

梳理现有文献发现,各类国际组织、国外学者对教育强国的内涵和建设路径的理解,基本上可以分为如下五类。

第一种理解是通过国际性大规模测量来判断一个国家是不是教育强国。如果一个国家的学生在 PISA 等国际测试中表现卓越,那么这个国家通常会被认为是教育强国(education superpower)。例如,由于芬兰学生在 PISA 测试中持续表现优异,芬兰被公认为教育强国。[1] 新加坡学生连续在多个科目排名中拿到第一,比如在 2015 年的 PISA 测试中,新加坡学生在数学、阅读和科学三个科目中的成绩都占据了首位,在 2016 年的国际数学和科学测试(TIMSS)中,新加坡学生的成绩也高居榜首,因而新加坡也被认为是教育强国。研究者将这种成功归因于新加坡 1997 年开始的在"思考型学校,学习型国度"的理念下开展的一系列教育改革。[2]

第二种理解是根据全球大学排名来判断一个国家的教育强弱。其逻辑是,全球大学排名代表了一个国家的高等教育系统,从而也代表了这个国家的整个教育系统的人才、科研成果产出的数量与质量。罗斯玛丽·迪姆(Rosemary Deem)等人指出,在各种世界性排名榜中,美国的大学都占据了绝对优势,美国理所当然地被认为具有世界上最好的教育制度。[3] IIE 和 AIFS 基金会(IIE and the AIFS Foundation)在 2015 年出版的论文集《亚洲:未来的高等教育强国?》中,对"亚洲国家是不是下一代高等教育强国"以及"全球大学排名差距决定了亚洲国家和高等教育强国地位之间的差距"等问题进行了探讨,指出在慷慨的财政投入和强有力的政策支持下,亚洲的一些重点大学取得了明显的进步,亚洲大学的崛起已经成为全球大学排行榜的一大主题,但问题和挑战在于,这些大学是否有能力打破西方的教育霸权,使所在国成为真正的高等教育强国。[4]

第三种理解是根据人口与国民收入、教育发展水平、教育投入和产出等因

[1] Morgan, H. Review of Research: The Education System in Finland: A Success Story Other Countries Can Emulate [J]. Childhood Education ,2014, 90 (6): 453 – 457.

[2] Maxwell, D. Singapore, the 21st Century Education Superpower[EB/OL]. 2017 – 01 – 09[2018 – 02 – 10]. https://www.studyinternational.com/news/singapore-the – 21st-century-education-superpower/.

[3] Deem, R. , Mok, K. H., & Lucas, L. Transforming Higher Education in Whose Image? Exploring the Concept of the "World-Class" University in Europe and Asia[J]. Higher Education Policy, 2008, 21: 83 – 97.

[4] Bhandari, R., & Lef, A. Asia: The Next Higher Education Superpower? [M]. IIE and the AIFS Foundation, 2015.

素,将世界各国分成教育发达国家、教育较发达国家、教育中等发达国家和教育欠发达国家。按照世界经济论坛发布的《全球竞争力报告 2017—2018》,从宏观经济环境、基础设施建设、健康与初等教育状况、劳动力市场效率以及创新能力等要素来看,芬兰、瑞士、比利时、新加坡、日本、新西兰、爱沙尼亚、爱尔兰、荷兰等国拥有世界上最好的教育制度,是教育强国。^① OECD 每年发布的《教育概览》涵盖了 36 个成员国和大量伙伴国家的教育数据,包括教育投资、高等教育毕业率、就业率、高等教育收益、国民受教育程度、班级规模等指标来对各国进行排名,在教育效能、质量与公平方面表现优异的国家被视为教育发达国家。^②

第四种理解是以教育国际化尤其是国际学生的数量来判断一个国家是不是教育强国。《亚洲:未来的高等教育强国?》指出,教育国际化是代表全球教育竞争力和高等教育强国的重要指标。^③ 杰米·史密斯(Jamie Smyth)在《金融时报》上的一篇文章称,澳大利亚将成为继美国和英国之后的又一个全球教育强国,这是因为,在 2015 年澳大利亚接纳超过 65 万留学生,教育成为澳大利亚第三大出口产业。^④

第五种理解认为,教育强国应该支持其他国家的教育发展,为其他国家提供教育援助。例如,凯特·安德森(Kate Anderson)认为,要成为教育强国,不能只关注本国教育,还应该支持全球教育的改善,为其他国家提供教育援助。她指出,加拿大 2017 年 6 月发起的女性主义国际援助政策,为加拿大成为女性教育全球领导者提供了平台,为成为教育强国迈出了重要一步。^⑤ 苏珊·L. 罗伯逊(Susan L. Robertson)认为,世界一流教育应当是世界主义的,对学习持开放态度,关注全球普遍性的问题、思想和关切。^⑥

---

① Schwab, K., & Sala-i-Martín, X. The Global Competitiveness Report 2017–2018 [R]. World Economic Forum, 2017.
② OECD. Education at a Glance 2017: OECD Indicators [R]. Paris: OECD Pulishing, 2017.
③ Bhandari, R., & Lef, A. Asia: The Next Higher Education Superpower? [M]. IIE and the AIFS Foundation, 2015.
④ Smyth, J. Australia Seeks to Become Global Education Superpower [EB/OL]. 2016-02-10 [2018-01-22]. https://www.ft.com/content/e9fd9d6a-cf9f-11e5-986a-62c79fcbcead.
⑤ Anderson, K. Being an Educational Superpower is about more than International Rankings. 2017-08-28 [2018-01-28]. https://www.brookings.edu/blog/education-plus-development/2017/08/28/watch-being-an-education-superpower-is-about-more-than-international-rankings/.
⑥ Robertson, S. L. World-class Higher Education (for whom?) [J]. Prospects, 2012, 42 (3): 237–345.

可见,国际上对教育强国的理解存在分歧,对教育强国内涵的关注点存在差异。因此,给一个国家贴上教育强国的标签应当谨慎。例如,如果一个国家的大学在国际排名前 100 位的数量较多,就被认为是高等教育强国,那么美国显然是典型的高等教育强国,但荣格·凯奥尔·信(Jung Cheol Shin)和芭芭拉·M. 柯玛(Barbara M. Kehm)认为,目前全球的高校排名带有浓厚的新自由主义价值取向,大学排名背后的竞争更加关注经济效益而非教育质量,更加关注科研而非一般意义上的教育。① 斯隆·布瑟莱尔(Sloan Bousselaire)认为,中国的台湾、香港、澳门、上海等地区因为 PISA 测试成绩突出,因而中国也可被视为教育强国。② 但亨利·M.莱文(Henry M. Levin)认为,测试结果与高质量人才供应以及富有竞争力的经济之间的联系并非人们想象得那么紧密。片面地考虑测试结果,忽略了批判性思维、人际沟通、自我反思等高阶能力,会严重影响一个社会的创新能力,从而阻碍经济发展而非促进经济发展。③ 对教育强国的理解,更严重的分歧还在于基础教育强国和高等教育强国的一致性问题。例如,美国的基础教育虽然在 PISA 测试中表现平庸,但美国拥有世界公认的一流高等教育,是典型的高等教育强国。这就出现一个悖论:美国是基础教育弱国,同时是高等教育强国。

美国教育家戴安娜·拉维奇(Diane Ravitch)认为,美国基础教育并不像国际测试显示的那样弱;④ 华裔教育家赵勇认为,美国基础教育与世界不同,美国是在教授如何思考等高阶能力,而不是只教授知识等低阶能力。⑤ 因此,美国的基础教育同美国的高等教育有着深层的一致性,也就是关注批判性思维和问题解决以及创新等高阶能力。

凯特·安德森认为,成为教育强国远远不止于在国际测试中表现优异。PISA 只是测量阅读、数学和科学这样的传统学科,仅仅掌握这些学科在 21 世

① Shin, J. C. & B. M. Kehm. Institutionalization of World-Class University in Global Competition [M]. New York, Springer, 2014.
② Bousselaire, S. Education Superpower and What We Can Learn form Them[EB/OL]. 2017‐11‐02[2018‐01‐22]. https://borgenproject.org/education-superpowers/.
③ Levin, H. M. (2012). More Than Just Test Scores[J]. Prospects, 42 (3): 269‐284.
④ Ravitch, D. Reign of Error: The Hoax of the Privatization Movement and the Danger to America's Public Schools [M]. Vintage, 2013.
⑤ Zhao, Y. Who's Afraid of the Big Bad Dragon? Why China Has the Best (and Worst) Education System in the World [M]. Jossey Bass, 2014.

纪并不能获得成功。要成为教育强国,必须教授学生掌握广泛的技能,并为此作出有效的制度和实践安排。①

尽管 BBC 报道,根据 PISA 测试成绩将加拿大视为教育强国,但凯特·安德森指出,仅仅凭借 PISA 测试结果这一个指标,还不足以将加拿大归为教育强国。她认为,教育强国的学习者除了在认知技能方面表现突出外,还应当具备批判性思维和问题解决技能、合作技能、交流技能、创新能力、全球素养、职业与科学技术技能等一系列广泛的技能。②因此,从培养高阶能力这个角度来看,在基础教育和高等教育这两个方面,美国都是一个典型的教育强国。

因此,可以认为,在当今全球知识社会时代,所谓教育强国,就是那些以面向所有学生培养 21 世纪高阶能力为目标,并为之作出有效的制度和实践安排的国家。

2. 中国的战略应对

1840 年,中国在鸦片战争中败于西洋列强;1894 年,中国在甲午战争中败于东洋日本,泱泱大国深刻认识到它正经历"两千年未有之变局",必须向西方学习,走现代化道路。自此以后,走现代化道路,建立强大的现代国家,一直是中华民族的根本使命,是自 1840 年以来不同时代旋律的通奏低音。这个通奏低音决定了中国教育的基本维度:教育要面向现代化,要面向世界,中国要成为现代教育强国。

经过一百多年史诗般的努力,中国与世界的关系表现出从消极被动到积极主动的转变,从"面向世界"到"进入世界"。今天,我们的教育现代化大业越来越不可避免地与全球教育改革趋势联系起来,难以分开;中华民族伟大复兴、国家利益以及个体发展,都与全球总体趋势息息相关。中国教育需要进一步提高国际化水平,进一步做强自己,培养学生的全球竞争力,以实现中华民族伟大复兴。一句话,中国教育强国的建立,必须是面向所有学生培养 21 世

①② Anderson, K. Being an Educational Superpower is about more than International Rankings. 2017 – 08 – 28[2018 – 01 – 28]. https://www.brookings.edu/blog/education-plus-development/2017/08/28/watch-being-an-education-superpower-is-about-more-than-international-rankings/.

纪能力,并为此作出有效的制度和实践安排。

　　这就要求我们培养 21 世纪能力,建设现代教育强国。改用一下韩非子的话:古代角力于道德;近代角力于功利;当今之世,角力于 21 世纪的高阶能力。但是,我国到目前为止的教育变革中,还没有充分认识到,更没有回应 21 世纪以来国际教育变革的新趋势以及教育强国的新界定。

　　随着中国国际影响力的提升,国外一些机构和学者将研究目光转向中国,思考中国建设教育强国的问题。菲利普·G. 阿特巴赫(Philip G. Altbach)曾指出,中国在借鉴国外高等教育强国建设经验的同时,"最为重要的是应尊重自己的高等教育文化和环境,不能简单地照搬欧美的做法"。[1] 2010 年美国广播公司曾在一档名为《中国教育能跟上超级大国的发展步伐吗?》的节目中分析了中国教育与国家发展的各种不协调现象,尤其在激烈的教育竞争背景下,中国的教育质量、公平及创新人才培养的困境。[2] 之后,有学者撰文《大学有助于中国提升技能竞争力吗?》,揭示中国当前高技能劳动力供需脱节的严峻现实。[3] 黄福涛(Futao Huang)在习近平总书记提出建设教育强国的背景下,回顾了中国改革开放之后的教育发展历程,指出中国目前的教育状态离教育强国还有差距,中国要建设教育强国,必须重塑其教育哲学,尤其需要强调创新人才的培养。[4]

　　创新人才的培养已经成为教育服务于党和国家战略大局的根本着力点。2016 年国家发布了《关于做好新时期教育对外开放的若干意见》,提出要通过加大留学工作行动计划实施力度,加快培养拔尖创新人才、非通用语种人才、国际组织人才、国别和区域研究人才、来华杰出人才等五类人才。[5] 习近平总书记在中共中央政治局第三十五次集体学习时的重要讲话中指出,着力增强

① 陈廷柱,姜川.阿特巴赫教授谈中国建设高等教育强国[J].大学教育科学,2009,(2):5-8.
② Hopper, J. Is China Education System Keeping up with Grow Superpower? [EB/OL]. 2010-11-16[2017-12-24]. http://abcnews.go.com/WN/China/chinas-education-system-helping-hurting-superpowers-growing-economy/story? id=12152255.
③ Hristov, D., & Minocha, S. Are Universities Helping China Compete on Skills? [EB/OL]. 2017-08-01[2017-12-25]. http://www.universityworldnews.com/article.php? story=20170801064540606%20.
④ Huang, F. Building the World-class Research Universities: A Case Study of China[J]. Higher Education, 2015, 70(2):203-215.
⑤ 新华社.中共中央办公厅、国务院办公厅印发《关于做好新时期教育对外开放的若干意见》[EB/OL]. 2016-04-29[2017-11-20]. http://www.gov.cn/xinwen/2016-04/29/content_5069311.htm.

规则制定能力、议程设置能力、舆论宣传能力、统筹协调能力,加强全球治理人才队伍建设,厚植人才优势,筑牢本领根基,才能勇做全球治理变革的弄潮儿和引领者。①

套用阿玛蒂亚·森的话,中国过去采取的战略是"通过发展而自由",现在则需要转向"通过自由而发展"。世界银行与国务院发展研究中心在《2030年的中国:建设现代、和谐、有创造力的社会》中指出,中国过去的战略是成功的,但如果我们不进行战略调整,我们就会落入"中等收入陷阱"。"转变发展方式非常急迫,因为随着一个经济体接近技术前沿,直接获取和应用国外技术的潜力逐步耗尽……尽早启动这样的转变有助于从进口新技术向发明和创造新技术的平稳过渡。"② 也就是说,随着中国社会富裕程度增加,并登上价值链更高阶层,对劳动力的技能水平的要求也将发生变化。

但是,世界银行的这份报告没有认识到中国发展阶段或现代化水平的复杂性。我们的国情一方面表现出已经处于知识社会的全球化时代所必须拥有的共同特点,同时,我们还处于实现工业现代化的第一次现代化的阶段(见图4)。因

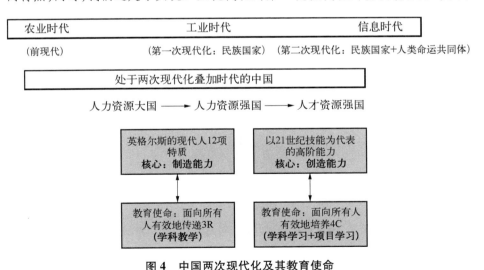

图4 中国两次现代化及其教育使命

---

① 新华社.让中国力量推动全球治理体系变革——学习习近平总书记在中央政治局第三十五次集体学习时的重要讲话[EB/OL]. 2016 - 09 - 28 [2017 - 12 - 26]. http://www.xinhuanet.com/politics/2016 - 09/28/c_1119642701.htm.

② 世界银行,国务院发展研究中心联合课题组.2030年的中国:建设现代、和谐、有创造力的社会[M].北京:中国财政经济出版社,2013:19.

此,中国不仅需要 21 世纪能力,同时也需要发展制造业、推进工业现代化所需要的 STEM(Science,Technology,Engineering,Mathematics,简称 STEM,即科学、技术、工程、数学)及外语能力。

因此,我们的 21 世纪能力框架应该与美国的 21 世纪技能框架有所不同,既要顺应全球共同趋势,又要兼顾我国的具体国情,以培养具有全球竞争力的中国人。所谓具有全球竞争力的中国人,就其素养和劳动技能而言,第一,是中国人,有中国文化认同和国家认同;第二,拥有应对全球挑战的 21 世纪能力。这两点也与知识经济时代的国际教育趋势相一致。具体而言,具有全球竞争力的中国人的能力包括四个维度(见图 5)。①

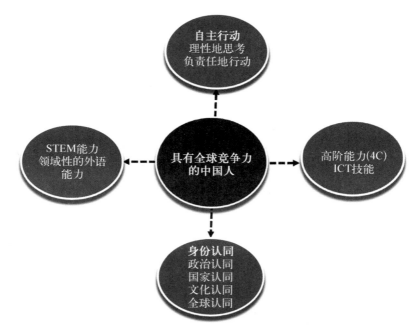

图5　具有全球竞争力的中国人的人才能力框架图

图 5 中,左边圆圈指 STEM 能力+外语能力,这是硬能力,对应于第一次的工业现代化;右边圆圈里的 4C 指高阶的软能力,包括批判性思维和问题解决

---

① 彭正梅,郑太年,邓志伟.培养具有全球竞争力的中国人:基础教育人才培养模式的国际比较[J].全球教育展望,
2016,45(8):67-79.

能力、交流能力、合作能力、创造力和创新能力,对应于第二次知识社会的现代化;上面圆圈是自主行动;下面圆圈是身份认同,包括政治认同、国家认同、文化认同和全球认同,以培养一种反思性地忠诚于自己,并反思性地对待其他文化的世界主义精神。这个模式体现了 21 世纪中国人的人才形象:既有身份认同之根又有跨文化能力;既具有 STEM+外语的硬能力,又具有 4C 的软能力,确保个体能够自我规划和负责任地行动,展现全球竞争力。① 这个"中"字框架,"身份认同"主要涉及中国文化传统;"自主行动"主要体现了五四新文化运动的精神;左右两边则指向全球共通趋势。这是一个联通古代、近代和当代的 21 世纪能力框架。

当世界发生变化时,我们就要进行发展战略调整;当我们进行发展战略调整时,就必然要进行人才战略调整。培养具有全球竞争力的中国人,关乎中国的战略布局,顺乎世界潮流,必然应该成为新时期教育国际化的战略选择和基本目标。

教育是一项需要深谋远虑的事业,需要我们增强忧患意识。我们要牢记,中国虽然已是世界第二大经济体,但我们的国内生产总值(GDP)主要靠劳动密集型产业来拉动,而且,我们的教育体制还不擅长培养知识经济和全球竞争所需要的高阶能力。但知识经济的全球化为我国经济竞争和教育改革传递了一个明确的信息,即要在这个持续变化的环境中有效地竞争,我们必须不断地升级自己的能力。如果我们不及早地谋划,看不到我们曾经的优势在新的国际形势和国际教育的发展趋势中正在丧失,那么"中等收入陷阱"就会在不远的未来等着我们。而且,相对于拉美国家,我们的情况会更加糟糕,因为相对而言,我们面对的国际环境更加严峻。

但是,如果有了明确的 21 世纪能力教育战略,再加上我们所积累的经济实力和发展能力,加上中国儒家传统固有的学习精神,我们就能实现中华民族伟大复兴的伟大梦想,从而造福整个人类社会。

21 世纪能力教育改革要求一种旨在发展和保障人的自由和尊严的新的教育哲学和社会哲学。就教育哲学而言,21 世纪能力教育哲学要求把人的

---

① 彭正梅,郑太年,邓志伟.培养具有全球竞争力的中国人:基础教育人才培养模式的国际比较[J].全球教育展望,2016,45(8):67 - 79.

高阶能力置于学校教育以及人才培养的核心。这必然遭受来自传统中的"教育即道德""教育即知识"以及"教学即直接教学"的质疑和阻碍，因此需要在教育方面作出有效的制度及实践安排。例如：（1）教育面向真实世界，有规划地联系和研究真实世界的问题；（2）关注和培养 21 世纪能力，鼓励合作探究、跨学科探究；（3）任何教学和学习主题，即使是直接教学，都要体现 4C 维度；（4）改革评价方式，限制评价频度；不断地评价学生，会伤害学生自主发展和空间，导致"为考而教，为考而学"；（5）把 STEM 教育与 4C 联系起来，建立区域性的 STEM 学习中心；（6）鼓励学生掌控自己的学习过程，教师要鼓励学生自己决定至少参与决定学习什么、如何学习、学习速度、任务完成节点以及如何评价自己的学习，给予学生更多的自主学习和发展空间；（7）鼓励技术支持的教学和学习；（8）实质性提升教育国际化水平，增加教育的国际维度；（9）加强用英语教学的比例，大幅提升优秀学生的外语水平。

21 世纪能力不是学生需要发展的素养，而是成人在 21 世纪全球知识社会获得成功，过上美好生活所需要的能力装备，因此，不能只在教育中得到培养、保持和发展，它需要体现在整个社会中。培养 21 世纪能力也是服务于党和国家的战略大局，它需要在社会实践中加以运用和发展。这里的重点在于，我们的社会和制度安排要鼓励批判精神、合作、交流和创新，而不是压制和扼杀。我们的国家治理和社会治理要努力打造有法律保障和约束的生动活泼的百家争鸣的社会局面，敢于面对和包容具有批判精神和创新精神的个体，给予个体自我决定的空间。例如，（1）信任和保障社会创新和市场创新，信任和保障人的自主性和创新能力，为此作出制度安排；（2）给予民间学习、批判和创新空间，鼓励社会及企业参与教育和学习革新；（3）鼓励民众参与社会问题的讨论、辩论和发表，培育和保障更多的公共舆论空间；（4）促进成人自主行动，自我负责，宽容对待多元的观点和生活方式；（5）促进国民的全球参与、交流与合作；（6）鼓励发展 1—2 个英语城市，试验国际化大都市发展新思路。

康德指出，人的禀赋，特别是人独特的高阶智力的运用，必然会得到实现，这是大自然的隐秘计划。21 世纪能力会帮助唤醒和提升人的本真性的高贵和尊严,提升社会的人道水平和全球竞争力。但大自然使人类的全部禀赋得以发展所采用的手段就是人类在社会中的对抗性。① 这种"非社会性的对抗",实际上也就是马克思主义所说的"矛盾",它才是事物发展的根本动力,同时也是个体高阶能力得以磨炼和发展的关键。没有矛盾的和谐,并不利于社会及个体的智力发展。

基于这种认识,怀着比较教育"借他人酒杯,浇自己块垒"的基本使命,本丛书力图在全球知识经济时代"21 世纪能力改革运动"的国际视野下,尝试探讨中国新时代教育高质量发展的基本路径与对策,以帮助实现中华民族伟大复兴,建设人类命运共同体。

于华东师范大学丽娃河畔

2019 年 6 月 12 日

---

① [德]康德.康德论教育[M].李其龙,彭正梅,译.北京:人民教育出版社,2017:61-77.

Contents

目录

Education Reform for
the 21st Century Skills:
China and World

第一章

引　言

第一节　为何要研究教育改革中的公众参与问题

一、公众参与教育改革的全球化趋势与中国困境

随着教育治理理念在各国的推进,教育改革中的公众参与问题在全球范围内日益受到关注。实际上,在世界范围内,社会组织、公共团体甚至是个人参与教育改革的实践活动早已存在。

从国别角度来看,公共参与教育改革最先发生在欧美发达国家。曾任纽约市市长的迈克尔·布隆伯格(Michael Bloomberg)将公司文化带入市政管理,重新分配教育权力,重新建构教育管理机制和结构,整合社会中政府、企业、社会组织的资源,共同承担责任,从而完成政府的公共使命。纽约市将公共部门、非营利机构和私营部门的力量整合起来,形成一种学校投资组合和办学合力,共同建设一种新的城市公立学校系统。改革的实践也证明,重构学校管理体系,打破公立学校的垄断,对纽约市的教育改革起到积极的推动作用。① 英国的毕马威管理咨询机构(KPMG Consulting)与伦敦市法团(City of London Corporation)在新近成立的城市学院(City Academy)建立了合作伙伴关系。毕马威管理咨询机构引领教育愿景的发展,为开发信息与通信技术设备及后勤职能供给的最佳实践方法提供支持,并为招收优秀员工以保证企业价值观的传递提供帮助。此类介入公私合作伙伴关系(Public-Private Partnership,简称 PPP)的全球咨询公司控制着差不多一半的世界管理咨询市场,它们都有重要的教育业务职责。②

从国际角度来看,教育改革也已经成为跨越国家界限的公共事业,这也因应了当前全球治理的趋势。正如戴尔(Roger Dale)和罗伯森(Susan L. Robertson)在对国际跨国组织与教育政策的关系进行研究之后得出的结论:"教育政策不再是哪个民族和国家的责任或事情,事实是国家教育体系的工作正在跨越区域(across a range of scales)或全球范围进行再协调。就传统而言,教育活动被

---

① 孔令帅.新世纪以来纽约市教育治理改革与启示[J].外国教育研究,2014(4):89-96.
② 王艳玲,原青林.国外基础教育公司合作伙伴关系探新——以教育治理为视角[J].外国中小学教育,2013(3):1-7.

视为国家独有的甚至是神圣不可侵犯的主权领域。但不可否认的是,今天,新的变化正在发生,教育与超国家力量的联系愈加紧密。"①英国学者麦克格鲁(Anthony McGrew)也指出:"全球治理不仅意味着由正式的制度和组织——国家机构、政府间合作等——来制订(或不制订)和维持管理世界秩序的规则与规范,而且意味着所有其他组织和压力团体——从多国公司、跨国社会运动到众多的非政府组织——都追求对跨国规则和权威体系产生影响的目标和对象。"②这就意味着,教育的公共参与主体可以在全球化背景下自由结合,教育活动在更加广泛、公开的范围内展开。比如,国际教育成就评价协会(International Association for the Evaluation of Educational Achievement,简称IEA)于20世纪下半叶发起并组织第三次国际数学和科学趋势研究(Trends in International Mathematics and Science Study,简称 TIMSS);2001年开始组织进行国际阅读素养进步研究(Progress in International Reading Literacy Study,简称 PIRLS),并进行国际性测试。同样是在20世纪末,经济合作与发展组织(Organisation for Economic Co-operation and Development,简称 OECD)的29个成员国与其他国家一起开始研制新的国际性评价计划——国际学生评估项目(Program for International Student Assessment,简称 PISA),目前已经进行5次国际性测试。越来越多的国家和公众开始关注这些国际性考试的测评结果,并且以考试结果作为衡量教育质量的标准和推动教育改革的动力。

进入21世纪,我国进行教育管理体制改革,逐渐改变自上而下的教育管理方式,多元主体开始参与其中并发挥作用。如今,公众参与教育改革的问题备受关注。

从政策层面来看,国家相关部门自21世纪以来,不断赋予公众参与以合法地位。2010年颁布的《国家中长期教育改革和发展规划纲要(2010—2020年)》(以下简称《规划纲要》),给予公众参与教育事业以权利保障。在教育行政管理方面,《规划纲要》要求"规范决策程序,重大教育政策出台前要公开讨

---

① Roger Dale and Susan L. Robertson, New Arenas of Global Governance and International Organisations: Reflec-tions and Directions[A]. K. Martens, A. Rusconi and K. Lutz. Transformations of the State and Global Governance[C]. London: Routledge, 2007.

② 戴维·赫尔德,等.全球大变革:全球化时代的政治、经济与文化[M].杨雪冬,等译.北京:社会科学文献出版社,2001:70.

论,充分听取群众意见。成立教育咨询委员会,为教育改革和发展提供咨询论证,提高重大教育决策的科学性。建立和完善国家教育基本标准。整合国家教育质量监测评估机构及资源,完善监测评估体系,定期发布监测评估报告。加强教育监督检查,完善教育问责机制"。"完善教育中介组织的准入、资助、监管和行业自律制度。积极发挥行业协会、专业学会、基金会等各类社会组织在教育公共治理中的作用。"① 由此可见,教育改革和发展过程中的公众参与和当前我国格外重视的教育治理问题密切相关,由管理向治理转变,实现教育治理体系和治理能力的现代化,已经成为我国教育改革发展的重要任务。这正如有学者所指出的,教育治理的突出特征是多主体参与的民主化管理,核心是社会(公众)参与。②

2014 年召开的全国教育工作会议报告《加快推进教育治理体系和治理能力现代化》指出,推进教育治理体系和治理能力现代化,就是要适应国家治理体系和治理能力建设,根据教育发展的自身规律和教育现代化的基本要求,以构建政府、学校、社会新型关系为核心,以推进管办评分离为基本要求,以转变政府职能为突破口,建立系统完备、科学规范、运行有效的制度体系,形成政府宏观管理、学校自主办学、社会广泛参与的格局。社会广泛参与,就是教育质量要接受社会评价,教育成果要接受社会检验,教育决策要接受社会监督,最大限度地吸引社会资源进入教育领域。③ 可见,公众在教育发展和变革过程中的参与行为及其影响作用不断地在政策层面得到重视和赋权。

不仅在教育政策方面,近年来,我国教育研究界还开始探讨教育治理背景下公众参与的道路。比如,2014 年底在广州举办的中国教育学会比较教育分会第十七届年会将"全球视野下的教育治理"作为学术讨论的主题。其中,"教育治理体系中的学校、政府与社会"这一分主题便聚焦教育治理过程中的公众参与问题。会议论文中不乏有关公众参与的题目,比如《论市民社会与教育治理》《美国家校合作发展新动向》《日本中小学校外学习塾的研究》《试析日本高知县土

---

① 教育部.国家中长期教育改革和发展规划纲要(2010—2020 年)[EB/OL]. http://www.gov.cn/jrzg/2010-07/29/content_1667143.htm, 2010.
② 褚宏启,贾继娥.教育智力中的多元主体及其作用互补[J].教育发展研究,2014(19):1-7.
③ 袁贵仁.加快推进教育治理体系和治理能力现代化[EB/OL]. http://www.gov.cn/gzdt/2014-02/16/content_2605760.htm. 2014-02-16.

佐市的共同参加型基础教育改革实践》《教育专业性服务组织建立与运行的基本问题》等。可见,在从教育管理向教育治理转变的背景下,公众参与的问题不仅在政策文本中强调,也受到越来越多学者的关注。这反映出对自上而下的教育管理模式的反思,对公众参与教育改革的必要性、优势和存在的阻碍的关注。

尽管在政策和学术界两个层面对公众参与问题有了很多关注,但是在我国当前的教育改革实际中,公众参与的实际状况和效果却往往不尽如人意。较明显的表现就是公众的参与意识淡漠,参与程度低。有媒体曾经针对我国公众参与教育改革的现状进行专门的采访调查,不少教育官员无奈地表示:"现在的很多事情,如果让大众参与表决,反而做不成,他们不知道、不明白,也没有能力。中国现阶段的改革还需要自上而下。"[①]也有学者指出:"社会公民真正积极参与政府教育规划建议的人并非多数,即便在这些少数参与的普通民众中,也没有形成有效连接的心理认同,即认为自我影响力甚微,以至于更多的人在下次政治参与时主动退出。"[②]可见,即便有政策制度的保障和学界理论的呼吁,如果公众没有能力或者不愿意参与其中,也难以达到满意的效果。即便有部分公众愿意参与并且也确实参与其中,也未必能够真正影响到教育改革的走向。久而久之,参与者的积极性会受到打击,结果便是参与者越来越少。

总而言之,虽然我国对公众参与教育改革问题的关注正在逐步加强,但是现实状况与相关政策、理论的要求之间仍然存在较为明显的差距,在教育改革的实践过程中,公众的参与度和效果还有待进一步提升。那么,公众如何才能够有效地参与到教育改革的过程中,并对教育改革的决策和实际推进产生真正的影响呢? 研究别国的经验或许可以得到启示。

二、考察奥巴马时期美国公众对 K‐12 标准化教育改革的批判的可能与意义

实际上,公众参与度低、参与效果不佳的状况不仅中国有,对于公众参与状况不理想的焦虑甚至抱怨,各国皆有。即便是美国这样一个以"自由民主"为标

---

① 贺春兰.让公众有序参与教育决策[N].中国青年报,2008‐12‐22.
② 李涛.教育公共治理:什么公众? 什么治理? ——结构转型与法理维度的探索[J].全球教育展望,2009(7):45‐50.

签的国家，近几十年来也开始对公众参与社会公共生活和教育改革的状况忧心忡忡。但即便如此，我们依然能够发现，美国教育改革的历史进程当中总会有公众参与的身影，他们总是在某种程度上影响着教育改革的方向和成效。对于这一点，我们只需简单回溯美国教育史上的一些经典事件，便能够非常清楚地理解。

早在 19 世纪中期，公共教育中的宗教问题曾引起轩然大波。美国公立学校运动的倡导者深受宗教伦理的影响，把国民美德与新教伦理混为一谈。这种以新教为中心的公共教育自然遭到在美国信徒数日增的天主教徒的反对，双方展开了一段时期的激烈斗争，最终导致产生了一个独立于公共教育的天主教学校体系。① 19 世纪末，著名的"黑幕揭发运动"（the Muckraking Movement）中的"教育新闻专家"（Educational Journalism）通过在以《论坛》（Forum）为代表的全国性杂志上刊发一系列评论文章，揭露当时学校中管理低效、教育方法机械和教师能力参差不齐等一系列教育问题。这不仅让美国公众意识到公立学校中的种种问题，而且奠定了 20 世纪初期全国范围内进步主义教育运动的舆论基础。② 20 世纪 60 年代，正处于黄金时期的美国高等教育却因为学生运动而失去了昔日的平静。学生们对课程的性质和种类以及学校治理结构的合法性进行了猛烈的批判和质疑。其中，最有影响的抗议指向校园内的军事研究，部分大学甚至放弃中立的原则和立场，成为支持战争的同谋和摧残人性的机构。正是在学生激进行动的压力下，很多与国防研究相关的组织相继切断了与大学的直接联系。③ 更为深远的影响是，这场学生运动为后人提出大量涉及高等教育本质的问题，所引发的高等教育界的思考直到今天也没有停止。④ 这些事实都告诉我们，美国的公众曾对教育改革起到了重要的作用。

当然，历史已经成为过去。面对今天的诸多质疑，在当下美国教育改革的过程中，公众是否还能发挥有效的作用？回答这一问题的最好办法就是，针对当代美国各级各类教育改革中的公众参与状况进行全面考察和分析。然而，

① 兰道・卡伦.教育哲学指南［M］.彭正梅，等译.上海：华东师范大学出版社，2011：557.
② Answers. Joseph Mayer Rice［EB／OL］. http://www. answers. com／topic／joseph-mayer-rice # ixzz2UaTk65vm. 2014－06－16.
③ Roger L. Geiger. Research and Relevant Knowledge：American Research Universities Since World War Ⅱ［M］. Oxford：Oxford University Press，1993：238－240.
④ 孙益.校园反叛：美国 20 世纪 60 年代的学生运动与高等教育［J］.清华大学教育研究,2006(4)：77－83.

这必定是一个庞大的课题。这里把目光聚焦于美国近 30 年来的 K-12 阶段标准化教育改革过程,尝试寻找其中公众参与的实践图景。

回溯过去 30 年美国 K-12 教育改革的状况,我们可以把这一过程概括为一场动荡。受全球化竞争日益激烈的影响,以及面临国际教育质量排名大幅下降的窘境,美国 K-12 教育自 20 世纪 80 年代以来开始注重保障质量,努力培养全球化市场所需要的人才,以提升国家竞争力。为此,美国走上了一条标准化教育改革之路,强调教育标准的制订,并且加强评价和问责。

美国 1983 年的报告《国家处于危机之中:教育改革势在必行》(A Nation at Risk:The Imperative for Educational Reform)、2001 年的《不让一个孩子掉队法案》(No Child Left Behind,简称 NCLB)、2009 年的《力争上游法案》(Race To The Top,简称 RTTT)等,都在一步步地深化标准化教育改革的进程。与此同时,美国社会也在不遗余力地宣传这场改革,其中不乏《纽约时报》(The New York Times)、《华盛顿邮报》(The Washington Post)等大型媒体的报道,也不乏诸如微软和 IBM 公司等大型公司的资助,当然还有学者、评论家公开出版相关著作推介和赞美标准化教育改革的各种措施,甚至诸如教育智库的社会团体和独立的科研机构也热衷于一些具体改革项目的研发与设计。似乎在近 30 年的时间里,标准化教育改革在美国的发展欣欣向荣,势不可挡地席卷各州。

然而,正当美国的标准化教育改革愈演愈烈之时,另一种"不和谐"的意见终于大规模爆发,并开始产生作用。对标准化教育改革积怨已久的一部分公众站出来叫停,并展开了猛烈的批判。在他们看来,盲目制订的教育标准不可避免地在性质和内容上存在缺陷,统一的标准不仅违背了各州教育自治的传统,并且标准所规定的学科也是有限的;同时,大量的标准化测试和相关的问责制在违背教育应有之义的同时,也让学生和教师为考试而疲于奔命,学业标准的提升使得很多学生被认定为"学业失败",教师也因此被贴上"不合格"的标签;此外,公司企业的过度干预让公共教育逐渐染上"市场化"("企业化"或"私有化")的色彩,威胁到公共教育"公共性"的基本属性。正是上述原因,引起一部分家长、教师和其他关心教育的公众的愤怒,他们站到标准化教育改革的对立面,表达自己的观点和诉求。

因此,就美国公众之于标准化教育改革的态度而言,基本上形成两派对峙的局面。一方面是大势所趋的追随者的鼓吹，另一方面则是反对者见缝插针的批判。后者正是本书关注的焦点，因为作为反抗的力量，这一部分公众的批判若真的能够逆转主流的教育改革趋势，那么毫无疑问，公众参与实践的影响作用的确在美国标准化教育改革的过程中得到具体展现，公众参与之于教育改革的影响作用也就此得到充分证明。

在现实中我们可以看到，虽然标准化教育改革从一开始就在美国饱受争议，但是在奥巴马时期，公众的批判和反抗尤为激烈，他们通过自身的参与实践影响着这场改革的进程。奥巴马政府牵头推行的共同核心标准标志着美国历史上首次出现国家课程标准，这也意味着联邦政府对教育的干涉达到了史无前例的程度。同时，经由《力争上游法案》等，此前的标准化测试和问责制也进一步深化，让学生和教师感受到巨大压力。此外，在这些措施的背后还有大型公司企业的联合操控，市场逻辑在教育内容和评价制度方面的渗透程度越发深化同样也给公共教育带来了前所未有的困境。上述因素都造成这一时期公众对于标准化教育改革的批判愈演愈烈，并最终影响到改革的走向。这种强烈的批判，无疑可以看作是公众参与教育改革的重要方式之一。总之，在奥巴马时期，公众的批判对于标准化教育改革的推进显示了巨大的影响，展现出一副激烈的对抗与斗争的图景，具有非常鲜明的代表性和典型意义。

因此，正是从我国当前的教育背景出发，结合美国相关教育问题的传统与现实，本书将选择奥巴马时期公众对标准化教育改革的批判作为研究对象，尝试通过公众的观点、态度和反抗活动对这场改革所作出的批判性回应，展现公众参与教育改革的实践，并与我国的教育现实进行比较，反思其中的经验和教训。

第二节　教育学语境中的公众参与问题与公共领域理论

一、教育学语境中的公众参与问题

1. 公众参与的理论溯源

要追溯公众参与的起源，就必须从"公共"这一概念说起。西方世界中的

"public"（公共）最初在拉丁文中是 *res publica*，意思是"公共事务"（public affair）。*publica* 源自"populous"，"publica"的词根 *publicus* 通常是"人民的"（of the people）或者"向所有人公开"（open for all）的意思，这可以说是西方历史中"公共"含义的源头。到了近现代，在 17 世纪的英语中才开始使用"public"一词，法语中也有了表示"公众"之意的"La Public"，而德国则是到了 18 世纪才有"Offentlichkeit"这个词。然而，在东亚国家中，"公共"一词最初指的是封建王权（feudal authority）或者国家行政管理，这与西方"公共"的概念大不相同，古籍中的解释也因为文本语境的差异而很难与西方"公共"的概念放在一个框架内进行分析比较。比如，日本汉学家沟口雄三（Yuzo Mizoguchi）就专门研究过中国古代"公"与"私"的概念。他首先注意到，在《说文解字》中就出现过类似于"公共即公平"的解释。从字形上看，"公"与"私"同样包含"厶"，而"八"则表示与"厶"相反的含义，因此"公"就意味着"反对私益，实现平等共享"。之后，他又提到，《韩非子》尝释将"八"解释为"自环"，即排他性地占为己有，是利己、自私之意。他还指出，与中国不同，在日本的文化当中，"公"并没有"平等""公正无偏"的意思。由此可见，"公"这一概念在不同的文化中，其含义是有明显差异的。①

虽然对于"公"的具体释义和文化背景还在持续讨论中，但是近现代以来"公共"一词日益成为政治学领域关注的焦点则是毫无疑问的。当然，"公共参与"抑或称"公众参与"（public participation）就是从"公共"当中延伸出的一个非常重要的政治学概念，并且是一个较为年轻的政治学概念，直到 20 世纪 90 年代之后才在学术界使用。一般而言，"公众参与"来自参与式民主（participation democracy）的理念，意味着有关"所有人的"政治和社会事务走向开放的公共空间，可以为所有的公众所参与。对于这一理念的探讨可以追溯到卢梭（Jean-Jacques Rousseau）、斯图亚特·密尔（Stuart Mill）以及乔治·科尔（George Cole）的著作当中。比如，卢梭就曾提出通过小型的民主共和国来实现直接民主制的实践，不过他自己也明白，这个想法很难实现。

20 世纪 70 年代之后，针对代议制民主（representative democracy）的种种

---

① Yuzo Mizoguchi.The Public and Private in Chinese History of Thought[M]. Tokyo：University of Tokyo Press, 2001.

弊端,作为反对这种精英民主形式的参与式民主成为当代西方民主理论的一个新热点。1970 年卡罗尔·帕特曼(Carole Pateman)的《参与和民主理论》(*Participation and Democratic Theory*)成为参与式民主理论兴起的标志。1984年本杰明·巴伯(Benjamin Barber)的《强势民主》(*Strong Democracy*)主张以参与式的强势民主弥补代议制弱势民主的不足。八九十年代以来尤尔根·哈贝马斯(Jürgen Habermas)的话语民主理论、鲍曼等人的协商民主理论都积极倡导参与式民主,从而呈现出参与式民主复兴的理论景观。[①]其实,古希腊雅典就是参与式民主的典范,其小国寡民的特点使得这种直接民主成为可能。然而,近现代以来,随着城邦地域扩张、人口大量增长以及公共事务的繁杂,参与式民主已经不再适合政治决策过程。

我国较早研究公众参与问题的学者俞可平教授曾专门从参与主体、参与领域和参与渠道三个方面对这一概念作过较为完整的界定。"公民参与,通常又称为公共参与、公众参与,就是公民试图影响公共政策和公共生活的一切活动。公民参与有三个基本要素。一是参与的主体。公民参与的主体是拥有参与需求的公民,既包括作为个体的公民,也包括由个体公民组成的各种民间组织。二是参与的领域。社会中存在一个公民可以合法参与的公共领域,这一公共领域的主要特征是公共利益和公共理性的存在。三是参与的渠道。社会上存在着各种各样的渠道,公民可以通过这些渠道去影响公共政策和公共生活。"此外,他还谈到公众参与的多种途径。"凡是旨在影响公共决策和公共生活的行为,都属于公民参与的范畴。投票、竞选、公决、结社、请愿、集会、抗议、反抗、宣传、动员、串联、检举、对话、辩论、协商、游说、听证等等,是公民参与的常用方式。在信息和网络技术日益发达的今天,一些新的公民参与形式正在出现,如电视辩论、网络论坛、网络组织、手机短信等。"[②]从俞可平教授的观点中可以看到,开放的公众参与针对的是执政者的决策黑箱,参与的主体可以是任何个体和团体;参与的过程需要在公开的场域发生,并可以通过多种途径展开。

就本书而言,对于公众参与的理解主要借鉴了俞可平教授的观点。正如

① 陈炳辉.参与式民主的现代衰落与复兴[N].中国社会科学院报,2009－04－21.
② 俞可平.公民参与的几个理论问题[EB/OL]. http://theory.people.com.cn/GB/41038/5192310.html. 2006－12－20.

前面提到的，公众参与有一些类似的表达，比如"公民参与""公共参与""民众参与""大众参与"等等。英语的表达也不尽统一，比如"civic participation""public participation""civic engagement""public engagement"等等。然而，无论哪种表达方式，其核心都聚焦于一点：作为公共社会活动中的人对于公共生活的参与，并在公共领域通过各种实践方式影响决策的过程和实施。从这个角度而言，我们在理解"公众参与"这一概念时，无须过多纠结于在"公众""民众""公民""群众"这些相似易混的概念。本书就"教育改革中的公众参与"这一问题要探讨的是，公共生活的参与者如何通过具体的实践方式参与到教育改革的过程中，他们的参与又如何影响教育改革的实施过程。此处的"公众"是针对教育改革政府机构而言的，因此在所选择的案例中出现的"自下而上"地针对美国 K‑12 标准化教育改革进行公开批判的各种类型的个体或者群体，都被看作公众参与的主体。

2. 教育改革中的公众参与问题研究

诚如上文所言，自 20 世纪 80 年代之后，公众参与的作用在教育改革领域逐渐凸显，相关的研究也日益增多。综合当前国内外研究状况，可以依据不同的学科理论取向，从以下三个方面概括梳理该领域的研究。

其一，基于管理学理论对公众参与的模式与效果的研究。

基于管理学理论进行的研究主要是受到新公共管理理论（new public management）的影响。总体而言，新公共管理理论是对政府在社会福利方面过多投入和操控的反抗，要求引入市场竞争机制提高管理绩效。因而，基于这一理论视角对教育改革中公众参与的研究主要在优化管理模式——提升管理绩效这一框架内展开。在此类研究中，从家长与学校教育的关系角度进行的考察最为广泛。

美国学者乔伊斯·艾普斯坦（Joyce Epstein）较系统地研究了学校、家长与社区等若干方面如何形成伙伴关系，从家长参与的角度考察了如何通过合作以实现学校改进和提升学生学业成就的目标。1990 年前后，艾普斯坦通过一系列的实证研究探索了市中心（inner-city）中小学校家长参与学校教育改革的实践，包括家长参与学校教育的形式、家长与教师的合作情况、家长对于家校合作的态度等问题。①②③④ 2001 年，艾普斯坦及其团队出版了《来自学校、家庭和社区的合作经验：行动手册》（*Taken from School，Family，and Community Partnerships: Your Handbook for Action*）一书，其中从学校层面提出实现家长参与（parent involvement）的六步模式⑤：家庭教育（parenting），帮助家长知晓如何进行家庭教育；交流（communicating），与家长沟通交流学校的学习项目和学生的发展情况；志愿者工作（volunteering），通过聘用、训练、合作以及各种项目计划，让家长以志愿者身份参与到学校教育的过程中；在家学习（learning at home），让家长参与到孩子在家的学习活动中；决策（decision making），让家长通过学校委员会和其他家长组织参与到学校的决策和管理过程中；与社区合作（collaborating with the community），通过商业和公共机构合理优化家庭、学生的资源和服务配置，并且为社区提供服务。

2010 年，艾普斯坦又出版了《学校、家庭和社区合作：为教育工作者作准备以及改进学校》（*School，Family，and Community Partnerships: Preparing Educators and Improving Schools*）一书，可以看作是她对家长、社区参与学校教育改革实践的总结之作，该书从理论、研究、政策实施、实践效果、改进策略等方面进行了梳理。⑥

除了艾普斯坦较为系统的研究，从参与机制角度进行的研究还包括分析家长参与学校改革的可能性⑦，要求通过学校管理体制改革为家长参与提供条件⑧，为教师和学校行政人员如何与家长交流互动实现合作提供策略⑨。此外，

① Epstein, J. L. Parents' Reactions to Teacher Practices of Parent Involvement[J]. The Elementary School Journal, 1986(3).

② Epstein, J.L.Parent Involvement: What Research Says to Administrators[J]. Education and Urban Society, 1987(2).

③ Epstein, J.L. & Dauber, S.L. School Programs and Teacher Practices of Parent Involvement in Inner-city Elementary and Middle Schools[J]. The Elementary School Journal, 1991 (3).

④ Dauber, S.L. & Epstein, J.L. Parents' Attitudes and Practices of Involvement in Inner-city Elementary and Middle Schools. Families and School in a Pluralistic Society, Nancy Feyl Chavkin[M]. New York: State University of New York Press, 1993.

⑤ Epstein, J.L (Ed.). School, Family, and Community Partnerships: Your Handbook for Action[M]. California: Corwin Press Inc, 2001.

⑥ Epstein, J. L. School, Family, and Community Partnerships: Preparing Educators and Improving Schools[M]. Philadelphia: Westview Press, 2011.

⑦ Hornby, G.& Lafaele, R. Barriers to Parental Involvement in Education: An Explanatory Model[J]. Educational Review, 2011 (1).

⑧ Sarason, Seymour B. Parental Involvement and the Political Principle: Why the Existing Governance Structure of Schools Should Be Abolished[M]. Hoboken: Jossey-Bass,1995.

⑨ Whitaker, T.& Fiore, D.J. Dealing with Difficult Parents: (and with Parents in Difficult Situations)[M]. New York: Routledge, 2001.

从家长角度关注教育改革中公众参与的研究中,还有一些实证研究关注的是家长参与同学生学业表现之间的关系。其中,有学者证实家长参与有助于学生学业成就的提升,包括教师对学生能力的评价、学生的考试分数,等等;[1][2]有些研究则证实,家长参与有助于降低学生留级率、辍学率。[3][4]

我国在这方面的研究也已经有不少成果。通过访谈调查,陈赟认为当前家长参与学校管理的状况可以概括如下:家长积极介入学校管理;家长背景不同,介入学校管理的广度和深度也不同;校长和教育行政领导缺乏积极应对措施。他提出如下建议:加强理论研究和制度建设;校长开展公共关系传播;家长要把学校看作自己的学校,不但要维护自己的权利,还应承担起自己的义务。[5] 王帅运用问卷调查法对随机抽取的上海市8个区10所小学的学生家长进行调查。研究显示,学生家长对于家长参与学校管理各层面活动在理念认知上均趋向赞同,然而在实践中并未踊跃参与,如何想与如何做之间存在不一致现象。其中,身份、文化程度、职业等背景变量会对家长参与学校管理造成影响。家长参与学校管理最主要的障碍表现在四个维度:知识、能力及时间不足;观念认识的片面或错误;学校提供条件不够;家长委员会流于形式。[6] 然而,更多的研究则是通过比较研究借鉴国外的经验。[7][8] 此外,还有些研究将实践方式置于更广泛的社会参与范围内。比如,张天雪和何菲探讨了以组织形式参与教育改革和以个人形式参与教育改革这两种公众参与教育改革的模式。[9] 骈茂林认为,推动公民参与路径的学校制度建设,是教育体制变革背景下公共教育组织对其自身合法性的求证,可以为公民行使公共事务管理权利

① Henderson, Mapp. A New Wave of Evidence: The Impact of School, Family, and Community Connections on Student Achievement[M]. Austin, TX: Southwest Educational Development Laboratory, 2002.

② Hill, Craft. Parent-school Involvement and School Performance: Mediated Pathways among Socioeconomically Comparable African American and Euro-American Families[J]. Journal of Educational Psychology, 2003 (1).

③ Trusty. Effects of Eighth-grade Parental Involvement on Late Adolescents' Educational Experiences[J]. Journal of Research and Development in Education, 1999 (1).

④ Barnard. Parent Involvement in Elementary School and Educational Attainment[J]. Child and Youth Services Review, 2004 (3).

⑤ 陈赟.学校管理的第三种势力:家长——关于家长在学校管理中作用的研究[J].全球教育展望,2003(3): 19-23.

⑥ 王帅.家长参与学校管理现状的实证研究——以上海市10所普通小学为例[J].上海教育科研,2012(2): 31-35.

⑦ 杨天平,孙孝花.美国家长参与学校教育管理角色的嬗变[J].教育研究,2007(6): 78-82.

⑧ 马忠虎.家长参与学校教育——美国家庭、学校合作的模式[J].外国中小学教育,1996(6): 33-37.

⑨ 张天雪,何菲.民众参与教育改革实践前提及发展路径[J].中国教育学刊,2013(8): 1-4.

提供有效途径，能增强学校应对环境不确定性的能力，有利于促进学生个体和学校组织社会资本的发展。①

　　随着 20 世纪 90 年代治理理念进入教育领域，不少学者开始从更广泛多元和更为综合的角度探索公众参与教育治理的道路，将公众参与置于教育治理的话语当中进行研究。比如斯图尔特·兰斯农（Stewart Ransnon）研究了1997 年英国新工党上台之后的新自由主义教育政策，使得 1988 年以后重构的教育管理体制框架得到延续。在该框架内，教育治理的构成因素得到重建：学校、学院和相关的社会机构不是相互竞争，而是同家庭一起合作行动。他认为，只有源自教育市场化提供的广阔的公共空间、对于权力的限制才能使得不同的教育目标成为可能，这就使得市民社会成为必需。② 加里·L.安德森（Gary L. Anderson）等人介绍了由州议员和社会团体形成的公私合作型政策制定机构——美国立法交流委员会（American Legislative Exchange Council，简称 ALEC）在教育治理中的决策作用。其中的社会团体包括慈善家、智库、私人教育公司、企业，等等。这个机构对美国过去 30 年的政策制定起到重要的作用。③ 甚至还有学者研究了国际组织在全球化的背景下超越国界参与教育治理的情况。比如萨姆·塞勒（Sam Sellar）和鲍勃·林加德（Bob Lingard）回顾了经济合作与发展组织（OECD）的发展历程及其对全球教育发展的影响，其中专门介绍了《超越上海：美国应该如何建设世界顶尖的教育系统》一书以及上海 PISA 的优异成绩给美国乃至全球的教育政策带来的影响。这说明经济合作与发展组织的 PISA 测试已经受到全球关注，并影响到所有成员国的教育决策。④

　　近些年来，我国也开始有研究从治理理念入手展开对公众参与教育改革的探讨。比如，褚宏启教授针对当前我国教育管理中社会参与不足、理性化程

① 骈茂林.公民参与：现代学校制度建设路径探讨[J].中国教育学刊,2012(4)：31－34.

② Stewart Ransnon. The Changing Governance of Education[J]. Educational Management Administration & Leadership, 2008 (2).

③ Gary L. Anderson, Liliana Montoro Donchik. Privatizing Schooling and Policy Making：The American Legislative Exchange Council and New Political and Discursive Strategies of Education Governance [J]. Education Policy, 2014 (1).

④ Sam Sellar, Bob Lingard. The OECD and the Expansion of PISA：New Global Modes of Governance in Education[J]. British Educational Research Journal, 2013 (4).

度不高、政府宏观统筹不力、学校办学自主权不够等现实问题,重点讨论了利益相关者、社会组织、学校、政府这四类主体在教育治理中的地位与作用。在他看来,相对于单一主体的政府管理,多元主体参与的教育治理有其显著优势。[①] 熊庆年等人指出,社会治理较之强政府控制更为有效,社会治理是提高高等教育公共管理水平的必需。良好的社会治理需要社会各方共同培育,应当充分利用当前政府行政改革的契机,发展社会治理组织。[②] 而在国际组织参与教育改革的研究中,阚阅等人指出,世界银行的全球教育治理拥有一定的组织基础,然而也存在一些问题与局限。[③] 还有申超对欧盟参与教育治理合法性的反思,[④]杜越对联合国教科文组织参与全球教育治理的研究[⑤],等等。

其二,基于社会学理论对公众参与过程中的权利和利益的研究。

与管理学理论注重公众参与的程序模式与参与效果不同,社会学理论重点关注参与者在参与过程中的权利和利益问题。关注权利问题的研究往往会借用微观政治学的理论基础,比如使用米歇尔·福柯(Michel Foucault)的知识权利以及皮埃尔·布迪厄(Pierre Bourdieu)的场域和文化资本等概念工具。而关注利益问题的研究则往往会借用博弈论的分析框架,分析各个利益相关者之间在教育改革博弈场中的博弈行为。

英国学者斯蒂芬·J.鲍尔(Stephen J. Ball)在1990年出版的《政治与教育政策制定:政策社会学探索》(*Politics and Policy-making in Education: Explorations in Policy Sociology*)一书中,分析了英国政府在20世纪80年代后期,在后工业社会特征日益深化、知识经济特征渐露端倪的背景下,对教育的作用、功能的理解,以及政府、市场和意识形态与教育改革的关系,显示了教育改革背后对政策变化起着举足轻重作用的政治家、公务员及政府顾问拥有的优先权。在他看来,教育政策充满了经济、政治和意识形态的矛盾冲突,教育政策是作为"各利益群体为争取经济和社会声望霸权"的一个领域展开的。[⑥] 之后,他在

---

① 褚宏启,贾继娥.教育治理中的多元主体及其作用互补[J].教育发展研究,2014(19):1-7.
② 熊庆年,张珊珊.我国高等教育社会治理的过渡性特征[J].教育发展研究,2009(3):55-58+62.
③ 阚阅,陶阳.向知识银行转型——从教育战略看世界银行的全球教育治理[J].比较教育研究,2013(4):76-82.
④ 申超.论欧盟教育治理的合法性危机[J].比较教育研究,2010(4):32-35+40.
⑤ 杜越.联合国教科文组织与全球教育治理[J].全球教育展望,2011(5):60-64.
⑥ 斯蒂芬·J.鲍尔.政治与教育政策制订——政策社会学探索[M].王玉秋,孙益,译.上海:华东师范大学出版社,2011.

1994 年出版的《教育改革——批判和后结构主义的视角》(*Education Reform: A Critical and Post-structural Approach*)一书中研究了课程政策的制定和实施过程,他首先概括了 20 世纪 80 年代之后的教育改革的逻辑趋势,认为"市场作为'公共垄断教育'现象的替代品,显然符合过去十年西方世界教育政策的潮流"。① 他注意到其中参与者之间的权利关系,他运用后结构主义的批判理论分析指出,这一过程"绝不是简单的权力不对称的结果",不是简单的支持者和反对者的力量对抗,而是在"主流力量、抵制力量和混沌力量的相互交锋中诞生的"。② 2005 年,他的部分作品被选择集中,出版了《教育政策和社会阶层:斯蒂芬·J.鲍尔文选》一书,其中多篇文章通过社会学的视角分析了各种参与主体在教育改革中的作用。比如,《教育改革、市场观念和伦理革新》一文分析了市场力量对教育改革过程的影响;《规训与喧嚣:右翼及其嘲讽》一文则分析了教育改革背后的政党力量。③ 2007 年,他又出版了《教育集团:理解私人领域参与公共教育》(*Education Plc: Understanding Private Sector Participation in Public Sector Education*)一书,继续使用他称之为"政策社会学"(policy sociology)的方法描述和批判了英国教育政策、政策技术的变化,其中有专章讨论了新的治理方式、新的社区结构和新的慈善机构(new governance, new communities, new philanthropy)对教育变革的作用。④

除了鲍尔之外,迈克尔·W.阿普尔(Michael W.Apple)同样是运用批判社会学理论分析教育政策和教育改革的代表,他在著作中多次谈到新自由主义影响下的教育改革将市场因素纳入其中,⑤⑥ 与此同时还提到社会运动在教育改革中的作用。⑦⑧ 克里巴德(H. M.Kliebard)也从斗争的角度考察了美国课

① 斯蒂芬·J.鲍尔.教育改革——批判和后结构主义的视角[M].侯定凯,译.上海:华东师范大学出版社,2002:138.
② 同上:20.
③ Stephen J. Ball. Education Policy and Social Class: The Selected Works of Stephen J. Ball[M]. London: Routledge, 2005.
④ Stephen J. Ball. Education plc: Understanding Private Sector Participation in Public Sector Education[M]. London: Routledge, 2007.
⑤ 迈克尔·W.阿普尔.教育能够改变社会吗[M].王占奎,译.上海:华东师范大学出版社,2014.
⑥ 迈克尔·W.阿普尔.教育的"正确"之路:市场、标准、上帝和不平等[M].黄忠敬,等译.上海:华东师范大学,2008.
⑦ Apple, M. W. What Effects do Social Movements Have on Curricular Reform? [J]. Educational Policy, 2003 (1).
⑧ Apple, M. W. Social Movements and Political Practice in Education [J]. Theory and Research in Education, 2007 (3).

16

程史,分析了这一演变过程中不同的利益群体在课程控制权的竞技场上进行
的一系列斗争。① 此外,还有一些研究关注种族团体②③和一些草根组织④是如
何通过斗争影响教育变革的。

　　我国学术界也有一些学者是从权利或者利益角度研究教育改革中的公众
参与。比如,柯政认为可以从认识论、理性和权力的视角来研究专家学者参与
教育政策的制定过程,专家学者可以通过许多方式和途径运用自己的权利,尽
管表面上不是那么直接,但是更具隐蔽性,也更具持久性。⑤ 马维娜也指出,中
国教育改革的"诞生"存在诸多可能和诸多不确定性,各种力量之间的张力势
必相互牵制、相互作用、相互弥补,导致许多可能研究与需要研究的问题,有必
要用知识社会学集体性知识的解释框架进行阐释。⑥ 林炊利则以利益相关者
理论为指导,通过文献研究和逻辑分析确定了高校四类核心利益相关者——
教师、学生、政府和校友,进而系统分析了教师、学生、政府和校友四类高校核
心利益相关者参与高校决策的现状、问题、难点和改革策略。⑦ 周世厚综合采
用了系统论、博弈论、利益集团理论三种理论视角,揭示了美国联邦政府高等
教育政策制定过程中各利益集团之间、利益集团与政府之间的互动与博弈机
制。他通过研究指出,高等教育利益集团参与联邦高等教育政策制定过程是
美国高等教育的一个鲜明特色,有利于优化联邦政府的决策过程,有利于维护
高等教育自治,有利于相关利益群体表达利益诉求。⑧

　　其三,基于话语分析对公众参与过程中表达的话语意义及其功能的研究。

　　严格地说,话语分析(discourse analysis)不是一个专门的独立的学科门
类。如果一定要从学科角度而言,话语分析应当源于语言学学科,与之相关的
还有文本分析(text analysis)、内容分析。有学者曾经指出,话语分析在作为一

① Kliebard, H.M. The Struggle for American Curriculum, 1893 – 1958[M]. New York: Routledge, 1986.
② Binder, A. Contentious Curricula: Afrocentrism and Creationism in American Public Schools [M]. Princeton: Princeton University Press, 2002.
③ Donato, R. The Other Struggle for Equal Schools: Mexican Americans during the Civil Rights Movement[M]. New York: SUNT Press, 1996.
④ Hill, R. J. Pulling up Grassroots: A Study of the Right-wing "Popular" Adult Environmental Education Movement in the United States[J]. Studies in Continuing Education, 2002 (3).
⑤ 柯政.专家学者参与教育政策制订的多视角分析[J].教育发展研究,2010(2): 30 – 34.
⑥ 马维娜.中国教育改革的知识社会学解读[J].北京师范大学学报(社会科学版),2009(2): 12 – 19.
⑦ 林炊利.核心利益相关者参与公办高校内部决策的研究[D].上海: 华东师范大学,2013.
⑧ 周世厚.美国联邦高等教育决策中的利益集团政治研究[D].长春: 东北师范大学,2010.

个跨学科的研究出现后，推动内容分析的发展，在大众传播研究中表现为使其由早期的内容分析向更复杂的对媒体文本和谈话的话语分析发展。[①] 可见，三者的兴趣都在于将语言文字作为研究对象，探索其背后更深层的意义空间。

如今，话语分析已广泛用于文学、文化学、政治学等研究领域，在教育学领域也开始受到关注，尤其是在进行话语内容分析和政策文本分析的时候，得到不少研究者的青睐。比如美国的托马斯·L.古德（Thomas L. Good）等人所著的《学校大辩论：择校、教育权和特许学校》（*The Great School Debate: Choice, Vouchers, and Charters*）[②]和英国学者斯蒂芬·J.鲍尔所著的《教育争论》（*The Education Debate*）[③]，国内学者但昭彬所著的《话语与权力：中国近现代教育宗旨的话语分析》[④]和李钢所著的《话语·文本：国家教育政策分析》[⑤]等，都对教育论辩从话语分析的角度进行研究，从中得出某个时期教育领域最受关注的问题，或者是在话语斗争过程中表现出的权利、利益的斗争。此外，文雯的《中国教育政策的形成与变迁——1978—2007 的教育政策话语分析》[⑥]和张灵芝的《话语分析与中国高等教育变迁》[⑦]也使用话语分析（文本分析）对一段特定历史时期的教育政策进行过研究，通过展现某个概念或者理念随着时间的推移在表达上的变化，分析其背后的意义。

在有关公众参与教育改革的研究中，我们也可以看到有一部分运用了话语分析研究路径。美国学者加里·L.安德森（Gary L. Anderson）指出，美国 20世纪 90 年代末的教育改革充斥着广泛的话语斗争，尽管教师、学生、家长、社区、企业以及其他大量的利益相关者在大多数改革中起到关键作用，但是越来越多的证据表明，他们的参与往往是虚假的、肤浅的或者是无效的。他在研究中讨论了话语参与形式的不同影响因素，以及这些话语斗争是如何通过不同

---

① 涂端午.教育政策文本分析及其应用[J].复旦教育论坛,2009(5)：22.
② Thomas L. Good,& Jennifer S. Braden. The Great School Debate：Choice, Vouchers, and Charters[M]. New York：Routledge, 1999.
③ Stephen J. Ball. The Education Debate[M]. Bristol：Policy Press, 2008.
④ 但昭彬.话语与权力：中国近现代教育宗旨的话语分析[M].济南：山东教育出版社,2008.
⑤ 李钢.话语·文本：国家教育政策分析[M].北京：社会科学文献出版社,2009.
⑥ 文雯.中国教育政策的形成与变迁——1978—2007 的教育政策话语分析[M].武汉：湖北教育出版社,2013.
⑦ 张灵芝.话语分析与中国高等教育变迁[M].北京：清华大学出版社,2015.

的参与者得以实现的。通过研究,他最终提出实现真正意义上的参与的概念框架。①

　　澳大利亚学者苏·汤马斯(Sue Thomas)研究了教育政策、教育领导者与教育组织治理之间的关系,她认为教育领导功能的实现并非处于社会的真空当中,而是受制于文化、政治与经济等背景因素的影响。鉴于此,她运用了政策社会学、批判社会学和话语理论展开具体研究,分析了教育领导者的身份形成和实践功能是如何通过教育政策和教育治理领域中的话语斗争得以实现的,以及教育领导者的实践如何影响教育政策和教育治理当中的话语空间。②此外,她还研究了新闻媒体在教育改革中的公共话语建构作用。③ 不仅仅是苏·汤马斯,美国学者雷巴卡·A.古德斯滕(Rebecca A. Goldstein)也注意到新闻媒体在教育改革中在话语方面起到的作用。他以《纽约时报》和《时代杂志》(Times Magazine)为例,研究了媒体是如何通过丑化教师组织和教师个人的形象来强化《不让一个孩子掉队法案》在解决公共教育失败问题上的作用的。④

　　在我国,也有从话语分析的角度研究教育改革中的公众参与。比如,陈露茜的《"学校大辩论":20 世纪 80 年代美国公共教育政策中的意识形态冲突》采用了象征政治理论,通过呈现不同政党和利益集团在教育改革中的意见表达和话语斗争,分析解释了 20 世纪 80 年代美国公共教育政策文本背后的权力关系。⑤ 李钢等人则通过实证研究,选取了 2000 年和 2002 年教育行政部门受理的 225 封反映教育政策问题的公众来信,用社会语言学和统计学的方法分析了来信的话语特征,从而对公众认可的热点问题与教育政策之间的关系进行了话语意义上的探索。⑥

　　此外,更多的研究关注的是舆论的话语。比如,蒋建华对舆论话语在教育

① Gary L. Anderson. Toward Authentic Participation：Deconstructing the Discourses of Participatory Reforms in Education[J]. American Education Research Journal, 1998 (2).
② Sue Thomas. Initial Investigations into Policy, Leadership and Governance Discourses in Educational Sites [J]. Educating：Weaving Research into Practice, 2004 (2).
③ Fitzgerald, Richard；Housley, William. Media, Policy and Interaction[M], New York：Routledge, 2009.
④ Rebecca A. Goldstein. Imaging the Frame：Media Representations of Teachers, Their Unions, NCLB, and Education Reform[J]. Education Policy, 2011 (3).
⑤ 陈露茜."学校大辩论":20 世纪 80 年代美国公共教育政策中的意识形态冲突[M].北京：教育科学出版社,2014.
⑥ 李钢,张力.公众书信反映教育政策问题的话语特征[J].教育研究,2003(7)：37－46.

改革中的作用进行过系统的分析,包括分析的策略①、价值和思路②以及具体的作用③④。吴康宁教授也指出,没有哪一项教育是在缺少舆论支持的情况下取得成功的。我们需要面对的问题是,教育改革者寻求的是一种什么样的舆论支持? 这种舆论支持对教育改革的发动与推进起着什么样的作用? 他进而分析了我国教育改革舆论支持的基本特征及面临的挑战,并提出了改变教育改革支持方式的基本思路。⑤

通过以上对相关研究的梳理总结可以发现,教育改革中的公众参与从 20 世纪末开始已经愈发成为教育研究领域的热点,研究使用的理论分析工具和涉及的具体内容也多种多样。从研究的理论基础来看,管理学、社会学的分析框架已经被广泛运用到当前的研究中。而在研究者对参与过程中的“话语”发生兴趣之后,社会学领域中的理论得到更充分的使用,并且也有了政治学意义上的关怀。由此,我们便可以归纳出当前研究切入的角度和关注的问题:第一,管理学理论主要是从程序和效果的角度解决技术问题,试图提供更好的公众参与的操作性方案;第二,社会学理论主要针对的是从权利和利益的角度探讨价值层面的问题,试图证明公众参与教育改革的合法性;第三,话语分析理论则主要是从文本的角度探讨参与者话语背后的真实意义,试图分析公众真实的教育诉求。可以说,无论是从分析的理论工具来看,还是就关注的内容而言,当前的研究成果已颇为丰富,不过也仍旧留有一定的空间有待拓展。

具体到本书的关注焦点而言,在面对“公众是通过怎样的实践方式参与其中并对教育改革产生影响的?”这个问题的时候,当前研究通常借助教育政策文本分析和管理学的相关理论,从“相关制度的规范”或者“参与程序的技术保障和优化”这两个方面尝试回答,而且此类研究大多仅从理论层面展开思考抑或是直接的经验性引介,结合具体的实际案例对公众参与的实践进行的考察并不多见。对此,本书将暂时放弃抽象的理论思辨以及静止的政策文本和

① 蒋建华.教育舆论的分析策略[J].中国教育学刊,2012(6):85－87+91.
② 蒋建华.教育舆论分析的价值与思路[J].教育研究,2011(4):20－23.
③ 蒋建华,阮峥.教育政策报道:谁在说、说什么、怎么说——基于“批评权”事件的报纸舆论分析[J].首都师范大学学报(社会科学版),2013(2):121－126.
④ 蒋建华,董金玉.高中新课程改革的报纸舆论导向分析[J].教育科学研究,2013(8):35－39.
⑤ 吴康宁.反思我国教育改革的舆论支持[J].湖南师范大学教育科学学报,2012(2):5－9.

操作程序而转向生动的现实案例,从规范性的应然层面转向实在性的实然层面,具体地呈现公众是如何展开参与实践并影响教育改革的,尝试从现实的范本当中汲取经验和教训。相较于此前研究而言,本书从公众参与的实践入手,针对现实的案例进行实然层面的考察和阐释,可以说在研究对象和研究范式两个方面有所突破。

因此,在本书当中,教育改革中的公众参与被看作一场现实中的具体实践。本研究的主要目的在于展现并解释美国的公众参与是如何进行并进而影响教育改革的,希望通过描述实际的具体事件和相关团体或者人物的教育活动来展现和解释公众参与的实践何以可能。与当前大多数已有研究不同的是,本书并不强调教育改革过程中公众参与的模式、机制或者政策规范,没有将优化公众参与的途径理解为一种抽象的模式化的策略建构,也不对公众参与的实践进行过多的预设,而是希望客观真实地呈现出生动具体的、实际发生在公众身上的实践活动。

二、教育学语境中的公共领域理论

为了考察公众如何在教育改革的过程当中发挥作用,本书选择了公共领域作为具体切入点,即本书的理论基础抑或说是分析视角。之所以运用这一概念工具,是希望能够聚焦和深入公众在教育改革中的参与实践,而避免纠缠于针对抽象的概念和理论的逻辑思辨。由于本书在案例选择、呈现和分析的过程中都涉及“公共领域”这一概念,为了更为准确、充分地理解和运用这一概念工具,有必要首先简单回顾公共领域理论的发展历程。

1. 公共领域理论的发展演变

20 世纪初,西方学界开始反思现代性问题。在这场反思中,汉娜·阿伦特(Hannah Arendt)较早使用了“公共领域”这一概念来展开她的学术思考。阿伦特论述公共领域的起点源自她考察人的境况,从她的分析推演中不难看出,其理论深受亚里士多德关于人类活动的三分法:技艺(techne)、创造(poiesis)和实践(phronesis)。1958 年,她在《人的境况》(*The Human Condition*)一书中

正是根据亚里士多德的划分方式区分了人类的三种基本活动形式：劳动
（labour）、工作（work）和行动（action）。

依据她的区分，劳动的主要目标是维持肉体的生存和延续，是纯粹生物性
的本能使然。正是因为以"生存的必须"为目的，劳动涉及的仅仅是人与自然
的关系，因而便将人限定在私人领域当中。工作则意味着能力技巧，以一定的
手段和理性进行活动，因此工作具有一定的能动性。然而，尽管在工作过程中
存在着人与人的交流，但是这种交流仍然是以物质生产为目的的经济行为，而
缺乏公共性。最后，阿伦特谈到行动。在她看来，行动具有一种"固有的不可
预见性"，因而摆脱了劳动的重复和工作的功利，可以充分发挥人的主观能动
性，通过语言和实践将人带入公共领域。在公共领域中，人和人处于最大限度
的开放之中，人们互相能够看见和听见，他人的在场保证了这个世界和人们自
己的现实性，使得一个人最大限度地表现了自己的个性，实现自己的最高
价值。

可见，按照人类实践这三种活动的自由程度，从低到高，阿伦特划分出人
之存在的三个独立的领域：私人领域、社会领域和公共领域。其中，劳动和工
作属于私人领域，行动属于公共领域。介于私人领域和公共领域之间，存在着
一个社会领域。在她看来，行动是唯一不需要借助任何中介进行的人的活动，
是指人们而不是人类居世的群体条件。在此意义上说，一切人的条件都与群
体性的政治相关。[①] 公共领域为人与人的交往提供了条件，进而产生"人类关
系的纽带"。阿伦特将古希腊城邦看作公共领域的典范，从而批判了她所处的
时代受到私人领域控制的社会。

阿伦特基于人论的视角将人的活动进行了三种划分，进而提出并分析了
公共领域的概念。她对公共领域极为推崇，甚至断言："一个人如果仅仅去过
一种私人生活，如果像奴隶一样不被允许进入公共领域，如果像野蛮人一样不
去建立这样一个领域，那么他就不能算是一个完完全全的人。"[②]然而，阿伦特
并未能够更为全面地思考公共领域，特别是没有进一步去思考如何使公共领

---

① 汉娜·阿伦特.人的条件[M].竺乾威，等译.上海：上海人民出版社，1999：1.
② 汪晖，陈燕谷.文化与公共性[M].北京：三联书店，1998：70.

域在代议制民主制度内部建制化的问题。① 她未竟的工作在哈贝马斯那里得到弥补。哈贝马斯在其著作《公共领域的结构转型》(*The Structure of the Public Sphere*)当中,开篇就是一段他与阿伦特之间的对话。不难看出哈贝马斯的公共领域概念是得益于阿伦特,而他此后提出的交往行为理论同样与阿伦特的理论密不可分。

受到霍克海默尔(Max Horkheimer)、阿多诺(Theodor W. Adorno)等第一代法兰克福学派学者的影响,哈贝马斯使用了"生活世界"(life world)中的"交往行动"(communicative)这一概念,从自由主义的角度审视了公共领域的兴衰。他在《公共领域的结构转型》一书中,批判了 19 世纪 70 年代在后期资本主义"生活世界所进行的殖民化"的背景下官僚机构对"市民社会"(civil society)的介入,进而提出捍卫"资本主义公共领域"(bourgeois public sphere)已经随着理性批判话语和交往的解放而产生的观点。② 交谈和争论的政治领域,比如英国的咖啡厅、法国的沙龙以及德国的读书俱乐部,都出现在 18 世纪和 19 世纪早期,而且都已经成为"资本主义公共领域"的基本形式。

可见,哈贝马斯所说的"公共领域"是一个商谈的领域,其目的在于让资本主义社会的公众能够实现理性上的一致性,这显然是基于 19 世纪的自由主义理论提出的。在《公共领域的结构转型》第二版中,哈贝马斯借用"市民社会"这一概念工具对"公共领域"作出了进一步阐述。他认为,"市民社会"是一个独立于"国家"和"市场"的交往空间。在他看来,"市民社会"包含"非政府的和非经济的结合,以及自行组织的团体",比如教堂、文化团体、学术团体、独立的媒体、体育和休闲俱乐部、论辩团体、公民团体、职业团体、政治党派、工会以及代议机构。此外,他的理论把重点放在基于"商谈伦理"(discourse ethics),通过建立规范的"立宪民主"(institutional democracy),培育"公共领域"的新形式。

因此,在哈贝马斯的理论中,现代社会"公共领域"指的是"我们的社会生活的一个领域",在这个领域中,像公共意见这样的事物能够形成。公共领域

① Benhabib, Seyla. The Reluctant Modernism of Hannah Arendt[M]. Thousand Oaks: Sage, 1996.
② 尤尔根·哈贝马斯.公共领域的结构转型[M].曹卫东,译.上海:学林出版社,1999.

原则上向所有公民开放。公共领域的一部分由各种对话构成,在这些对话中,作为私人的人们来到一起,形成了公众。"他们既不是作为商业或专业人士来处理私人行为,也不是作为合法团体接受国家官僚机构的法律规章的规约。当他们在非强制的情况下处理普遍利益问题时,公民们作为一个群体来行动;因此,这种行动具有这样的保障,即他们可以自由地集合和组合,可以自由地表达和公开他们的意见。当这个公众达到较大规模时,这种交往需要一定的传播和影响的手段;今天,报纸和期刊、广播和电视就是这种领域的媒介。"哈贝马斯还指出:"公共领域是介于国家与社会之间进行调节的一个领域,在这个领域中,作为公共意见的载体的公众形成了,就这样一种公共领域而言,它涉及公共性的原则——这种公共性一度是在与君主的秘密政治的斗争中获得的,自那以后,这种公共性使得公众能对国家活动实施民主控制。"①正是在哈贝马斯的系统考察和专门论述之后,公共领域开始逐渐成为当代政治学、社会学等领域中一个成熟的、重要的理论概念,并由此产生了一大批相关的学术成果。

在美国,也有些学者对公共领域进行过较为深入的研究。理查德·桑内特(Richard Sennett)有关公共领域的考察是从关注 19 世纪以私人生活为中心的"亲密社会"(intimate society)的扩张和与此同时"公共领域"(public realm)的衰落开始的。在其名为《公共人的衰落》(The Fall of Public Man)这部著作中,他将公共领域界定为 18 世纪城市中的广场、街道、公园、剧场和咖啡馆等场所。在伦敦和巴黎,咖啡馆成为"信息中心"(information center)。在那里,公众通过谈话聊天获取知识、交流观点。这种情况一直延续到 18 世纪 50 年代,在那之前,公园和街道一直都是"陌生人"(strangers)公开畅谈、不同阶级之间进行社会交往的地方。他将伦敦看作是"话语混杂的舞台和街道",将巴黎看作是人们"像演员一样的,相互之间进行着社交"的城市空间。不仅有"演员",还有大量年轻人和上层社会人士作为"观众"参与其中。

但是桑内特也注意到,从 18 世纪开始,"个人"(personality)闯入公共领域。尽管仍旧有一些"演员"还在继续积极地表达自己,但是大部分人成了并

---

① 汪晖,陈燕谷.文化与公共性[M].北京:三联书店,1998:125-126.

24

不参与"公共生活"（public life）的"观众"。到了 19 世纪中叶，"受人尊重的听众"指的是"能够控制自己的情感而保持沉默的听众"，因为"在剧场中对情感的控制成了中产阶级用来区分和工人阶级的标志"。桑内特还对 1852 年在巴黎经营的作为百货公司前身的小杂货店进行了分析。在那里，曾经买卖双方对于价格进行戏剧化的商谈交易消失了，买家按照商品标价进行购买的新形式确立了。购物行为从要求"公共人作为演员"转变成公共领域中"个人的、被动的经历"。桑内特的结论是，人们丧失了自信，因为城市中过多的"个人化"过程剥夺了原有的剧院因素，而沦落为"私人领域"，剥夺了他们在公共领域中积极的表达和行动，取而代之的则是家庭和社区。①

此外，美国的女性主义学者南希·费雷泽（Nancy Fraser）则针对哈贝马斯的公共领域理论提出"后资产阶级公共领域"的概念。她认为女性在哈贝马斯的公共领域中被边缘化了，进而质疑哈贝马斯的理论。"当话语舞台被置于一个充斥着统治和从属的结构关系的更大的社会环境中时，对话者在这个特定的话语舞台中如同社会地位平等者一样进行商谈，在原则上是否可能？"②费雷泽对哈贝马斯公共领域理论的批判集中体现在《公共领域反思：一项对现存民主批判的贡献》（*Rethinking the Public Sphere: A Contribution to the Critique of Actually Existing Democracy*）一文当中。尽管如此，她还是在强调公共领域"向所有人开放"（open or accessible to all）的特点③及其重要的民主意义，只不过更加强调女性的地位和作用。

不难看出，在学者们的努力之下，公共领域理论已经得到较为充分的探讨。尽管本书无意也无力全面地从公共领域的各个方面入手讨论美国公众批判标准化教育改革的实践，但是受益于这一概念的启发，本书所要考察的具体对象能够得到确立。正因如此，笔者将公共领域理论作为本书的理论基础。

2. 作为研究工具的公共领域

由于本书使用公共领域作为考察分析的理论工具，因此有必要对同样以

---

① Richard Sennett. The Fall of Public Man[M]. Cambridge：Cambridge University Press, 1977.
② 南茜·弗雷泽.正义的中断——对"后社会主义"状况的批判性反思[M].上海：上海人民出版社,2009：84.
③ Nancy Fraser. Rethinking the Public Sphere：A Contribution to the Critique of Actually Existing Democracy[J]. Social Text, 1900（25/26）：56-80.

此作为分析工具的教育研究进行梳理，以便说明这一概念的适用性。其实，无论是作为一种研究视角还是一个具体的研究对象，"公共领域"这一概念已经广泛地出现在教育研究当中。

美国学者亨利·吉鲁（Henry Giroux）曾从公共领域的视角研究了新自由主义对高等教育的影响。他首先批判了新自由主义理念对高等教育宗旨的消极影响。在他看来，新自由主义是一种非常危险的意识形态，它使得公开的商谈讨论让位于商业化（commercialization）、私有化（privatization）和放任自由（deregulation）的话语，在这种情况下，公共关系成了私人事务和私益性的活动。商业文化通过强调市场冲击了市民社会的民主实践，大大消解了社会正义。这种趋势正在美国社会中蔓延，影响着美国社会对于民主的理解，并且威胁了高等教育的意义和目标。① 其次，他还批判了新自由主义理念催生下的"贫瘠的教育学"（bare pedagogy）正在消解公共领域的民主精神，他指出，这种新的教育学正在高等教育中蓬勃发展，强调市场驱动的竞争甚至是军国主义（militarism）的目标，而强调批判性分析、道德判断和社会责任的批判教育学则开始萎缩。这种此消彼长的现象恰恰发生在批判教育学逐渐显示出重要性的时候，这使得很多常常被忽视的问题无法得到令人满意的回答。比如：教师和教育学者承担着何种角色？公共教育和高等教育应当为谁的利益服务？理解和参与教育发生的不同情境如何可能？教育作为公共服务的角色为何？等等。② 此外，从高等教育的社会作用入手对教育中的公共领域进行的研究还包括伍德鲁夫·史密斯（Woodruff D. Smith）研究了公共领域重建对于大学进行自身公共危机的拯救和对美国整个社会的公共危机的拯救所起到的重要作用。③ 布里安·普塞尔（Brian Pusser）编纂的文集《大学和公共领域：全球化时代的知识创造和国家塑造》（*Universities and the Public Sphere: Knowledge Creation and State Building in the Era of Globalization*）从大学和公共领域构建

---

① Henry A. Giroux. Neoliberalism, Corporate Culture and the Promise of Higher Education: The University as a Democratic Public Sphere[J]. Harvard Educational Review, 2002(4).
② Henry A. Giroux. Bare Pedagogy and the Scourge of Neoliberalism: Rethinking Higher Education as a Democratic Public Sphere[J]. The Educational Forum, 2010 (6).
③ Woodruff D. Smith. Public Universities and the Public Sphere[M]. London: Palgrave Macmillan, 2011.

的角度,探讨了全球化时代知识创造的问题①等等。

　　此外,还有些研究关注的是具体的教育实践和公共领域的关系。比如,日本学者正通上也(Masamichi Ueno)的英文著作《民主教育和公共领域》(*Democratic Education and the Public Sphere*)从教育改革领域中自由主义运动的角度,研究了杜威有关民主教育的哲学思想,以及他的公共领域理论。通过将艺术教育和公共领域联系在一起,并且以当代主流哲学思想为基础,他试图对教育中当前流行的自由主义进行概念重建,并且重新解读了教育的公共领域的含义。② 还有些研究则是关注公民教育与公共领域的关系。比如,《公民学习、民主公民和公共领域》(*Civic Learning*,*Democratic Citizenship and the Public Sphere*)一书就集中说明了公民教育与民主和公共领域之间的关系。③ 费尔南多·M.瑞莫尔斯(Fernando M. Reimers)从全球公共领域的角度强调了教育要为塑造全球化的公民服务。④ 贾奎林·肯内利(Jacqueline Kennelly)则研究了作为公共领域的社区剧院在公民教育中的作用。⑤

　　在我国的相关研究中,有一部分是探讨教育研究过程中的公共领域。比如,陈其明等人提出,专业化时代教育研究者对专业性的过度追求导致教育研究对公共领域的疏离,而教育研究与公共领域的不可分割性要求今天的教育研究者关注更多的公共问题,在专业探索的同时拥有公共关怀。⑥ 杨茂庆等人则将"公共领域"概念与理论引入比较教育学,剖析构建比较教育学公共空间的必要性和可能性,合理架构比较教育学的公共领域,为实现民族文化间的平等对话提供平台。⑦

　　另外一部分研究则关注学校中的公共领域。比如,程红艳等人认为,制度生活是学生在学校公共领域中,在平等协商、交往对话的基础上不断达成共

① Brian Pusser(Ed.). Universities and the Public Sphere：Knowledge Creation and State Building in the Era of Globalization[M]. New York：Routledge,2013.
② Masamichi Ueno. Democratic Education and the Public Sphere[M]. New York：Routledge,2015.
③ Gert Biesta(Ed.). Civic Learning,Democratic Citizenship and the Public Sphere[M]. New York：Springer,2014.
④ Reimers,F. M. Education for Improvement：Citizenship in the Global Public Sphere[J]. Harvard International Review,2013(6).
⑤ Jacqueline Kennelly. "Acting Out" in the Public Sphere：Community Theatre and Citizenship Education[J]. Canadian Journal of Education,2006(1).
⑥ 陈其明,刘秀荣.教育研究何以走向公共领域[J].上海教育科研,2010(6)：33-35.
⑦ 杨茂庆,何茜.全球化时代下比较教育学"公共空间"的建构[J].比较教育研究,2010(5)：7-11.

识、生成契约、分享经验的过程。创生学校公共领域依赖于公民社会的良好发育，宜采用放权和争权两种机制相结合的方式。① 叶飞则从公民教育的角度提出，学校生活空间需要不断建构自身的公共领域属性，发展和完善自由、平等、协商对话以及理性批判的特性，从而更有效地促进学生的公共理性、公共品德以及公共行动能力的发展。②

还有些研究关注的是高等教育和公共领域的关系。比如，胡莉芳认为，为了平衡高等教育中的利益关系，以大学排行榜为代表的大学评价应该成为一个公共领域，服务公共利益，做到评价主体多元、指标科学、过程开放、结果公开，体现公平、公开、参与、独立的原则。③ 傅添认为，提升大学的知识建设与服务能力和参与公共商谈的积极性，拓展以各种学术性活动为载体的公共空间，有助于我国公共领域的建设与发展。④

当然，也有些研究考察了教育改革的公共领域。比如，王海英认为，在我国当下的社会生活中，基于沟通与批判的教育改革公共领域面临着一系列的困境，如国家与社会呈现出分离中的一体化、舆论媒体的意识形态化、知识分子的依附化以及社会公众在政策消费下的失语化等。⑤ 唐小俊认为，教育公共领域能够为公众提供就教育公共事务进行对话、协商、辩论的公共话语空间，其合理的建构是教育改革实现价值共识、获得广泛社会基础的有效途径。⑥ 李涛则研究了高考改革的公共领域，公众在这里可以就有关高考改革的公共事务进行协商、辩论和批判，进而对高考改革的决策产生影响。⑦

三、通过公共领域考察公众参与教育改革

就本书而言，美国公众参与教育改革的公共领域就是广大公众在政府权威之外，针对标准化教育改革的种种措施进行批判的空间。通过上述简要的

---

① 程红艳,刘爱民,张凤.学生制度生活与学校公共领域的创生[J].教育研究与实验,2013(1):17-21.
② 叶飞.学校空间的"准公共领域"属性及其公民教育意蕴[J].教育科学,2013(2):11-16.
③ 胡莉芳.大学评价:一个公共领域[J].江苏高教,2009(2):54-56.
④ 傅添.论大学在现代公共领域中的作用[J].清华大学教育研究,2013(6):46-51+58.
⑤ 王海英.教育改革的公共领域——困境、可能与出路[J].教育理论与实践,2008(6):23-26.
⑥ 唐小俊.论教育改革中的价值共识——基于公共哲学的视角[J].教育理论与实践,2009(11):21-24.
⑦ 李涛.论高考改革的"公共领域"[J].高教发展与评估,2013(5):32-37+102.

梳理概括,我们可以大致将"公共领域"这一概念理解成一个面向全体公民,就公共事件进行批判性实践的场域。在这个公共领域,美国公众关注具有共识性的教育改革问题,公开探讨公共教育的发展方向,任何人都可以对当前标准化教育改革的现状表达不满,进行批判。

由于本书关注的是来自公众"批判"的参与,所以在此需要对公共领域具有的批判性特征再进行一些说明。本书之所以从公众的"批判"这一角度入手,是希望能够更为充分地呈现出一种冲突的状态,彰显公众参与的力量。在公共领域,应当允许"不和谐"观点的表达,允许公众针对国家和相关教育部门的制度规范进行批判,正是这种批判才使得社会的发展更有活力。从"公共领域"的概念史来看,哈贝马斯和桑内特都表现出对公共领域中"争论"和"批判"的重视,特别是哈贝马斯,可能是继承了德国法兰克福学派的理论传统,因而格外强调公共领域的批判性特征。正是在 20 世纪 60 年代,德国出现了批判的浪潮,各个学科和知识领域都在进行批判或号称进行批判,人文科学和社会科学的一些学科也提高了对"批判"的要求。在教育、社会政治方面自然也出现了大量的"批判性研究"。[①] 不仅仅是批判理论强调批判、反思和意识解放的重要性,包括哈贝马斯在内的一批学者甚至也不时身体力行地卷入教育争论当中,以示批判的实践价值。[②] 而哈贝马斯则更是在提出公共领域概念的基础上,谈到商谈理论和协商民主,将观念的自由表达和不同意见之间的争辩看作是公共领域的标志和实现路径,而这同样在延续着批判性的特征。

本书既然将公共领域作为研究的理论视角或者说是分析视角,以此对奥巴马时期公众对 K‐12 标准化教育改革的批判进行考察,就必须进一步说明其使用方式。具体而言,本书将公众在公共领域针对美国 K‐12 标准化教育改革的批判看作一种积极的参与实践。这种实践包括:来自各个群体的公众通过媒体平台公开撰写评论文章,进而构建起了批判性的舆论空间;通过社交平台自发而成的草根组织进行的抗议或者游行等社会运动;个人出版畅销书籍或者借助其他公共领域形式进行的话语斗争。正是受到这些公众参与实践的影响,美国的 K‐12 标准化教育改革出现转向。由此可见,公共领域是公

① 彭正梅.德国批判教育学述评[J].外国教育研究,2002(10):5‐9.
② 兰道·卡伦.教育哲学指南[M].彭正梅,等译.上海:华东师范大学出版社,2011:215.

众对 K－12 标准化教育改革进行批判的重要平台,是公众参与教育改革的重要工具。因此,借助这一视角可以聚焦公众参与的具体实践,在对这些实践案例进行呈现和分析的基础之上,便可以更加深入地理解这些实践背后的原因。

综上所述,在本书当中,教育改革中的公众参与被看作一场现实中的具体实践。研究的主要目的在于展现并解释美国的公众参与是如何进行并影响教育改革的,希望通过描述实际的具体事件和相关团体或者人物的教育活动来展现和解释公众参与的实践何以可能。与当前大多数已有研究不同的是,本书并不强调教育改革过程中公众参与的模式、机制或政策规范,没有将优化公众参与的途径理解为一种抽象模式化的策略建构,也不对公众参与的实践进行过多的预设,而是希望客观地、真实地呈现出生动具体的、实际发生在公众身上的实践活动。上述相关文献的梳理可以充分证明,在研究公众参与教育改革这一问题时,使用公共领域作为分析视角是可能且有效的。通过这一意味着公众批判空间的概念工具,我们能够锁定一些具有典型意义的公众群体、个人及其实践活动,通过针对这些案例的细致考察,可以更加深刻地感受和理解美国公众在教育改革中的参与作用,进而分析出这种实践的必要条件。

第三节　本书的主要内容和结构

一、主要内容

基于对当前研究现状的梳理和分析,本书旨在通过具体案例考察公众如何借助公共领域在奥巴马时期针对标准化教育改革进行批判,并对教育改革产生影响,进而在此基础之上进行反思,对中国教育改革中的公众参与问题给予必要的启示。本书将具体回答以下三个问题:

第一,美国公众是如何针对标准化教育改革进行批判的?

第二,美国公众的批判是如何影响标准化教育改革进程的?

第三,如何解释美国公众参与教育改革的可能性? 这对我国推进和实现公众参与教育改革有何启示?

针对这三个具体问题,本书提出如下三个相应的假设。

第一,在批判标准化教育改革的过程中,公众的参与实践与各种公共领域形式的邂逅产生了不同的影响方式。因此,本书依据参与主体的规模,从宏观层面、中观层面和微观层面分别选择典型的案例考察公众的参与实践。具体而言,这三个案例分别是:(1)广泛的公众群体对共同核心标准的意见,通过报纸汇集在一起,建构起批判性的公共舆论空间;(2)草根组织联合进行的"选择退出"标准化测试社会运动;(3)戴安·拉维奇(Diane Ravitch)这一公众个体就标准化教育改革中的"市场逻辑"所进行的揭露和批判。公众个体或者团体正是借助各种形式的公共领域联系在一起,对教育改革的政策文本和实践进行公开的批判(见图 1-1)。

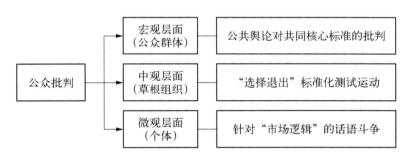

图 1-1 本书案例选择的层次依据

第二,公众借助公共领域,通过间接的舆论方式或直接的社会运动方式,影响着美国标准化教育改革的实施。在地方层面,公众的批判和抗议对标准化教育改革的一些具体措施产生了影响,比如一些州放弃采纳共同核心标准,一些地方则准备对标准化测试以及相关的问责制进行调整。在联邦政府层面,教育法案对标准化教育改革的推行重新进行规定,尤其是 2015 年的《每一个学生成功法案》就在国家层面放松了共同核心标准和标准化测试的推行力度,取而代之采用了非强制性的方式。2016 年的总统选举特朗普胜出之后,重新任命了教育部长,着手展开废除共同核心标准的工作。

第三,本书认为,美国公众对本国教育改革之所以能够产生影响,是必备的公共生活的参与意识和参与能力以及成熟且强大的参与空间使然。一方面，由于具备充分的批判意识和论辩能力，无论是否受到政府的制约还是公司企业的干预，公众无时无刻不在积极地通过各种参与方式捍卫自己的权利，表达自己的诉求；另一方面，美国社会中强大且成熟的公共领域也为公众的参与实践提供了空间保障。各种媒体、出版物、网络、社交平台等传统和现代化的公共领域形式都可以成为公众参与的有力工具。我国应当注重培养公众参与社会事务和公共生活的意识和能力，并且关注公共领域在公众参与教育改革过程中的重要作用。

二、框架结构

本书共分为七章。第一章阐述了本书研究问题的产生背景、研究对象和研究视角选择的依据、当前的研究现状、本研究拟解决的问题以及研究的整体设想和框架等。第二章梳理了美国自 20 世纪 80 年代以来的标准化教育改革的进程，并在此基础之上解释标准化教育改革为何造成公众的怨声载道。

本书的第三章、第四章和第五章依据公众参与的规模，从宏观、中观和微观三个层面，分别选择案例展现公众是如何通过公共领域对标准化教育改革进行批判的。具体而言，第三章考察了批判共同核心标准的公共舆论的形成过程，展现广泛的公众群体如何通过《教育周刊》(Education Week)这份美国影响最大的教育类期刊，针对共同核心标准的制定过程、基本性质、具体内容以及实施状况等问题表达自己的批判态度。第四章聚焦为反抗标准化测试而组建的草根组织，展现这些组织如何通过脸书(Facebook)这一网络社交平台建立起来并进行斗争，开展了极具影响力的"选择退出"运动。第五章则关注戴安·拉维奇这位在美国具有广泛影响力的公众人物，展现她如何从最开始作为标准化教育改革的支持者转而走上批判的道路。借助各种公共领域形式，她只身一人通过公开出版畅销书籍、发表评论以及博客论战等方式，对标准化教育改革中的市场逻辑进行话语斗争并且支持其他公众的反抗实践。

第六章展现了美国公众在奥巴马时期通过公共领域对标准化教育改革进行的各种批判言论和反抗运动造成的影响，以此体现公众参与的成效。从"测试行动计划"对标准化测试的重新规范、《每个学生成功法案》(Every Student Succeeds Act)对标准化教育改革的全面反思,以及特朗普决意废除共同核心标准等几个方面,证明美国标准化教育改革的转向趋势。

　　第七章总结美国的公众参与影响教育改革的原因,并对具体的公众参与实践进行理性的审视。之后,结合我国的传统与现实,从推进我国公众参与教育改革的可能策略和教育部门的举措这两个方面,提出针对性的建议。

Education Reform for
the 21st Century Skills:
China and World

第二章

美国 K－12 标准化
教育改革的历史进程

时至今日,学界通常认为,美国 K - 12 标准化教育改革始于 20 世纪 80 年代,并在 21 世纪之后愈演愈烈。① 虽然说标准化教育改革旨在提升美国公共教育的质量,但事实上,它在某种程度上制造了新的矛盾与危机,引起公众的强烈批判。因此,在考察公众批判实践之前,有必要先来梳理一下这场教育改革的历史进程,并在此基础之上探明这场改革究竟为何会招致公众的不满。

第一节　美国 K - 12 标准化教育改革的政策演变

一、《国家处于危机之中:教育改革势在必行》与联邦发起 K - 12 标准化教育改革之滥觞

1983 年,里根(Ronald Wilson Reagan)总统签署的报告《国家处于危机之中:教育改革势在必行》警示了美国教育面临的危机,急需提高学业标准和相关的检查制度。这份报告将美国教育系统描述为"丢掉了学校教育的基本目的,丢掉了对学生的高水平期待,也丢掉了为达到高水平期待而进行的努力",并称"我们的社会正在被一帮平庸之才所腐蚀,他们正在威胁着国家和人民的未来"。② 在这份报告当中,汇集了一批改革者制订的严格的监督控制手段,其中就包括制订国家教育目标和学业标准以及相关的标准化测试。然而,极具讽刺意味的是,由于新自由主义的影响和地方政府的强烈反对,作为地方权利拥趸的里根总统同时强烈要求减少国家层面对教育的干预。③ 而这份预示着

---

① Boyce Brown. A Policy History of Standards-Based Education in Amenrica[M]. New York: Peter Lang Inc., International Academic Publishers, 2015.

② U.S. Department of Education. A Nation At Risk[EB/OL]. http://files.eric.ed.gov/fulltext/ED226006.pdf, 1983.

③ John F. Jennings. Why National Standards and Tests? Politics and the Quest for Better Schools[M]. Thousand Oaks: Sage Publications, 1998: 9.

危机的报告也最终由于种种原因没有能够贯彻执行。90 年代初期,老布什
(George Herbert Walker Bush)政府提出截然相反的政策方向,称为"国家改革
运动"(National Crusade)①,以此改革整个国家教育体系。这场运动的中心任
务包括建立全国性的教育目标、国家标准,以及通过国家性的测试来评价这些
目标和标准实现的程度。与里根不同,老布什呼吁对学校教育的管理应当从
长期以来的地方当权回归联邦政府,不过他将未来的联邦角色既看作是"活跃
的",同时也是"有限的"。②自此,美国正式开启了标准化的教育改革,其目的
在于提升美国学生总体的学业水平,缩小学生之间的成就差距。

为了实现这一转变,老布什总统于 1991 年向国会递交了在 20 世纪末达
到数学、科学世界第一的《美国 2000 计划:教育卓越法案》(America 2000:
Excellence in Education Act),但因为没有得到国会的批准而付诸东流。之后,
克林顿(William Jefferson Clinton)又在 1994 年连续提出《目标 2000 法案》
(Goals 2000 Act)和作为对《中小学教育法案》(Elementary and Secondary
Education Act,简称 ESEA)重新授权的《提升美国学校法案》(Improving
America's School Act,简称 IASA)。这两份法案都强调学生学业成就的提升
和构建问责体系,并呼吁在全国范围内展开基于标准的教育改革。但是由于
克林顿政府政治上的失败,这两部法案并没有得到很多州的积极回应,标准化
教育改革在现实中的推行依然非常缓慢。当然,通过政府相关部门对那些无
法达到地方标准和测试成绩的州和地方学区进行惩罚的问责体系也没有能够
成为现实。具体而言,《提升美国学校法案》建议各州建立具有挑战性的"数
学和阅读/语言艺术"(math and reading/language arts)的内容以及相关的成就
标准(各州同时被允许为其他学科设定标准)。然而,直到 1997—1998 学年,
"数学和阅读/语言艺术"的内容标准才出现,而相关的学业成就标准的出现更
是推迟到 2000—2001 学年。甚至由于法案对内容和成就标准的规定相对松
散,很多州制订出的相关标准并没有能够达到联邦设定的最低控制线。到
2002 年 4 月,只有 19 个州最终达到《提升美国学校法案》的评价要求,而那些
没有达到评价要求的州也并没有因此遭到政府在教育经费资助方面的惩罚。

①② U.S Department of Education. American 2000:An Education Strategy[EB/OL]. http://www.capenet.org/pdf/
Outlook171.pdf. 1991.

而在克林顿时期颁布的这两部法案之后,1997 年的《自愿参与国家测试法案》（Voluntary National Test Initiative）没有得到国会的支持,并且在 2 年多的时间里花费了 1 500 万美元的开发费用之后宣布放弃。由此看来,自 20 世纪 90 年代以来,美国联邦政府一直在为通过推行标准化教育改革来提升中小学教育质量而不断地努力,但是并没有取得实质性的成效。然而,随着 21 世纪之初小布什（George Walker Bush）政府《不让一个孩子掉队法案》的颁布,美国标准化教育改革运动有了实质性的进展。

二、《不让一个孩子掉队法案》与日益严格的标准化测试和问责制

2000 年的 PISA 成绩显示,美国学生的数学水平仅排在第 18 位。这一具有讽刺性的结果迫使联邦政府重新审视国内的教育现实。不少人认为,美国当时公立学校的教育成效较差,不同地区的教育标准参差不齐,因而学生的学业成就也有很大的差异。痛定思痛之后,小布什总统于 2002 年重新审议了《初等与中等教育法案》,并签署颁布了《不让一个孩子掉队法案》,着力提升学生学业成就的总体水平,缩小不同地区、不同种族学生之间的差距。其中浓墨重彩地强调了对教育成效进行问责（accountability）和评估（assessment）,以实现新时期的教育目标,这标志着美国当代一个以标准化测试和问责制为基础的学校改革时代的开端。

具体而言,《不让一个孩子掉队法案》规定全国所有学生的阅读、数学和科学成绩在 2014 年前必须达到熟练水平（proficiency,大约相当于 A、B、C、D 等级分中的 B 等级）。为了实现这一总目标,各州必须根据学生目前的学业水平和总目标之间的差距,制订一个逐年递进的"适当年度进步"（Adequate Yearly Progress,简称 AYP）。法案要求对三至八年级以及十年级的学生进行每年一次的阅读和数学（2007—2008 学年之后又增加了科学）测试。如果学校没有达到"适当年度进步"的标准,将会面临惩罚,或者被州政府接管,甚至是关闭。为了达到这个标准,联邦政府和各州政府加大了投资力度。有统计表明,自《不让一个孩子掉队法案》实施之后,各州在标准化测试方面的投入从此前的

4.23 亿美元增长到 2008 年的 11 亿美元。①

不过,与《不让一个孩子掉队法案》费尽心思实施标准化测试的情况形成鲜明对比的,却是美国学生数学学业成就的国际比较从 2000 年的第 18 位下降到 2009 年的第 31 位,科学和阅读水平也呈现出同样的下降趋势。此时,有些人开始把美国教育体系的失败归咎于贫困程度的恶化、教师质量的下降、政府过分干预的教育政策以及标准化测试的广泛使用。在这种情况下,关于标准化测试的问题引起广泛讨论并掀起轩然大波。虽然有支持者认为,标准化测试是一个公平且客观的评价学生能力的手段,能够保证教师和学校对纳税人负责,然而,反对者则普遍认为,标准化测试的使用将课程内容窄化,并且造成"为测试而教"的局面;同时,过多的测试破坏了美国下一代的创新精神和批判性思考的能力。

布鲁金斯智库(Brookings)在 2001 年发布一项研究时表示,在美国每年一度的测试中,尽管有些年份显示出成绩提升的现象,不过这仅仅是暂时的,"忽高忽低的整体情况无法说明学生成绩得到长期改善。因此,标准化测试对于学生成就的评价是不可靠的。"②《纽约时报》也发表评论称,课堂教学时间被大量浪费在单调的备考过程中。即使在 2002 年 9 月 11 日这个特殊的日子,蒙特雷(Monterey)高中的学生居然没法在课堂上讨论"9·11"恐怖袭击事件,因为他们都在忙于准备标准化测试而抽不开身。③ 还有人指出,标准化测试中的大量选择题无法充分评价学生的能力,因为选择题只是运用了简单的对错判断的思考方式,而无法将知识运用到复杂的现实情境当中。④

美国教育研究会前会长 W. 詹姆斯·波帕姆(W. James Popham)将标准化测试定义为"被政府统一管理的、分数量化的、反映在标准和既定行为当中的测试"。⑤ 标准化测试常常使用选择题的形式,评分机器能够迅速自动地进行正误判断和评分。在各种不同的标准化测试中,高风险测试引起的争议最大。

---

① Pauline Vu. Do State Tests Make the Grade?［EB/OL］. http://www.stateline.org.2008-01-17.
② Lynn Olson. Study Questions Reliability of Single-Year Test-Score Gains［N］. Education Week, 2001-05-23.
③ Diana Jean Schemo. Vigilance and Memory: The Schools; For Some Students, Attacks Lose Their Grip［N］. New York Times, 2002-09-12.
④ Peter Sacks. Standardized Minds: The High Price of America's Testing Culture and What We Can Do to Change It［M］.Boston: Da Capo Press, 2001.
⑤ W. James Popham. Standardized Testing Fails the Exam［EB/OL］. http://www.edutopia.org. 2005-03-23.

这种测试尤其重视考试结果和学生前途、教师和学校评价之间的关系：低分数将会阻碍学生进入下一年级的学习，教师将有可能被辞退，学校有可能被勒令关闭；①而高分数将确保后续的联邦政府和地方政府的资助，并且被用作奖励教师和学校管理者的依据。② 因此，标准化测试的实施必然会将学校的教学内容无形之中限制于考试科目，并使得教师和学生花费大量时间在这些科目的备考当中。同时，用有限科目的考试分数作为评定学生学业成就、教师工作绩效以及学校教育质量的做法也无法科学全面地衡量出学生的真实水平，并且触碰到教师和学校的利益底线。

联邦政府为了实现提升学业成就、缩小学生差异的目标，加强了对各州教育的控制，通过《不让一个孩子掉队法案》实施的标准化测试虽然在一定程度上总体提升了美国 K－12 教育水平，但是在将年度测评、达标评价和与考核挂钩的严厉问责制之下，该法案也给教师和学生带来了巨大压力。布什政府谢幕之后，新一届政府修正《不让一个孩子掉队法案》存在的问题，继续推行标准化测试，并加强了对全国统一教育标准的制订。

三、《力争上游法案》推动共同核心标准与共同评估测试的实施

2008 年，奥巴马（Barack Hussein Obama）成为美国新一任总统，他注意到各州中小教育质量仍旧存在着参差不齐的现象，不仅在国际比较中达不到领先地位，即便是国内测试的成绩也无法让人满意。各州自定的学业标准水平总体偏低仍然被认为是造成美国中小学生学业成就令人担忧的原因。此前，很多州为了逃避《不让一个孩子掉队法案》的惩罚措施，甚至有意识地降低本州的课程标准，从而使标准实施的有效性大打折扣。与此同时，美国学生连续在大型国际测试中落后于很多国家，这也使得美国国内人士对本国学生的国际竞争力产生了严重的质疑。鉴于这种情况，奥巴马决定改变此前布什政府在州层面制订教育标准并进行测试的做法，呼吁制订"世界标准"（world-class

---

① Meredith Kolodner. Students, Teachers Sweating High-stakes Tests as Parents Rebel Against Constant Prep［N］. Daily News，2011－05－03.

② Amanda Morin. What Is High Stakes Testing? ［EB/OL］. http：//www.about.com. 2011－06－20.

standards）①。此后不久,时任教育部部长阿恩·邓肯（Arne Duncan）又在"世界标准"的基础之上提出"国际标准"（international benchmark standards）的设想。2009 年初,奥巴马签署了《力争上游法案》（Race To The Top,简称 RTTT）,建议各州再额外投入 43.5 亿美元用于提高学生的测试成绩,其中提到要建立统一的高质量的国际标准,为升学和就业以及国际竞争作准备。

2010 年 6 月,全美州长协会（National Governors Association,简称 NGA）和教育长官委员会（Council of Chief State School Officers,简称 CCSSO）共同提出开发《共同核心州立标准》（Common Core State Standards,简称 CCSS）。同时,为了推动共同核心标准的贯彻实施,奥巴马政府随即重新授权《初等和中等教育法案》并出台《改革蓝图》（Blueprint for Reform）,这标志着美国继布什政府颁布《不让一个孩子掉队法案》之后,进一步深化标准化教育改革的力度。同年 9 月,《力争上游法案》又补充提出,将拨款 3.6 亿美元支持"智慧平衡评估联盟"（the Smarter Balanced Assessment Consortium,简称 SBAC）和"大学与生涯准备度评估伙伴联盟"（the Partnership for Assessment of Readiness for College and Careers,简称 PARCC）两个机构协助各州开发与共同核心标准相一致的（Common Core-aligned）"共同评估测试"（Common Assessments）。按照计划,这两个机构将于两年之内,在对共同核心标准的内容进行细致分析的基础上,对相应的测试系统作出整体设计。2014 年之前,要完成第一轮测试,并通过对测试数据的反馈情况对试题作出修正。2015 年完善测系统并全面推行,所有的应试学生都将在网络平台上参加英语与数学两个科目的测试。正是在联邦政府的牵头和鼓励之下,截至 2010 年,全美 50 个州当中的 45 个州同意采用共同核心标准,并且决定从 2013—2014 学年开始正式全面实施与此相关的测试计划。

共同评估测试不仅仅是一场每年一度的大规模的考试,更与学生的升学、大学学习和职业生涯以及对教师和学校的评价密切相关。共同核心标准在颁布之时就提出"大学与生涯准备度"（College and Career Readiness,简称 CCR）的口号,就目前情况来看,共同评估测试的实施已经影响到美国大学入学考试

---

① Obama. President Obama's Remarks to the Hispanic Chamber of Commerce[N]. The New York Times, 2009－03－10.

SAT 的改革,新的试题反映了对共同核心标准的积极回应。此外,教师要接受专门的培训,理解和适应共同核心标准的课程和测试要求,并帮助学生应试。不仅如此,学生的测试结果将成为评价教师的教学水平和学校质量的重要指标,甚至会影响政府对学校的拨款情况。这无形之中又加大了教师和学校的工作压力,而新一轮的抱怨也如同共同核心标准和共同评估测试的迅速推进一样席卷各州。

2011 年 3 月,奥巴马面对大量批判的声音不得不作出让步。他承认,"长时间以来,我们所做的就是使用这些测试去惩罚学生,或者在一些情况下去惩罚学校"。[①] 同时,教育部长邓肯也表示,82% 的学校将无法实现《不让一个孩子掉队法案》中预期的 2014 年 100% 的优秀率(excellent rates)。他认为《不让一个孩子掉队法案》制订了一个过分严苛的标准,学生和学校无法达到。与此同时,各州和一些教育研究机构也表达了对《不让一个孩子掉队法案》定下的目标的怀疑。比如,2008 年的一项研究预测显示,加利福尼亚所有的学校在 2014 年时均无法达到"适当年度进步"的标准。鉴于此,奥巴马政府一方面开发与《力争上游法案》一脉相承的共同核心标准及其测试体系,另一方面则在逐步削弱《不让一个孩子掉队法案》的效力,尝试对一些州实施豁免。但是,"得到豁免的州有责任提高学业标准,提高问责力度,并采取必要的改革措施提升教师教学的有效性"。[②] 截至 2013 年 5 月,美国共有 37 个州和哥伦比亚特区可以不受《不让一个孩子掉队法案》的相关限制,并自主设计各州和地区的学校改进计划。

然而,共同核心标准仍旧延续着《不让一个孩子掉队法案》中有关标准化测试的理念,并且在统一课程标准、强化标准化测试以及问责制的同时,进一步加强了联邦对于标准化教育的推进。

首先,尽管奥巴马政府意识到此前《不让一个孩子掉队法案》中有关标准化测试的规定问题百出,因为已经有很多证据表明有相当比例的学生不能在这些全国性的统一测试获得优异成绩(比如少数裔学生、低收入家庭的学生、

---

① Erica Werner. Obama Discusses Pitfalls of Standardized Tests at Town Hall[EB/OL]. http://www.huffingtonpost.com. 2011－05－28.

② CNN. Obama to push "No Child Left Behind" Overhaul[EB/OL]. http://www.cnn.com/2010/POLITICS/03/15/obama.education/. 2010－5－15.

有学习能力障碍的学生等等），但是为了让学生和学校获得所谓的"成功"追求所谓的"卓越"，全国统一的课程标准和标准化测试仍在延续。

同时，尽管联邦政府看到此前标准化测试给学校教育带来过重的压力，但是仍然指出美国的课程和评价"不乏广度，但深度不足"①，尤其是在国际测试比较当中缺乏竞争力，因此要求进一步加深课程和测试的深度。另外奥巴马还指出，美国的评价机制一直以鼓励为主，这自然降低了评价的标准，因而使得学生、教师、学校满足现状，缺乏动力。因此，奥巴马政府大力倡导所谓的"国际标准"和"世界标准"，试图通过提高全国统一教育标准的深度、难度，以便起到更好的激励作用。

此外，奥巴马政府虽然看到将学生的考试成绩作为评价甚至是惩罚学生、教师和学校的标准会使得学校教育过分关注考试分数，进而限制了学生的全面发展的弊端，比如有统计表明，到 2006 年，71% 的学区减少了小学其他学科的教学时间，其中社会学科所受冲击最大，②但是新的评价体系仍然关注的是学生在少数学科方面的成绩表现，并用这些有限的标准化测试的数据来决定学生、教师、学校的命运。而且在学生考试分数与教师绩效关系的问题上，奥巴马也表示了强硬的态度。2010 年，加利福尼亚州教育委员会曾致函奥巴马，表示州法律将继续禁止使用学生考试成绩来评估教师绩效，但是奥巴马在不久之后的公开发言中称，联邦政府只会将《力争上游法案》的专项基金拨款给将学生考试成绩与教学水准挂钩的州，如果加利福尼亚州继续维持其原有法律禁令，那么将有可能无法得到联邦的此项拨款。③ 这也充分体现了联邦政府推动标准化教育改革实施的决心。

最后，虽然官方的文献中并没有强迫各州采纳共同核心标准，并口口声声强调自愿采纳，但是联邦政府还是拨出专款对采纳共同核心标准的各州进行奖励，实际上使用了一种"非暴力"的手段进行"强迫"，暴露了联邦政府"狡

---

① William H. Schmidt, Hsing Chi A. Wang and Curtis C. Mc Knight. Curriculum Coherence：An Examination of U.S. Mathematics and Science Content Standards from An International Perspective[J]. Journal of Curriculum Studies, 2005 (5)：525-529.

② Jack Jennings & Diane Stark Rentner. Ten Big Effects of the No Child Left Behind Act on Schools[J]. Phi Delta Kappan, 2006(11)：112.

③ Molly Peterson. Obama May Disqualify Some States from School Grants[EB/OL]. http://www.bloomberz.com/apps/news. 2009-07-24.

猾"的一面。来自宾夕法尼亚大学教育研究生院的本·波拉斯（Ben Porath）教授就此评论道，由于美国家庭的流动性很大，跨州的迁移也是很常见的，对于一些没有采纳共同核心标准的州和学区而言，在全国大多数地区采用了依据共同核心标准编制的教学内容和标准化测试的情况下，家长在选择入学时就会有所顾虑。这在客观上也迫使越来越多的州和学区采纳共同核心标准。

　　因此，从政策层面来理解美国标准化教育改革的进程可以看出，逐渐严格的标准化测试和问责制以及史无前例的共同核心标准，都是美国标准化教育改革的具体表现。正是由于高压式的惩罚措施给师生带来的负担，以及全国统一的标准化教育改革与美国自治传统的背道而驰，标准化教育改革在美国遭到了公众的批判。不过，美国的标准化教育改革不仅仅是一种联邦的行为，公司企业的干涉也是这场改革运动的主要特点之一。从提升经济竞争力的角度片面强调所谓的"核心课程"，以及依靠"市场逻辑"过分依赖标准化测试和问责的手段提升学校教育质量，就是这一特点最为明显的表现。而这一特征在逐渐被公众意识到之后，也成为标准化教育改革遭受诟病的原因之一。

第二节　美国 K - 12 标准化教育改革背后"看不见的手"

　　通过对历史进程的回溯可以发现，从某种程度上而言，美国的标准化教育改革得到联邦政府的政策支持，这种国家行为固然使得改革的推进较为顺利。然而，笔者认为，这场改革顺利推进的另外一个重要原因是一些大型企业的干涉日益明显。美国学者鲍耶斯·布朗（Boyce Brown）就认为，对于推进标准化教育改革的各种因素而言，"企业的力量可能是最重要的一部分。它们在表达自身愿望、制订改革计划、发布调研报告、组织一些重要的讨论和运动、支持相关法案的颁布等方面都显示出了极高的效率。它们在二十多年的时间里表现出在教育决策参与方面积极的、系统的、持久的态度"。①

---

①　Boyce Brown. A Policy History of Standards-Based Education in America [M]. New York：Peter Lang Inc., International Academic Publishers, 2015：2.

正是从 20 世纪 80 年代开始,在企业界的大力鼓动之下,才有了之后各种标准化教育改革措施成为现实。也正因此,商业领域赖以生存的市场化逻辑随之逐渐渗入标准化教育改革的政策文本和实践当中,使得这场改革的商业化和市场化的色彩越来越明显,甚至在性质上以"私有化"的名义同"公共教育"产生了矛盾冲突。因而也就不难理解,为何 21 世纪以来的标准化教育改革也成了很多美国学者所说的"市场化教育改革运动"(corporate/market-based/privatized education reform movement)的一个重要组成部分。

一、企业干涉 K-12 标准化教育改革的开端

实际上,美国标准化教育改革的发端正处于新自由主义思潮逐渐登陆政治和经济领域之时,这就不免使得这场教育改革从一开始就带上市场化的色彩。然而,联邦政府与企业形成合力推动标准化教育改革的进程、企业界在联邦教育决策中真正起到作用直到本世纪初才得以实现。正如拉维奇所言,《不让一个孩子掉队法案》打开了企业大量涉足教育改革的大门。① 如果回溯一下布什父子两人从《美国 2000 计划:教育卓越法案》到《不让一个孩子掉队法案》的发展延续,我们就能清晰地了解到,企业界对于标准化教育改革的影响是步步深入的。尤其是对《不让一个孩子掉队法案》而言,不仅是法案制订的过程受到企业界的影响,而且法案的最终通过也源自企业界的大力推动。然而,这一切都得归功于屡次全国教育高峰会议(National Education Summit)的适时召开。不过,首先还是让我们来看一看在标准化教育改革的初期,企业界的影响是如何形成的。

20 世纪 70 年代末到 80 年初教育质量的下降,让美国感到教育处于危机之中,因此不少人开始将糟糕的经济状况归咎于教育质量的不佳。特别是一些国际性测试的比较结果,以及美国在国际市场上逐渐失去一些主要的制造业——比如汽车、机械和钢铁铸造等——的利益份额,使得教育决策者和企业界将这种状况归结于公立学校教育的质量低下。不少与此相关的研究也作出

---

① Diane Ravitch. Reign of Error: The Hoax of the Privatization Movement and the Danger to Amreica's Public schools [M].New York: Vintage, 2013: 16.

一致的判断，教育水平的提升是国家未来经济利益的关键因素。尤其是南部各州，那里学生的学业成就普遍较差，为了实现经济水平的提升，这些州的领导者开始关注教育水平，将教育改革作为经济复兴计划的第一步。①

因此，从里根时期开始，已经有些企业开始涉足教育改革，向地方学区投入资源试图提升当地的学校教育质量。诸如美国商业议会（U.S Chamber of Commerce）、国家商业联盟（National Alliance of Business）以及商业圆桌（Business Roundtable）等全国性的商业组织陆续成立，并且在教育改革方面与联邦政府进行磋商磨合，并在标准化的问题上逐渐达成一致。这些商业组织呼吁结果取向的教育目标，而不是那种对教育体系进行全方位要求的所谓"好教育"（good education）。简而言之，他们强调的是"输出"（output）而非"输入"（input）。

于是，在联邦和州政府之外，商业联合体成为标准化教育改革的一只非常重要的推手。比如在最具有代表性的加州，一系列的标准化教育改革措施主要是由商业圆桌和最著名的咨询公司——伯曼威勒（Berman Weiler Associates）公司起草提议的。正是在商业圆桌首席执行官们的努力之下，加利福尼亚州于1983年通过"SB－813"这项重要的教育法案。与此同时，伯曼威勒公司在对加利福尼亚州的教育状况进行了调查，通过访谈和走访学校，最终编定长达296页的调研报告——《重建加利福尼亚州教育：为了21世纪公共教育的计划》（Restructuring California Education：A Design for Public Education in the Twenty-First Century）。这份报告旨在"成为督促加利福尼亚州教育改革日程的基础"，并传达出"从现在开始到21世纪向信息化时代和全球竞争转向"的观念。其中，最为重要的一个内容就是建议进行标准化教育改革。"州政府应当为教育系统设立表现目标，测量学校实现这些目标的程度，并且对学校的表现实施问责。"②

然而，20世纪80年代企业界的涉足并不具有系统性，零敲碎打的参与并没有对标准化教育改革的推动产生明显的影响作用。直到1989年全国教育峰会的召开，才标志着企业界参与到联邦层面的教育决策中。这个由商业界积极参与和组织的会议在某种程度上成为协调全国教育改革和发展的领导机

① Toch, Thomas. In the Name of Excellence：The Struggle to Reform the Nation's Schools, why it's failing, and what should be done[M]. New York：Oxford University Press, 1991：Introduction.
② Berman, P. Restructuring California Education：A Design for Public Education in the Twenty-First Century[M]. Berkeley：California Business Roundtable, 1988：i－ix.

构,从此刻开始,商业团体的作用在联邦教育决策当中逐渐显著,尤其对标准化的推动起到重要作用。正如任职前商业圆桌教育主管的苏珊·崔曼(Susan Traiman)所言:"1989 年,企业界的教育参与出现了一个标志性的转变,并且一直持续到 21 世纪。"[1]

在第一届会议召开前夕,老布什会见了商业圆桌的首席执行官,并建议企业领导人投入个人时间和公司资源来提升美国的中小学教育质量。商业圆桌的领导者接受老布什的建议,他们认为,当时的学校无法让学生在核心学科上为达到世界标准作好充分的准备,而且大多数毕业生也不具备参与企业生产和作为合格公民的能力和素质。几个月之后,在弗吉尼亚召开的高峰会议上,企业界的代表积极呼吁,让国会意识到国际学业成就竞争的压力,将设立学业标准、提升学业质量作为国家教育目标。[2]

如果说,在第一次高峰会议当中的企业代表是经由布什总统的建议而决定参会的,那么 1996 年召开的第二次高峰会议则是著名的"国际商业机器公司"(International Business Machines Corporation,简称 IBM)直接承办的,而且没有邀请任何一个教育性组织参会。来自全国 40 多个州的领导和大型企业的高官聚在一起共同讨论美国教育问题。企业界的代表达成共识,即美国的教育需要彻底的变革,而且由于教育工作者没法独自承担这个任务,因此就需要其他有能力的人来共同完成。会议讨论的结果决定,各州继续制订高水平的学术标准、各种标准化测试和评价标准并进行问责,以此来判断学生在核心学科上的学业成就。三年之后,于 1999 年召开的第三次高峰会议仍然由大量企业界人士参与,会议共讨论了三个核心问题:(1)教育改革要以设定高学术标准为开端;(2)质量评价是测量学业进步的必要因素;(3)必须落实保障学业成就的问责制。为了实现这些目标,企业界的代表决定和与会人员合作在州层面上帮助每个学校设定一个严格的课程计划,以便达到各州的学业标准并通过相关的标准化测试。此外,企业界还将配合进一步推广择校制度和特许学校(Charter Schools)等改革措施。

① Traiman, S. Business involvemtne in eduaiton — A Nation at Risk, Partnerships with Business, Standards-based Reform, Fedral Education Policy[EB/OL]. http://education.stateuniversity.com/pages/1808/Business-Involvement-in-Education.html. 2010 - 04 - 25.
② 郭玉贵.企业界参与教育改革与发展:美国的经验与启示[J].世界教育信息,2010(4):16 - 21.

二、企业推动 K－12 标准化教育改革的作用深化

当小布什接过其父亲"教育总统"（Educational President）的衣钵之后，企业界的教育参与终于在联邦教育决策上得到体现。2001 年第四届会议的召开正值美国"9·11"恐怖袭击后的一个月，就像是 1957 年苏联卫星成功升空给美国社会带来了安全恐慌、1983 年社会的总体衰落给美国带来整体性危机那样，此次会议将教育置于全球化背景下国家兴衰的高度。在会议手册的开篇中正是如此描述的：[①]

> 政府人员、企业领导和教育工作者共同参与了此次会议，并向在"9·11"恐怖袭击事件中失去至亲的人们表达最深切的同情。这次事件将对美国产生深远的影响。美国人民将集中所有的爱国热情、正义感、勇气和韧性来回应这场无法挽回的悲剧。此次会议的所有参与者已经达成一致的信念，优质的公共教育是我们民主的基础。此次会议将致力于建立一个更加强大的美国。

2001 年的高峰会议也正处于国会对《不让一个孩子掉队法案》的激烈争论之时，此前的全国商业联盟、全国制造业联盟、美国电子联盟以及商业圆桌都坚信，是时候出台一部联邦法律来对标准化教育进行规范，尤其是对于问责制的推行。除此之外，继教育改革商业联盟（Business Coalition for Education Reform，简称 BCER）之后，企业界人士联合组成优异教育商业联盟（Business Coalition for Excellence in Education，简称 BCEE），选派了 30 多名企业的首席执行官，通过游说、公开宣言和召开研讨会的形式支持该法案。当时的民主党领袖委员罗塞勒姆（Rotherham）在被几经游说之后也承认，"如果你想通过一项立法，就需要企业界来做点什么进行有力地推动"。[②] 此外，小布什本人也亲

---

① ERIC. National Education Summit, 2001 Briefing Book［EB／OL］. http：／／www. achieve. org ／publications ／2001-national-education-summit-briefing-book. 2001－10－09.

② Woellert Lorraine, Dwyer Paula. As the School-reform Debate Heats Up, Where's Business?［EB／OL］. http：／／www. businessweek. com／stories／2001-04-29／sa-the-school-reform-debate-heats-up-wheres-business. 2001－04－29.

自向企业界主动寻求帮助。时任商业圆桌教育主管的苏珊坦露："小布什的确向商业圆桌寻求过帮助，希望得到我们的支持。他让我们和他站在同一立场上，我们的参与会产生巨大的影响。"①最终，《不让一个孩子掉队法案》在联邦政府和企业界的共同努力之下，通过了国会的审议。时隔不久，2005 年的第四次高峰会议由比尔及梅琳达盖茨基金会（Bill & Melinda Gates Foundation）牵头进行组织。此次会议延续了《不让一个孩子掉队法案》的基本原则，并且对高中教育的改革进行了补充。这部法案不仅意味着联邦政府在历史上第一次对学生的学业成就进行干预，通过标准化测试和问责制的方式进行监督；同时，这部法案也意味着企业界在标准化教育改革的参与方面终于取得实质性的成效。

如果说小布什在标准化教育改革中的历史性贡献在于将标准化测试和问责制写入联邦法案，那么没有制订全国统一的学业标准则是其一大缺憾。不过 2009 年初奥巴马上台和阿恩·邓肯担任教育部新任部长之后，这一缺憾被迅速弥补。当然，其中自然少不了企业界的作用。当奥巴马于 2009 年 2 月签署《美国复兴与再投资法案》（American Recovery and Reinvestment Act）之后，随即拨款 43.5 亿美元用于《力争上游法案》中的资金支持。这部法案正是由新学校创业基金会（New Schools Venture Fund）设计的，而该基金会的首席执行官也进而成为联邦教育部的二号人物。② 因而，尽管奥巴马曾声称，"《力争上游法案》中对于教育资助的竞争不依赖于政治、意识形态以及对于任何特定的利益组织的偏向"，③但是仍然有人认为这部法案依据的是新自由主义经济全球化的意识形态，偏向的是特定的大型企业机构。④

再来看看邓肯和商业组织之间千丝万缕的关联。实际上，他在担任芝加哥学校总监时，就已经开始充分利用企业的支持。进入联邦政府之后，他还从

① Rhodes, J. H. An Education in Politics, The Oringin and Evolution of NCLB[M]. NY: Conell University, 2012: 140.
② Eidelson, J. Say Goodbye to Public Schools: Diane Ravitch Warns Salon Some Cities Will Soon Have None[EB/OL]. http://www.salon.com/2014/03/12/public_schools_under_siege_diane_ravitch_warns_salon_some_cities_soon_will_have_none/. 2014－03－12.
③ U.S Department of Educaiton. Race To The Top program, Executive summary[EB/OL]. https://www2.ed.gov/programs/racetothetop/executive-summary.pdf. 2009－11.
④ Klein, A. Obama Defends Race To The Top[EB/OL]. http://www.edweek.org/ew/articles/2010/07/29/37obama.h29.html. 2010－7－29.

布罗德基金会（Eli & Edythe Broad Foundation）抽调了 23 人辅助他的工作，其中 5 人则直接进入联邦教育部工作。而邓肯本人曾经也担任过布罗德基金会的董事。这一基金会的核心任务在于吸引职业的教育人员，给予他们数据驱动、商业导向管理技术方面的培训，之后将他们投放到教育管理部门当中。

随着《力争上游法案》的推行，国家层面的学业标准——共同核心标准——的制订工作也迅速展开，其背后隐含的商业利益同样是巨大的，那些相关的企业都在期盼共同核心标准能够成为信息技术领域的一块金矿。毕竟，公共教育是美国在军备支出之后的最大的公共开销。据统计，2010—2011 学年期间，K－12 阶段教育总共花费了 6 320 亿美元。① 在共同核心标准的背景下，教育的各个方面都可被"电脑化"（computerized）。其中包括相关的软硬件、网络和云服务、课程、学生评价、教师评价、学校管理以及教师和管理人员的专业发展等各个层面。这就不难理解，为何苹果、谷歌、西斯科以及大量新成立的企业都想分得标准化教育改革中的一杯羹。②

总而言之，正是在商业机构的推动下，学业标准、标准化测试以及相关的问责制在《不让一个孩子掉队法案》中首次得到落实和实践，标准化教育改革运动也于此后十多年的时间里在企业界涉足的情况下逐渐深化。而之后的《力争上游法案》和共同核心标准的制订和推行则更显示出企业界在标准化教育改革中的影响力。

那么在具体的操作层面，企业又是通过怎样的方式涉足教育改革的过程的呢？毋庸置疑，正是在《不让一个孩子掉队法案》的推动之下，标准化测试已经成为一个巨大的商业投资领域，蕴涵着巨大的商业价值，很多公司正在通过负责编制测试产品的方式介入学校的管理甚至是整个教育领域。2012 年，得克萨斯州民主党教育委员罗伯特·斯考特（Robert Scott）在向州教育董事会发言时就曾指出过这种政府与市场对标准化测试共同控制的现象。他认为："测试和问责制已经不再是家庭手工业（cottage industry），而是一个巨大的军工联

---

① National Center for Education Statistics. The Condition of Education 2013, Public School Expenditures［EB／OL］. https：//nces.ed.gov/pubs2013/2013037.pdf. 2013－05.

② Upadhyaya, P. How Apple, Google, Cisco are Competing for the ＄5 Billion K－12 Ed-tech Market［EB／OL］. http：//www.bizjournals.com/sanjose/news/2013/11/25/heres-how-silicon-valley-will-make.html. 2012－11－25.

合体(military-industrial complex)。"①

进入 21 世纪以来,得克萨斯州是最早疯狂追逐标准化测试的地区,这可能是因为从那儿出道的小布什正是借助"得克萨斯州经验",通过《不让一个孩子掉队法案》将标准化测试推向全国层面。2000 年的时候,皮尔森教育公司(Pearson Education)就与州政府签订了一份 2.33 亿美元的合约,为得克萨斯州的学校开发试题;2005 年时,这份合约的金额涨到 2.79 亿美元;2011 年,里克·佩里(Rick Perry)政府拨款 4.7 亿美元要求皮尔森教育公司编制一份新的测试,为的是能让得克萨斯州的学生达到更高的学业标准。然而,不仅仅是得克萨斯州,皮尔森教育公司在标准化测试开发方面的业务很快延伸至纽约州、亚拉巴马州、阿肯萨斯州、特拉华州和伊利诺伊州等地。不仅如此,类似于皮尔森教育公司这样的商业机构在编制试题的同时还向学校和教师兜售教学材料。那些使用这些公司开发的试题的地区不得不购买相应的教学材料,以便让学生和教师更好地应对考试。因此可以认为,通过试题和教材的编制,企业在美国标准化教育改革的进程中的干预作用逐步从联邦法案的制订渗透到具体的教学层面。

第三节　美国 K−12 标准化教育改革为何触动了公众的敏感神经

美国自 21 世纪以来的两届政府为了提高学生整体学业水平,缩小学生之间差距,加大国际竞争力,在一定程度上提升了联邦政府对于教育的干预力度,进而推行标准化测试、制订全国统一的课程标准以及与此相关的问责制。这些努力取得一些成效,但也暴露出很多弊端,因而饱受批判。与此同时,公司企业在标准化教育改革推进过程中的过度涉足,也引起了公众的不满。

---

① Valerie Strauss.Texas Schools Chief Calls Testing Obsession A "Perversion"[N]. The Washington Post, 2012−02−05.

一、共同核心标准存在的弊端

正如上文所述,无论是为了对布什时期标准化教育改革措施的种种问题进行修修补补,还是堂而皇之地进一步推进标准化教育改革的深化,奥巴马政府匆匆批准通过的共同核心标准都存在种种弊端。从某种意义上而言,标准化教育改革从一开始起就存在着教育权力不断向中央集中的趋势。虽然,至今为止教育的最终决策权仍然掌握在各州教育部门的手中,但是联邦政府出台的各种标准和赏罚政策,实际上是在"狡猾地"施加干预。尤其是奥巴马政府牵头推行共同核心标准的实施,并且用高额的教育财政拨款来吸引各州的加入,更是联邦政府教育权力集中的最突出的表现,这无疑违背了美国自由自治的政治文化传统。

不仅如此,共同核心标准本身也存在一系列缺陷。有限的学科门类和偏狭的学科内容正在压缩学校教育的丰富性;能否提升公共教育的质量和学生的学业成就也没有通过充分的论证和实践检验;学校和教师也没有很好地为这项标准的实施作好准备;即便是对于这项改革的制订和授权实施的过程而言,也有人感叹:"奥巴马时期共同核心标准的实施居然没有经过公众的讨论,这是令人倍感惊讶的。"①也正如美国教师联合会(American Federation of Teacher,简称 AFT)的领导者兰迪(Randi Weingarten)在解释公众强烈批判共同核心标准的原因时所言:"这项计划的制订和实施缺乏公众的参与。公众没有参与,家长没有参与,地方学区也没有参与……这是非常有害的……"②然而,从实际状况来看,对共同核心标准的讨论并不是真正"缺席"了,而只是"迟到"了。伴随着共同核心标准紧锣密鼓地开发和逐步地全面推行,公众纷纷参与到对此的热烈讨论当中。批判的对象也逐渐延伸至迄今为止美国标准化教育改革的各种重要措施及其存在的弊端。因此可以说,共同核心标准引发了美国公众针对标准化教育改革的集中清算。

---

① David Brooks. When the Circus Descends[N]. New York Times, 2014 - 04 - 18.

② Adam O'Neal. Weingarten: Common Core Rollout " toxic "[EB/OL]. http://www.realclearpolitics.com/articles/2013/12/04/weingarten_common_core_rollout_toxic_120852.html#ixzz37eWVHoO0. 2013 - 12 - 04.

二、标准化测试与问责制的巨大压力

如果说共同核心标准将公众针对标准化教育改革的批判声引向高潮,那么针对标准化测试及其问责制的批判则从《不让一个孩子掉队法案》颁布实施开始就从未停歇。在小布什时期授权实施的这项法案当中,规定了所谓"核心学科"的年度测试,这使得学校教育内容失去了全面性的平衡。加之严格的惩罚措施,致使很多学校"为测试而教",导致学生用于其他学科的学习时间大大减少,甚至一些课程遭到取消。同时,面对频繁的测试和残酷的问责,学生和教师感受到前所未有的压力。因此,标准化测试及其相关的问责制在统一的严苛要求下产生的很多弊端便显而易见了,它不仅违背了学生自由学习、教师自由教学的权利,也让学生和教师因为巨大的压力而备受煎熬。

而到了奥巴马时期,伴随着共同核心标准的出台,相应的共同评估测试也与继承了此前各种繁杂的标准化测试的通病。尤其是共同评估测试打着"为大学学习和职业生涯作准备"的口号同大学入学考试联系在一起,进一步加深了学校、教师和学生的压力。美国学者恩尼斯特·J.萨拉(Ernest J. Zarra)就研究过布什政府和奥巴马政府的主导教育政策中有关标准化教育改革的问题,他通过比较和分析总结出共同核心标准和与之相关的共同评估测试遭到如此强烈的公众批判的原因。最直观地,共同评估测试和此前其他形式的标准化测试对于学生和教师的命运具有较大的决定性作用,影响到学生的毕业和升学以及教师资格的任免,因此触及学生和教师的利益底线。[1] 这也就不难理解,为何公众对标准化测试和问责制的批判一直延续至今,并且在奥巴马时期愈演愈烈。

三、"市场逻辑"对公共教育的"侵犯"

从根本上看,这场标准化教育改革的目的在于提升美国公共教育的质量,

---

① Ernest J. Zarra. The Wrong Direction for Today's School[M]. New Tork: Rowman & Littlefield, 2015: 143-144.

通过统一的高标准提高全国学生的学业成就，缩小不同地区之间学生学业成就的差异，这种诉求充分地体现在"不让一个孩子掉队""力争上游""共同"以及"核心"这些极富鼓动性的标语口号当中。这些口号显示联邦政府对公共教育进行全面整顿的决心，甚至被直接作为相关教育法案的名称。然而，我们同时能够看到，这场改革不仅仅是由联邦政府牵头的，也受到大型公司企业的影响，因而其中也暗含"市场逻辑"的价值取向。换句话说，标准化教育改革的推进不仅仅是美国政府干预教育权利的重要工具，而且经由联邦政府的许可，各大型公司企业的力量在改革的推进过程中不断加强，影响着教育改革的目标宗旨和具体内容，在其中的很多具体措施当中都能够觉察出"市场逻辑"的渗透。

从改革的决策过程来看，无论是联邦教育官员与大型经济团体之间千丝万缕的联系，还是这些经济团体组织举办的"全国教育高峰会议"对重要教育法案颁布的影响，实际上都意味着这场改革受到大型公司企业的操纵。再从改革的具体内容来看，在大型公司企业的影响下，改革的目标往往着眼于提高学生未来的经济竞争力，因而在一定程度上忽视了学生全面和谐地发展，这便造成急功近利地过分强调有限的"核心学科"的局面。而对于此前反复提到的"为测试而教"的局面而言，极具"市场逻辑"色彩的问责制也难辞其咎。同时，在统一的学业标准和大量标准化测试的背景下，教材和测试工具的开发形成一个巨大的利益空间，而获益者往往是这场改革背后的经济团体，这便让公共教育沦为市场化的博"益"场所。不仅如此，一些公立学校经由问责而被关闭或者被特许学校接管，其中也不乏那些受到大型公司企业资助兴办的特许学校，背后的利益不言而喻。总而言之，在标准化教育改革过程中，"市场逻辑"通过各种显性或者隐性的方式渗透到公共教育当中，威胁着公共教育的根本性质。正是在觉察到这种更为隐秘的"侵犯"之后，一部分公众展开了针对公共教育的保卫实践。

总而言之，在标准化教育改革推进的过程当中，尤其是在奥巴马执政时期，我们看到公众借助各种公共领域的形式表达自己的意见，实践着批判和反抗，并最终影响到教育政策的制定和实施。这是美国公众捍卫自身教育权利和公共教育基本性质的斗争实践。违背公众意愿且未经公众充分讨论而一意孤行的教育改革终究还是会受到公众的审判。接下来,本书将通过公共领域的视角,呈现和剖析美国公众批判标准化教育改革的实践,以便更好地体验和理解美国教育领域中公众参与的力量,为反思我国古今教育改革中公众参与的传统与现状提供对照,也为优化公众参与的实践提供可以借鉴的经验和值得汲取的教训。

Education Reform for
the 21st Century Skills:
China and World

第三章

众声喧嚣——《教育周刊》与批判
共同核心标准的公共舆论

公共舆论是哈贝马斯在讨论公共领域时关注的一个非常重要的概念。在他看来,公共舆论就其抽象意义与理想模态而言,是指具有自主意识和独立精神的社会公众在社会与政治参与过程中形成的理性意见,是公共领域对其自身功能实现"自我理解"的产物。① 而公共舆论的形成与表达及其批判功能的实现,与报纸、期刊等媒体平台的作用密不可分。

近年来,仅就国内情况而言,有不少研究尤其是教育史领域的研究着眼于报纸、期刊等媒体平台,探讨了经由公共舆论对教育改革产生的影响。比如杨建华的《中国近代教育期刊与近代教育发展——以上海近代教育期刊为例》,王博的《清末民初教育期刊对教学变革的影响之研究(1901—1922)》,余永庆的《〈中华教育界〉与民国时期教育改革》,洪芳的《〈大公报〉与中国近代高等教育》以及彭慧艳的《舆论视野下的教育改革——以〈东方杂志〉为中心(1904—1911 年)》等等。特别是余永庆在他的研究中指出,《中华教育界》为教师、学生与各界人士提供了一个就教育与教学中的疑难问题进行沟通、协商与争辩的地方。同时,《中华教育界》在教育改革过程中也加大了互动的环节,促成各方参与。② 王博在他的研究中也同样指出,教育期刊完全可以发挥自身媒介优势,广泛征集政府与民间、理论界与实践界、读者与作者等不同方面不同层面的意见和建议,调适彼此之间的教育改革诉求,减少彼此之间的冲突和疏离,从而形成一定程度的良性互动格局,形成教育教学改革的合力。③

由此看来,媒体是公众参与教育改革的一个有效通道。从媒体入手进行研究可以很好地反映公众对教育改革的观点和态度,这是一个考察公众参与教育改革的切入点。正因如此,本章将着重关注《教育周刊》这份报纸,细致地

---

① 尤尔根·哈贝马斯.公共领域的结构转型[M].曹卫东,译.上海:学林出版社,1999:107.
② 余永庆.《中华教育界》与民国时期教育改革[D].武汉:华中师范大学,2011.
③ 王博.清末民初教育期刊对教学变革的影响之研究(1901—1922)[D].长沙:湖南师范大学,2013.

考察伴随共同核心标准的制订、推广和实施,美国公众的批判声音如何表达并进而形成一个强有力的舆论空间。

第一节 《教育周刊》与公众在教育改革中的舆论制造

一、美国的言论自由与媒体的舆论制造

哈贝马斯特别重视媒体在构建公共领域当中的重要作用,在他看来,报刊是近代以来公共领域最典型的机制。17 世纪末,新闻检查制度的废除标志着公共领域发展到一个新的阶段,使得理性批判精神有可能进入报刊,并使得报刊变成一种工具,从而把政治决策提交给新的公众论坛。① 美国学者迈克尔·舒德森(Michael Schudson)总结过当代新闻媒体作为公共领域促进社会民主的作用方式。在他看来,媒体应当给在场或者不在场的人提供一个民主参与的平台,不仅仅通过事件的报道为公众参与政治决策活动提供资源,而且通过发表公众的言论,让公众的意见有机会得到表达,展现在更多人的面前。② 我国也有学者指出,公众的意见通过舆论的形式公开表达出来,对政治产生重大的影响。而公共舆论的主要渠道就是各种新闻媒体。③ 因此,媒体是公共领域的一个重要组成,并且是公众表达观点的一个重要平台。公众对于一些热点事件和政策的集中评论,通过媒体的传播作用构建一个强大的舆论空间,进而对公开的热点事件和政策的走向产生影响。

阿历克西·德·托克维尔(Alexis de Tocqueville)曾在《论美国的民主》(De la démocratie en Amérique)中就注意到美国的报刊在美国民主党中的重要地位。美国几乎每个小镇都有自己的报纸,报纸在美国是一个有强大影响的权利机构,它使政治生活传播于这个辽阔国家的各地。19 世纪末,经过“黑幕揭发运动”的洗礼,大众化的报刊纷至沓来,美国的民主公众和公众舆论得

① 尤尔根·哈贝马斯.公共领域的结构转型[M].曹卫东,译.上海:学林出版社,1999:68-69.
② Michael Schudson. The Power of News[M]. Cambridge:Harvard University Press,1996:28-29.
③ 邵志择.新闻媒介与公众舆论[J].新闻与传播研究,1999(4):2-13.

以形成。① 进入 20 世纪之后,《纽约时报》公司诉合众国案(又称"五角大楼文件案")可以看作保卫公共舆论的一次胜利。其中,美国联邦最高法院法官布莱克(Black)和道格拉斯(Douglas)指出:"报刊是服务于被管理者的,而不是服务于管理者或统治者们的。政府审查报刊的权力已被废除,所以报刊将永远保持对政府进行谴责的自由。""'安全'这个词是一个含糊的概念,不应被体现在宪法第一修正案的基本法当中。以牺牲信息自由的代议制政府为代价保守军事和外交秘密,并不能为我们的国家提供真正的安全。"② 由此可以看出,在美国,联邦和各州政府无权主办媒体平台,也不能干预媒体机构的办理。这就使得报纸、杂志、电台、广播等媒体处于一个相对独立的公共空间当中。新闻媒体在美国公共生活中广泛存在并且具有言论自由,不仅可以通过事件报道披露一些社会和政治的黑暗面,也可以刊发公众的评论在全社会范围内形成一个广阔的舆论空间。

如果将视野聚焦在美国教育改革领域,我们很容易从中发现大量的公众对各种教育问题和改革法案的讨论甚至是批判。尤其是在标准化教育改革经历的 30 多年时间里,公众通过舆论空间的建构在一定程度上影响着这场改革运动的起伏波折。

比如,奥巴马上任不久之后颁布《力争上游法案》,试图以此推动教育标准的制订和强化标准化测试的实施,但是很快便有大量的批判舆论在媒体中爆发。在《芝加哥保卫者》(The Chicago Defender)的报道中,教师联盟就提到,《力争上游法案》鼓吹的测试对教师有效性的评价是不准确的,学生考试成绩的提升只是整个评价体系的一部分。保守主义者也抱怨,《力争上游法案》标志着联邦政府开始干涉各州的学校教育,而越来越多的特许学校也在对公共教育造成威胁。③ 著名的公众人物戴安·拉维奇也在《洛杉矶时报》(Los Angeles Times)上撰文指出,有经验性证据清楚地表明,使用选择、竞争和绩效

---

① 肖华锋.美国黑幕揭发运动：大众化杂志、进步知识分子与公众舆论[J].历史研究,2004(4)：164－174.
② 任东来.五角大楼文件案：第一修正案保护了言论自由[EB/OL]. http：//book.ifeng.com/special/usademocracy/200810/1031_4934_856262.shtml.2008－10－31.
③ The Chicago Denfender. Obama Offers "Race To The Top" Contest for Schools[EB/OL]. http：//chicagodefender.com/2009/07/28/obama-offers-race-to-the-top-contest-for-schools/. 2009－07－28.

的方式来提升教育质量是没有用的。^① 城市联盟（Urban League）、有色人种协进会法律辩护基金会（NAACP Legal Defense Fundation）和彩虹推动联盟（Rainbow/PUSH）等组织也联合在《新共和》^②和《教育周刊》^③上发表声明，认为《力争上游法案》正在复古一种过时的高度政治化的改革方式，联邦政府对教育的过度干涉是民间非政府组织力图抵抗的。

由此可见，公众通过媒体时刻在关注和监督教育改革，并参与其中，表达自己的观点。因此在本部分，笔者将重点放在美国的报刊这一传统的媒体平台，以美国影响力最大的教育类报刊《教育周刊》为主要的切入点，同时也关注其他相关报刊中的相关信息，分析公众如何对共同核心标准这一重大标准化教育改革措施的制订、内容和实施情况进行批判，以此展现公众是如何通过媒体这一公共领域的重要形式构建舆论空间的。

二、《教育周刊》的舆论制造功能与"公众喉舌"角色

在美国，影响力最大的教育类期刊当数《教育周刊》。其创办之后，逐渐成为公众了解美国教育信息、参与教育讨论和决策的重要平台。1957 年，著名的《约翰斯·霍普金斯杂志》（*Johns Hopkins Magazine*）的创建者科尔宾·格沃特尼（Corbin Gwaltney）汇集了一批他此前在约翰斯·霍普金斯大学读书时的校友，一起商讨如何能够持续且系统地对美国高等教育问题进行评论，并且决定成立"教育编辑计划组织"（Editorial Projects for Education，简称 EPE）。之后不久，科尔宾·格沃特尼离开了《约翰斯·霍普金斯杂志》，成为"教育编辑计划组织"的全职人员，并与其他的创始人着手创办专门的高等教育刊物。1966 年，《高等教育年鉴》（*Chronicle of High Education*）发行，这份期刊现在已是国际高等教育的权威刊物。1978 年，"教育编辑计划组织"卖出《高等教育

---

① Diane Ravitch. The Big Idea — it's bad education policy[EB/OL]. http：//articles. latimes. com /2010 /mar /14 / opinion /la-oe-ravitch14-2010mar14. 2010 - 03 - 14.

② Darby Seyward. Defending Obama's Education Plan[EB/OL]. http：//www. npr. org /templates /story /story. php? storyId = 128843021. 2010 - 07 - 29.

③ McNeil Michelle. Civil Rights Groups Call for New Federal Education Agenda[EB/OL]. http://blogs.edweek.org/ edweek /campaign-k-12/2010/07/civil_rights_groups_call_for_n.html. 2010 - 07 - 26.

年鉴》的版权，并转移关注的焦点。在一些民间机构的帮助下，通过借鉴创办
《高等教育年鉴》的经验，科尔宾·格沃特尼创办了《教育周刊》，并于 1981 年
9 月 7 日发行了创刊号，其最初的宗旨在于报道初等教育和中等教育中的
问题。

也正是在创刊的当年，《教育周刊》公布了一份长达 91 页的里根政府的备
忘录，其中说到要将联邦的责任转交给地方层面。而在此之前，从未有人见到
过任何一份报纸如此大篇幅地详细报道联邦政府的教育决策。正如《教育周
刊》的创建者之一玛莎·K.马茨克（Martha K. Matzke）所说的，这篇报道第一
次反映了教育在美国最高政界领域的角色。[①] 从这之后，《教育周刊》使得 K-
12 教育成为一个全国性的热点话题而备受公众讨论，其报道的内容也向人们
展示联邦决议对全国每一所学校、每间教室的影响作用，也让每个州或者学区
发生的教育事件被公众知晓。这些报道包括教育改革、种族问题、教育标准、
教学方法的改进，甚至包括联邦政府在教育中的作用，这些报道内容逐渐形成
美国公共领域近 30 多年来的教育话题。美国学校管理委员会的负责人保
罗·D.休斯敦（Paul D. Houston）曾说过："当人们阅读《教育周刊》的时候，非
常信服地接受其中传达的教育界中最为重要的事件和观点，并且受其驱使自
然而然地去执行。"[②] 在当时，很少有人相信，《教育周刊》这样一份报纸会影响
教育决策的过程，但是对于不少决策者来说，这份报纸却给他们提供了很多推
动教育改革的理由。不难发现，《教育周刊》中的很多报道文章和来自公众的
评论被用于一系列法案制订商讨的过程中，代表了在相关领域中公众对于某
个问题的观点。

比如在 1992 年，当明尼苏达州率先通过立法允许设立特许学校之后，《教
育周刊》便时不时地报道特许学校、公立学校私有化以及各州对于学校旧有模
式进行创新的问题。这些问题至今仍然是教育决策者和公众关注的焦点。
1998 年，《教育周刊》又连续三期讨论了有关学校职工对学生进行性侵犯的问
题。3 个月之后，得克萨斯州引用这些报道进行论证，并制订了相关的禁令。
之后，其他一些州也制订了类似的法案。而在 2005 年，允许地方获得联邦政

---

① ②　Jeff Archer. The Story Behind the Stories[N]. Education Week, 2006-09-06.

府教育资助的法定文件——《信息自由法》(Freedom of Information Act)颁布不久之后,《教育周刊》就刊发了有关联邦教育部企图使用营利性的阅读项目来控制各州的评论。很快,政府问责局(Government Accountability Office)就宣布对此事进行调查。而在《不让一个孩子掉队法案》中通过测试成绩评价教师的问题上,《教育周刊》也成为一个公众关注教育问题、讨论教育问题的窗口。

随着互联网时代的到来,《教育周刊》于 1996 年成立"教育周刊"网站。最初这个网站只不过是发布一些编辑记者的文章以及历史资料。而在如今,这个网站涵盖了全美国各大报纸发布的重要教育新闻的相关链接,此外还包括对于教育话题的在线评论以及相关的教育博客。这样一来,现在的《教育周刊》相对于仅有纸质版的年代而言,更好地承担起公共领域的角色,更好地为公众意见的形成奠定了获取信息的基础,同时也直接成为公众讨论的平台。2002 年,《教育周刊》又成立了自己的出版社,以"教育编辑计划组织"的名义出版图书和电子书,其作者群体既有报社专职的编辑记者也有外来的供稿者。

可以说,长期以来《教育周刊》一方面忠实地报道现实当中的教育状况,让读者能够了解到教育界最新、最重要的事件和决策;另一方面,这份报纸还承担着方便公众表达自己的观点以及让公众之间产生互动交流的功能,为公共舆论的形成奠定了基础。换言之,《教育周刊》不仅仅承担着信息传递的功能,更重要的是,它还扮演着"公众喉舌"的角色。

接下来,让我们回到本部分关注的对象——共同核心标准——进行具体的考察。在 2009 年的时候,公众对于共同核心标准还不是非常了解,因而通过报纸参与讨论发表意见的人数还非常有限。有人运用 Lexis Nexis 数据库进行过统计,在这一年,全美报纸只有 450 篇以"共同核心标准"为标题的文章。而与此形成强烈对比的是,同年却有 2 185 篇对于迪斯尼演员扎克·埃夫隆(Zac Efron)的报道。在为数不多的对共同核心标准的报道当中,没有一篇文章使用"争议""强制""批评""反对""阿恩·邓肯""支持""联邦"之类的关键词,而这些词语在如今的评论当中却是高频出现。① 另外还有统计表明,在

① Frederick M. Hess & Michael Q. McShane. What the Obamacare Debacle Tells Us About Common Core[EB/OL]. http://www.usnews.com/opinion/blogs/economic-intelligence/2013/11/14/the-botched-obamacare-rollout-is-a-warning-for-common-core-implementation. 2013 - 11 - 14.

63

2010 年,也就是共同核心标准正式推行实施的这一年,有 20 多个州决定采用共同核心标准。然而,报纸对于共同核心标准的报道情况仍然没有太大改观,总共仅有 1 648 篇相关文章以此为题。尽管有一些文章使用了"联邦"和"批评"这两个关键词,但是"争议""强制""反对"等词仍旧罕为使用。成就公司(Achieve)在 2012 年也进行过一项调查,结果显示,将近九成的公立学校教师已经了解共同核心标准,但是,对于其他公众而言,大部分人仍然对此闻所未闻。有 60% 参与调查的公众表示,他们在过去的 6 个月当中没有看到过或者听说过任何有关制订共同核心标准的消息,这个数据与 2011 年的调查结果相差无几。另外还有 20% 的公众表示只是听说过,但并不是很清楚。①

　　然而,自 2013 年左右开始,情况发生了变化。研究者惊讶地发现,家长和教师们在了解了共同核心标准之后,对于这项方案在没有经过公众普遍公开讨论的情况下就推行实施而感到异常愤怒。仅仅在这一年的 8 月份,就有超过 3 000 篇报纸文章以"共同核心标准"为主题,这个数字超过 2009 年和 2010年两年文章数量的总和。2013 年 9 月,这个数字再一次突破 3 000。②

　　笔者以《教育周刊》为例,用"common core"(共同核心)作为主题词进行模糊搜索,结果发现从 2012 年开始,每年此类报道的数量均是 2011 年以及此前报道量的两倍甚至是三倍以上(见表 3－1)。不难看出,从 2012 年之后开始,新闻媒体界开始广泛地刊发有关共同核心标准的文章,这些文章既有对共同核心标准开发和实施的事件报道,又包括各方面对于这项措施的看法评论。这些报道和评论有助于公众了解这项方案,并通过舆论引领公众对于这项方案进行审视和讨论。

表 3－1　《教育周刊》有关"common core"的年报道量统计表③

年　份	2009	2010	2011	2012	2013	2014	2015
报道量	61	126	161	270	359	427	293

---

① Catherine Gewertz. Public Not Aware of Common Core[N]. Education Week, 2012－07－18.
② Frederick M. Hess, Michael Q. McShane. What the Obamacare Debacle Tells Us About Common Core? [EB/OL]. http://www.usnews.com/opinion/blogs/economic-intelligence/2013/11/14/the-botched-obamacare-rollout-is-a-warning-for-common-core-implementation. 2013－11－14.
③ 数据来源:http://www.edweek.org/search.html.

笔者又通过《教育周刊》网络搜索引擎,以"common core"为主题词,以"观点"(opinion)为文章类型进行精确搜索,得到的结果均为作者从各个角度表达的对于共同核心标准的看法。从 2008 年 1 月 1 日到 2015 年 12 月 31 日,总共有 288 篇文章,报道量总体上大致呈现逐年上升的趋势,在 2014 年达到顶峰,并且 2010 年的报道量是一个明显的激增点(见表 3-2),而这一年也恰好是共同核心标准刚刚发布之时。由此可见,以《教育周刊》为代表的报纸既是美国公众当前了解共同核心标准较为便捷的途径,也是引发公众反思的平台,促使公众参与到观点表达和批评的过程当中,进而实现舆论空间的制造。

表 3-2 《教育周刊》对于有关"common core"评论的年刊载量统计表①

年 份	2008	2009	2010	2011	2012	2013	2014	2015
报道量	1	6	26	26	40	43	50	36

由此可见,《教育周刊》不仅对于共同核心标准相关新闻的报道十分全面,而且也将公众对于这项改革措施的观点呈现出来。因而可以认为,在整个共同核心标准的推行过程中,媒体是公众参与讨论的重要工具,公众通过媒体时刻关注和监督教育改革,并参与其中,表达自己的观点,进而形成公共舆论。

当然,美国不仅有《教育周刊》这种专门的教育类报纸,一些发行量较大的综合性报纸在美国教育公共领域的建构过程中也起到极其重要的作用,共同促成了批判共同核心标准和其他标准化教育改革措施的公共舆论的形成。比如 1851 年创刊的《纽约时报》(*The New York Times*)作为美国严肃正统的刊物代表,长期以来拥有良好的公信力和权威性;1877 年创刊的《华盛顿邮报》(*The Washington Post*)则是华盛顿哥伦比亚特区创办最早的报纸,偏向国内政治动态的报道;1881 年创刊的《洛杉矶时报》(*The Los Angeles Times*)则是美国西部发行量最大的日报,其影响力仅次于《纽约时报》和《华盛顿邮报》,被视为美国的第三大报刊。除此之外,还包括《芝加哥论坛报》(*The Chicago Tribune*)、《今日美国》(*USA Today*)、《新闻周刊》(*Newsweek*)等报纸。这些综

---

① 数据来源: http://www.edweek.org/search.html.

合性报纸也往往会针对共同核心标准和标准化教育改革刊发较为有代表性的评论文章，传达出公众的声音，制造批判性的舆论空间。

第二节　批判共同核心标准的公共舆论

正如上文所述，美国的报纸、杂志等媒体作为一个影响力极大的公共领域，能够充分地反映公众的意见，尤其是针对一些社会热点问题和政策决议，能够让公众有机会进行公开讨论和批判。正因如此，这里以《教育周刊》这份美国最重要的教育报刊为主，同时结合其他相关报刊，梳理公众批判共同核心标准的情况，展现公众如何通过以报刊为代表的媒体平台对共同核心标准展开批判，进而构建出一个公共舆论空间。

此前，有媒体和研究机构曾总结过公众对共同核心标准进行的批判，比如美国著名的点划线网站归纳出反对者提出的十大罪状[1]：（1）师生难以适应共同核心标准的教学方式；（2）共同核心标准带给教师太大的压力，甚至造成他们转行；（3）共同核心标准模糊不清、过于泛化；（4）共同核心标准让低年级学生压力过大；（5）与共同核心标准相关的测试对于特殊学生不公平；（6）如果一些州采纳的标准比共同核心标准更为严格的话，那么共同核心标准的存在意义就大大降低了；（7）共同核心标准让很多教科书过时了；（8）共同核心标准迫使很多学校花费巨资以匹配相关的测试；（9）共同核心标准导致对于测试结果过分重视；（10）共同核心标准只重视英语语言艺术和数学。

由南加利福尼亚州大学信息与图书馆科学学院（UNC School of Information and Library Science）创办的专门提供共同核心标准相关信息的网站也曾概括了共同核心标准遭受的批判[2]：（1）共同核心标准无法保证学生在全球性测试中的成绩得到提升；（2）共同核心标准摇摆于中等水平左右，并不比各州现有标准有明显优势；（3）共同核心标准的采纳来自政府的推动——不采纳则

---

[1] Derrick Meador. What are Some Pros and Cons of the Common Core State Standards? ［EB/OL］. http：//teaching. about.com/od/assess/f/What-Are-Some-Pros-And-Cons-Of-The-Common-Core-Standards.htm. 2016-07-30.

[2] Grace Chen. Thinking About the Common Core Standards：Pros and Cons［EB/OL］. https：//the commoncore. wordpress.com/common-core-arguments-for-and-against/. 2011-10-16.

没有资助;(4) 共同核心标准不能满足整个国家多元化人种的不同需求;
(5) 共同核心标准的制订依据不够牢固和广泛。

当然,其他一些网站和报纸也曾做过不同形式的总结,但是从各方面的列
举当中不难看出,公共舆论针对共同核心标准的批判都会围绕着一些特定的
主题,比如标准的有效性、内容和实施过程等等。根据《教育周刊》上相关论文
涵盖的主题的具体情况,本节将从公众针对共同核心标准的制订过程、基本性
质与有效性、具体内容、实施状况这四个方面进行的批判探究公共舆论的
形成。

一、批判共同核心标准的制订过程

制订共同核心标准的设想最初可以追溯到布什政府时期的国土安全局
大臣詹内特·纳波利塔诺(Janet Napolitano),他在 2007 年率先提出"国际
基准"的概念,而这一概念也出现在他牵头签署的报告《成功的基准:保证
美国的学生能够受到世界级的教育》(Benchmarking for Success:Ensuring
U.S. Students Receive a World-Class Education)(简称《成功的基准》)中。该
报告指出:"在全球范围内,各国政府都在急切地将本国的教育成就与世界
上最好的国家相比。其目的不仅仅是知道各自的排名,更重要的是希望能
够向那些成就优异的国家学习,加快自身的进步。'国际基准'(international
benchmarking)已经成为世界各国政府着力构建世界级教育体系的重要工
具。"[1]不难看出,这里的"国际基准"和之后奥巴马所说的"世界标准"以及阿
恩·邓肯所说的"国际标准"是密切相关的,甚至可以说是后两个概念的前身。
值得一提的是,在 2008 年同时签署报告的还有全美州长协会(NGA)、教育长
官委员会(CCSSO)和 Achieve 公司,这三者在之后成为开发共同核心标准的
主力。

在《成功的基准》中,全美州长协会和教育长官委员会也表示:"我们生活

---

[1] Janet Napolitano, Sonny Perdue, & Craig R. Barrett. Benchmarking for Success:Ensuring U.S. Students Receive a World-Class Education[EB/OL]. http://www.nga.org/file/live/sites/NGA/files/pdf/0812BENCHMARKING.PDF.2008.

在一个没有界限的世界中。为了迎接 21 世纪全球化经济的挑战,为了保证美国在未来的竞争力,我们不仅要让学生们做好在国内和同龄人竞争的准备,还要做好将来在国际上竞争的准备。这份报告(指《成功的基准》)就是为了帮助各州确保学生们能够接受世界一流的教育,并且能够在 21 世纪的国际竞争中保持优势。"①

在经历了一系列的意见征集和热烈讨论之后,2009 年 4 月,来自 41 个州的代表汇集芝加哥共商共同核心标准的制订和实施的事宜。会上,受到联邦政府授权委托的两大机构全美州长协会和教育长官委员会宣布最迟将在当年夏天制订出高中毕业标准,并在年底之前制订出每个年级的数学和语言艺术的学业标准。参会的 41 个州均表示将采纳新的国家标准,然而并非全盘接受,部分州只决定采用其中某一门课程的标准,有些州即便有参与的意向,但是也没有明确表示何时正式采纳。②

2009 年 6 月到 7 月之间,按照计划,此时正值共同核心标准制订开发的关键时期。标准由谁来制订,谁在标准的开发问题上掌权成为一个非常重要的问题。6 月底,最终参编工作者的名单和整个编订工作的组织机构公之于众。经由提名的 29 人被分成两个工作组直接参与标准的编制,此外选择出的 35 人组成"反馈组",对编制工作进行审查和评判,之后还将由"认证委员会"对编制结果进行最终的判定。初看起来,整个标准开发工作的组织结构严谨有序,然而这个表面精致的设计是否能够确保现实的开发过程也如其所愿? 制订一套全国性的标准,仅仅几十个人的工作组是否真的能够让公众满意?《教育周刊》刊载了一系列的评论性文章反映了公众的态度,使得公众有机会参与其中,构建起一个舆论空间,对标准开发过程中的"疑点"进行批判。

1. 对编制工作参与者的批判

2009 年 6 月,就在 46 个州正式宣布采纳共同核心标准之后不久,《教育周刊》便刊发了文章《相关机构试图建言"标准"》(*Subject Groups Seeking Voice*

---

① Janet Napolitano, Sonny Perdue, & Craig R. Barrett. Benchmarking for Success: Ensuring U.S. Students Receive a World-Class Education[EB/OL]. http://www.nga.org/file/live/sites/NGA/files/pdf/0812BENCHMARKING. PDF.2008.

② Michele McNeil. NGA, CCSSO Launch Common Standards Drive[N]. Education Week, 2009－04－16.

on Standards），其中汇集了部分相关团体参与标准开发过程的愿望，这也是对当时整个开发过程相对封闭做法表达的不满。文中指出，至今为止，全国范围内很多专业的教育机构都没有能够参与到标准的开发当中，其中包括拥有多达 10 万名成员的全国数学教师联合会（National Council of Teachers of Mathematics，简称 NCTM）。NCTM 主席声称，有关标准的制订应当充分考虑数学教师、教师领导、数学教育工作者、数学家和研究者的共同意见。但就在不久之前，美国最大的两个有关语言艺术的机构——国际阅读组织（International Reading Association，简称 IRA）和全国英语教师联合会（National Council of Teachers of English，简称 NCTE）也在《教育周刊》进行的一项采访中表达了同样的焦虑，认为标准的开发过程将两个组织疏离了。拥有 8.5 万名成员的 IRA 主席理查德·M.龙（Richard M. Long）认为 IRA 是在全球范围内都具有重要影响力的语言文字专业机构，希望能够为共同核心标准的成功开发贡献力量。①

　　在这篇文章见刊一个月之后，《教育周刊》又连续刊载了两篇读者来信，表达了公众关注"标准制订参与者"问题，继续控诉共同核心标准的开发没有考虑到专业组织参与这一情况。其中一位读者认为，虽然 NCTM、NCTE 和 IRA 等组织显然比 CCSSO 更有资格进行开发工作，但是直至最重要的开发工作完成之时，这些组织也仍未能够参与其中。CCSSO 的负责人坚持将研究证据作为共同核心标准制订的基础，但是又认为专业机构过分强调证据的一致性，因而对于"证据"的态度是自相矛盾的。目前为止，没有任何确定性的证据能够表明学生应当做什么和知道什么，所提的目标充满了混乱。显然，相对于专业机构而言，CCSSO 更欣赏企业、测试制订者和政客的观点。另外一篇文章则是多达 5 名读者联名表达的共同观点，他们认为，除了 NCTM、NCTE 和 IRA 这些大型的专业机构应当参与到标准开发的过程中，其他的利益相关者也应当有机会参与其中。专业的学术机构——比如美国数学协会（Mathematical Association of America）和文学家和批评家协会（Association of Literary Scholars and Critics）、高校教授以及作为纳税人的家长都有参与的权利。②

---

① Sean Cavanagh. Subject Groups Seeking Voice on Standards［N］. Education Week, 2009 - 06 - 17.
② Joanne Yatvin, Amy Flax（Ed.）.'Common Core' Initiative：Who'll Make Decisions?［N］. Education Week, 2009 - 07 - 15.

　　不仅是一些学术组织因为自己被排除在开发过程之外而愤愤不平,一些人也为教师很少有机会参与其中而进行声讨,写信给《教育周刊》表达这方面的意见。在《教育周刊》上刊载的一封题为《共同核心的领导：蔑视教师?》("Common Core" Leaders：Contempt for Teachers?)的信中,作者提到在整个标准草案编制的过程中,仅有一位现任教师,虽然两大开发机构的领导者,甚至是教育部长阿恩·邓肯口口声声说要重视教师的作用,但是他们的实际行动暴露了他们真实的想法。作者提到自己经常有机会与教师、课堂和学校打交道,他认为教师普遍掌握着大量有关学生、教学、课程和标准的信息,而这些信息都是通过日复一日的日常教学经验才获得的。正因如此,应该有更多的教师参与标准开发的各个阶段。①

　　从这些批判的观点中可以看出,公众对于将一份全国性的教育标准交由仅仅几十人的开发工作组表示出强烈的质疑。尤其是这一单薄的工作组中的成员并没有能够全面地覆盖与教育相关的组织和群体,因而无法代表各方面对于教育的看法,这种草率、仓促的做法可能威胁到新标准的科学性,也有悖于民主公平的价值。

　　2. 对开发过程透明度的批判

　　除了编制工作参与者的问题之外,开发过程的透明度也成为《教育周刊》关注和报道的焦点,很多人都在此发表了评论文章。

　　虽然在标准编制工作组成立之初 NGA 和 CCSSO 就表示,整个工作组的建立和工作开展是不公开的,但是他们同时也承诺,一旦标准的初稿完成,将会立刻发布,并接受公开的审议。尽管如此,编制过程的遮遮掩掩仍然遭到批评。2009 年 7 月,《教育周刊》上一篇题为《共同核心标准的透明度遭受争议》(Transparency of Common-Standards Process at Issue)的文章谈到,共同核心标准的开发过程遭到批评,很多人认为开发的具体细节是开发者关起门来完成的,公众一无所知。虽然 NGA 和 CCSSO 承诺将监督并实时公布标准的开发情况,但是事实并非如此。报道中还呈现了部分公众的观点,其中一位来自弗

----

① David Marshak. "Common Core" Leaders：Contempt for Teachers? [N]. Education Week, 2009-10-28.

吉尼亚的家长就认为，一旦开发工作完成，那么标准基本上就是板上钉钉了，再公之于众也晚了。教师联合会主席兰迪·温加腾（Randi Weingarten）也表示，标准的开发过程需要更大的透明度。①

面对舆论的压力，NGA 负责人达尼·林（Dane Linn）再次重申，标准初稿将于 8 月底在网上公布，并公开征集公众的意见。正如达尼·林所言，NGA 于 9 月 21 日在官网上宣布将从当日起到 10 月 21 日通过共同核心标准官方网站征集公众的反馈意见。② 之后，公众反馈的意见又通过共同核心标准官方网站发布，供所有人查看和评论。在一个月的时间里，共同核心标准官方网站总共收到 1 000 多人的评论，网站进而统计反馈者的身份和反馈内容的主题，并编订成公开的报告。③

然而仅仅一个月之后，《教育周刊》又针对"透明度"的问题作了报道。文章称，一些组织和个人从利益斗争的角度出发，认为相关机构至今没有说明标准编制背后巨大的潜在利益，这是令人无法容忍的。其中最有代表性的也是最初从这个角度发表意见的是一个被称作"读写能力研究组织"（Literacy Research Association）的机构。该组织在标准反馈意见网络征集的最后一天曾写信给 NGA，信中提到，标准的编制者往往都代表着一定的利益团体，一旦共同核心标准正式确定并被各州采纳使用，那么这些利益团体便能够通过贩卖课程、教学材料、评价材料和充当顾问的角色获得大量的财富。而这种隐藏在标准开发背后的利益关系应当告知公众。不仅如此，来自宾夕法尼亚州立大学的帕特里克·H.欣奇（Patricia H. Hinchey）教授也认为，标准制订者和他们在政府以及商业公司中承担的多种角色应当被公布。而雪城大学教授凯瑟琳·A.欣奇曼（Kathleen A. Hinchman）也表达了同样的观点，认为开发组织者隐藏了很多不为公众所知晓的秘密。④

"从目前的反馈情况来看，哪些令你吃惊？哪些令你愉悦？哪些又令你失望？"这是在 2009 年底，《教育周刊》上的一篇文章在总结当时公众就共同核心

① Sean Cavanagh. Transparency of Common-Standards Process at Issue[N]. Education Week, 2009-07-30.
② NGA. Common Core State Standards Available for Common[N]. Education Week, 2009-09-21.
③ MGA & CCSSO. Summary of Public Feedback on the Draft College- and Career- Readiness Standards for English-Language Arts and Mathematics[EB/OL]. http://www.corestandards.org/assets/CorePublicFeedback.pdf. 2009.
④ Mary Ann Zehr. Conflict of Interest Arises as Concern in Standards Push[N]. Education Week, 2009-11-2.

标准评论的情况之后提出的令人思索的一连串问题,文章同时也重申了公众
在评论当中集中表达的担忧。除了有关开发过程的"透明度"和"利益斗争"
的问题之外,很多人已经开始考虑标准开发的后续工作了。其中有不少人认
为,标准的制订和颁布只是整个复杂改革过程中的第一步,此后在课程开发、
教师指导和试题编制等方面还有很多事情要做。① 确实,随着新标准初稿的公
布和网络反馈的进行,越来越多的公众逐渐了解了标准的性质和具体内容,对
于标准的讨论也从标准的开发过程转向内容本身。随即,《教育周刊》也开始
刊发相关的评论文章,对公众的意见进行了及时的呈现和报道。

二、质疑共同核心标准的基本性质与有效性

1. 新标准的基本性质含糊不清

《教育周刊》不仅通过刊发评论文章为公众表达观点提供平台,也常常会
邀请一些相关人士讨论特定的主题。比如在 2009 年 9 月 29 日,《教育周刊》
邀请共同核心标准开发领导者之一达尼·林(Dane Linn)和国际阅读协会前
主任阿兰·法斯特拉普(Alan Farstrup)一起展开了近半个小时的讨论。由于
当时正值新标准的意见征集阶段,所以主持人的问题主要是从读者那里搜集
而来。比如,共同核心标准是否得到相对而言一致认可的定义? 有了共同核
心标准,学生和教师能够得到什么好处? 拒绝采纳共同核心标准的州会得到
什么惩罚吗? 当前这份共同核心标准草案的质量究竟如何?② 从这些问题当
中不难看出,很多人对于这套标准本身及其实施的政策并不是很了解,此次讨
论实际上起到一个常识性的知识普及作用。

几个月之后的 2009 年 12 月 18 日,《教育周刊》再次组织了一场有关共同
核心标准的讨论。此次讨论同样邀请了两位相关人士参与,其中一位名叫阿
尔菲·科恩(Alfie Kohn)的参与者曾经出版过若干部有关教育问题的著作,

---

① Sean Cavanagh. A Wave of Feedback Over the Standards[EB/OL]. http://blogs.edweek.org/edweek/curriculum/ 2009/12/a_wave_of_feedback_over_the_st.html?qs＝common＋core＋inmeta：Pub_year%3D2009＋inmeta：gsaentity_ Source%2520URL%2520entities%3DEducation%2520Week%2520Blogs. 2009－12－04.

② Dane Linn, & Alan Farstrup. Common Academic Standards：Is There Common Ground? [N]. Education Week, 2009－09－29.

还经常在《教育周刊》上发表评论文章,并且对于共同核心标准始终持有反对态度;而另外一位则是来自 CCSSO 的执行主任基恩·威尔霍伊特(Gene Wilhoit),毫无疑问,他的任务就是利用各种机会尽可能地宣传新标准的各种优越性。《教育周刊》在这场讨论的安排方面有特别用意。

果不其然,随着对话的逐渐深入,这场讨论慢慢地演变成阿尔菲·科恩对于基恩·威尔霍伊特的反驳和质问。比如,基恩·威尔霍伊特谈到新标准的采纳过程将由州政府决定,而且他们已经采取措施防止采纳过程被联邦政府控制。阿尔菲·科恩立刻指出,新的标准实际上包含强大的政治利益,因而被标志上"核心"的名称,难以保证不被联邦政府驱动。当基恩·威尔霍伊特谈到新的标准以"为大学学习和职业生涯作准备"为价值取向时,阿尔菲·科恩则认为新的标准仅仅局限于学术化的目标是不全面的,全国所有的学校都遵照这样一个目标是否对于所有的学生都是有利的值得商榷。标准化的课程是没有必要的,"以一应百"的教育只会带来灾难。当基恩·威尔霍伊特谈到"高标准"(high level)的期待的必要性时,阿尔菲·科恩则质问道,这种"高标准"由谁提出、又是出于什么样的目的? 并再次强调,统一的标准对于保持学生的独立性和多样性是没有好处的。[①] 整个讨论充满了火药味,阿尔菲·科恩的提问和观点就共同核心标准的基本性质进行了集中的批判和质疑。

更值得一提的是,仅仅一个月后,阿尔菲·科恩的一篇评论便在《教育周刊》上发表,他在这篇文章中继续表达着对于共同核心标准的质疑态度,激进地攻击新标准的基本性质,其中有些观点在此前的讨论中实际上已经有所涉及。具体而言,这篇评论系统地提出了三点质疑:(1)新的标准是否带有联邦政府强迫的特征;(2)一致性的标准化测试将伴随着新标准实施,这将进而产生国家性质的课程;(3)仅仅不到百人的开发组不具有"基于证据"的可能,不能仅凭一个标准就决定了所有学校的目标和内容。之后他又提到新的标准的开发实际上把"优异"(excellence)、"公平"(equity)和"一致性"(uniformity)的概念混淆了,同样也一厢情愿地认可了"困难"(harder)能够产生"提高"(better)的逻辑。此外,他还分析了标准的文本表述,认为"探索"(exploration)、

---

① Mark W. Bomster, Alfie Kohn, & Gene Wilhoit. Perspectives on Common Standards[N]. Education Week, 2010 – 01 – 26.

"内在动机"（intrinsic motivation）、"逐步适应"（developmentally appropriate）和"民主"（democracy）这类词汇已经找不到了，取而代之的则是"严格的"（rigorous）、"可测量的"（measurable）、"问责的"（accountable）、"竞争性的"（competitive）、"世界级水平的"（world-class）和"（更）高期待"（high /er expectations）。这无形之中给学校、教师和学生造成了压力。①

针对阿尔菲·科恩提到的这些有关共同核心标准的基本问题，不久之后便有人在《教育周刊》上发表文章给予回应。比如，共同核心标准的制订具有的国家性质在一定程度上削弱了各州在教育问题上自治的权利，这一变化趋势受到不少人的关注。确实，正如前文所分析的那样，美国标准化教育改革前所未有地受到联邦政府的干预，尤其是在 21 世纪以来的改革过程当中，共同核心标准的制订和实施标着这场运动的高潮。而新的标准意味着教育的权利正逐渐从地方向联邦集中，这明显有悖于美国长期以来教育权利归各州所有的传统。

针对共同核心标准可能在一定程度上威胁到美国教育中的民主传统这一问题，有人在《教育周刊》上撰文《共同核心标准的非民主化力量》（*The Common-Core Standards' Undemocratic Push*）指出，共同核心标准的制订者采取了官僚化的方式，并且加强了教育的中心化和一致性。关起门来进行开发，这使得普通公众失去了在编制和实施新标准的时候表达意见的机会。作者还指出，这种联邦化的趋势从《力争上游法案》开始愈演愈烈，其背后的假设在于很多州的学业标准都在下滑，并且在没有联邦进行调整规范的情况下，还将会"一路下滑"（race to the bottom）。然而，共同核心标准威胁到公民自由选择的权利，这也是为何在实施几年之后，很多州逐渐选择退出的原因。②

此外，对于美国这样一个历来强调民主和公正的国家来说，教育政策导致的不公平也必然会遭到公众的批评。其中，《教育周刊》刊载的题为《对奥巴马计划将条款 1 和共同核心标准联系在一起的批判》（*Critics Pan Obama Plan to Tie Title I to Standards*）的评论便是从财政支持的角度说明了实施共同核心标准可能造成的不公平现象。由于各州只能通过竞争的方式获取《力争上游

---

① Alfie Kohn. Debunking the Case for National Standards[N]. Education Week, 2010 - 01 - 17.
② Williamson M. Evers. The Common-Core Standards' Undemocratic Push[N]. Education Week, 2015 - 01 - 13.

法案》对于共同核心标准的专项拨款,那么对于没有采纳新标准的州来说,那里的贫困学生将会失去政府财政的扶持,这将在总体上进一步拉大各州学生、各地区学生之间的学业成就差异。①

尽管共同核心标准的本意在于提高公共教育的质量,但是经过仔细审视便可发现,很多与其根本性质相关的问题难以自圆其说,也无法证明其有效性和合理性。尤其是"暗示"各州走向统一的课程标准的意图,让美国公众感到教育自治的权利正在遭受剥夺,再加上新标准可能造成的新的不公平的教育现实,发生群起而攻之的现象便不难理解了。

2. 质疑新标准能否解决公共教育的质量问题

在共同核心标准从正式编制工作的开始到最后成型出台的过程当中,一方面新的标准逐渐被越来越多的州接纳,另一方面这一试图拯救美国公共教育的办法能否成功却并非被所有人看好。实际上,美国公共教育的失败问题从一个多世纪之前到现在一直是美国联邦政府关注并且不断试图解决的。一份标准能够在多大程度上解决问题,甚至能否解决问题?很多人对其有效性表达了质疑。

《教育周刊》上一篇题为《为何共同标准不起作用》(*Why Common Standards Won't Work*)的文章认为当前的新标准所试图解决的问题实际上早在 19 世纪 90 年代著名的十人委员会的报告中已经提出了。然而,一百多年来,规范教育内容、建立评价体系的方法都没有起到作用,并且还将一直失败下去。文章的作者进而分析到,新的标准之所以最终会失败是因为它建立在两个错误的假设之上:第一,到目前为止,我们还不知道应该教授什么内容;第二,标准规定的内容和要求符合所有人的需要,并且符合自由的民主价值。此外,新的标准最终会沦为一种狭隘的测试形式,在标准的要求下,学生只能获得个别的、零碎的知识,而学不到获得知识的方法能力。最后,新的标准将学习内容看作是最重要的,而忽略了学生的需要。新的标准将学生看作是空的容器,需要被标准规定的知识进行填充。在作者看来,美国公共教育失败的

---

① Alyson Klein. Critics Pan Obama Plan to Tie Title I to Standards[N]. Education Week, 2010 - 02 - 26.

原因并不在于我们不知道教什么和如何教,学生学业成就低的最主要原因是贫困。与其耗费巨大的精力制订新的标准,更应该将我们的精力置于孩子们的真正需求,比如安全的家庭、充足的食物、必需的医疗服务等等。① 在另外一篇题为《超越国家标准的修辞》(*Beyond the Rhetoric of National Standards*)的文章中,作者也指出,新的教育标准不可能成为美国教育各个方面的安慰剂,弱势学区、无效的测试体系、高辍学率等方面对于教育系统的威胁都将继续存在。②

实际上,的确有数据表明,当前美国学生学业成就的高低与学生的生存背景环境密切相关。就高中毕业率而言,低收入家庭的学生的毕业率相比中高收入家庭的学生要低 15%;西班牙和拉丁裔学生的毕业率是 75%,非洲裔学生只有 71%,而白人学生则是 87%,亚裔学生是 89%。③ 美国在一个多世纪的时间里从没有放松过对于学业标准和评价测试的强调,究竟是应当将继续追求更为严格、统一的标准还是从其他方面着手来提升学业成就,一直是公众广泛讨论的话题。

对于新标准有效性的质疑不仅于此,宾夕法尼亚大学教育研究生院的安德鲁·C.波特(Andrew C. Porter)教授甚至在《教育周刊》公开了他的部分研究成果。波特教授和他的几位研究生比较分析了新的英语语言艺术标准和数学标准与当前部分州使用的标准,结果表明,相较而言,新的标准并没有明显的改进,甚至比一些州的现行标准要求还要低,并且总体差异不大。同时,他们还比较分析了新的标准与在 PISA 测试中排名靠前国家使用的课程标准,发现新的标准过分强调了培养学生更加严谨的思维能力,而那些 PISA 成绩排名靠前的国家大多更加重视基本知识和能力。④ 同样对新标准有效性提出批判的还有布鲁克林研究中心的学者汤姆·洛夫莱斯(Tom Loveless)。他援引《2012 布朗中心美国教育报告》(2012 Brown Center Report on American Education)的数据指出,学业标准的质量对于教育成就的高低没有影响,因为

① P. L. Thomas. Why Common Core Won't Work[N]. Education Week, 2010－08－11.
② Gary DeCoker. Beyond the Rhetoric of National Standards[N]. Education Week, 2010－05－18.
③ GradNation. Building a Grad Nation：Progress and Challenge in Ending the High School Dropout Epidemic：Executive Summary[EB/OL]. http：//graduation.org/report/2015-building-grad-nation-report. 2015.
④ Andrew C. Porter. In Common Core, Little to Cheer About[N]. Education Week, 2011－08－10.

从 2003 年到 2009 年,使用所谓高质量标准的州和使用所谓低质量标准的州在美国年度教育进步测试(National Assessment of Educational Progress,简称 NAEP)中总体成就变化几乎一样。因此在他看来,好的标准也好、坏的标准也罢,无论这些标准实施状况如何,对于学生学业成就的提升几乎没有影响。①

同样是通过数据的实证分析,在另外一篇名为《共同核心标准被认为比大多数州的要好》(*Common Standards Judged Better Than Most States'*)的报道中,作者提到富汉姆中心(Fulham)针对新标准的分析报告以及部分地方教育部门对于这份报告的反应。在这份报告中,研究者比较了共同核心标准和 50 个州的现行标准,结果显示共同核心标准质量更高。研究者声称,如果新的标准顺利实施,那么全国四分之三州的学生将会比现在表现优异。但是,面对这样一份报告,各州却表达了不同的看法。比如,弗吉尼亚州的数学和语言标准尽管在报告中被评价为显著低于共同核心标准的水平,但是该州仍然表示不准备修改现行的学业标准;然而,当明尼苏达州的教育部看到他们现行的数学标准低于共同核心标准的要求时,便开始决定重新思考采纳新标准的计划;此外,尽管富汉姆中心的报告显示印第安纳州的现行标准略高于新标准,但是他们也决定采纳新标准,相关人士称,虽然新标准没有显著的变化,但是却给予我们和其他州进行比较的机会,并且能够获得更多的教育资源的支持。②

由此可见,相较于各州一直使用的标准而言,共同核心标准是否更为有效,各方面的分析报告和观点意见都给出了不同的答案,各方面的争论也在一定程度上左右了各地方教育部门对于新标准的态度。也正是因为存在着对于新标准有效性的争议和质疑,人们在这之后开始反思新标准的具体内容,并在《教育周刊》上对此展开了批判。

三、诟病共同核心标准的具体内容

虽然共同核心标准最终被大多数州采纳,但是并不代表来自各方面的争

---

① Tom Loveless. Does the Common Core Matter? [N]. Education Week, 2012 – 04 – 13.

② Stephen Sawchuk. Common Standards Judged Better Than Most States[N]. Education Week, 2010 – 07 – 21.

议有所缓和,并且在后续的实施过程中,其内容上的缺陷也渐渐暴露出来,公共舆论也就此进行了批判和建议。

1. 有关语言艺术标准的争论与批判

共同核心标准最初只包含语言艺术(Language Art)和数学两个部分,而语言艺术最主要的部分是对学生的写作水平作出的规定。美国向来是一个重视学生创造力的国家,对于创造力的培养而言,研究者和教师往往认为与写作和书面表达密切相关。然而新的标准中却要求学生进行"标准化写作"(Standard Written English),这被一些人看成是对于想象力的限制。于是,《教育周刊》刊载了一位叫舒斯特(Schuster)的中学教师题为《写作的核心标准: 想象力的又一次失败?》(*The Core Standards for Writing: Another Failure of Imagination?*)的评论。他就共同核心标准的文本举例指出,新的标准中有 18 项要求毫无想象力可言,其指向的是模式化写作。比如新的语言艺术标准中的第 9 条要求指出,"学生要能够准确掌握标准化写作的规范,包括语法、习惯用法和结构",这也是英语老师长期以来始终要求学生掌握的内容。然而,什么是"标准化写作"呢? 优秀的作家都会各自使用一套独特的规则,但是我们会发现他们每个人使用的规则又不尽相同。实际上,如果标准的语法规范和修辞性的语用发生冲突的时候,作家们通常选择后者。如果将这一套刻板的规则用于学生的写作教学中,就会扼杀他们的灵性、湮灭他们的创造力。①

从文章理解的角度来看,赫什(E. D. Hirsch, Jr.)教授也认为语言能力不是一项机械的技术,但是新的标准没有能够充分考虑到这一点,而是将语言能力技术化和模式化了,又走了此前通过"推断"的方法理解文章大意的老路。他在《教育周刊》上发表的一篇评论称,没有任何科学证据能够表明,通过逻辑推断了解文章大意的训练能够提升语言能力,"推断"在语言能力中也并不是一项主要的能力。即便是没有受过训练的人,在了解背景的情况下也能够很好地理解文章的大意。此外,他还认为,语言标准需要清晰地说明听、说、读、写不能作为技术进行教授,而是应当置于具体的学术情境中进行教授,学生需

---

① Edgar H. Schuster. The Core Standards for Writing: Another Failure of Imagination? [N]. Education Week, 2010 - 02 - 03.

要通过情景化的学习逐渐提升相应的语言能力。此前模式化的教学方法已经被无数次证明是失败的了。[①]

还有人指出,新的英语语言艺术标准不符合学生的心理发展状况。退休教师乔安妮·耶特文(Joanne Yatvin)以 CCSSO 和成就公司等机构联合出版的指导性文本《出版者对于英语语言艺术和文学共同核心标准的说明》为例,指出新的标准和指导要求对于低年级学生来说过于学术化,并且大大限制了课程内容的范围。比如,指导文本中指出,从学前教育到二年级这个阶段,必须建立起连贯的语言和词汇体系,并且要求学生能够在听说读写各方面应对较为复杂的情境。不仅是内容方面,最终的学业成就标准也不够科学。指导文本中提到,二年级结束时,最关键的目标就是要求学生能够独立地进行阅读,并且能够自然而然地理解文章,而不需要刻意地花费精力去理解。在乔安妮·耶特文看来,这种要求实际上低估了"理解"的重要性,而是把理解看成是一项技术性的任务,只要学生掌握了阅读的机制,文章的理解就可以自然而然地形成。[②]

不仅如此,乔安妮·耶特文随后又撰写了《如何优化共同核心标准:批判的观点》(*How to Improve Common Core:A Critic's View*)一文,系统地提出了改进英语语言艺术标准的建议,包括如何使各年级的标准更具有针对性,如何教学能够更有效地实现标准要求,以及如何让学生更好地把所学知识运用到现实生活中,等等。最后,她表达了自己对于新标准的中立态度,认为制订新的标准是有必要的,但是就其现状来看,进一步完善为时未晚。[③]

2. 有关数学标准的争论与批判

从美国的年度教育进步测试(NAEP)和 TIMSS 测试结果来看,美国学生在通过知识的迁移解决实际问题上表现不佳。因此,共同核心标准最终出台之后得到一部分人的支持。比如,来自 NCTM、全国数学监督委员会(National Council of Supervisors of Mathematics,简称 NCSM)、州数学监督联合会

[①] E.D Hirsch. First, Do No Harm[N]. Education Week, 2010 - 01 - 14.

[②] Joanne Yatvin. A Flaw Approach to Reading in the Common-Core Standards.[N]. Education Week, 2012 - 02 - 27.

[③] Joanne Yatvin. How to Improve Common Core:A Critic's View[N]. Education Week, 2013 - 09 - 23.

（Association of State Supervisors of Mathematics，简称 ASSM）和数学教师教育者联合会（Association of Mathematics Teacher Education，简称 AMTE）的主席联合致信《教育周刊》，对新标准的目标表示支持。他们认为新标准的目标描述了一份联系紧密集中的课程计划，具有高期待的特点，并且为所有学生获得适当的数学教育提供了支持。[1]

　　然而，不久之后，一系列对新的数学标准进行批判的观点也在《教育周刊》上刊载出来。一些人认为，新的数学标准太刻意强调学术性的要求，与真实情境中的数学问题相脱离，甚至陷入形式主义。实际上，此前已经有人指出，高度抽象化的课程对于培养学生解决生活中真实问题的能力没有好处。然而，新的数学标准似乎并没有注意这一问题。格兰特·威金斯（Grant Wiggins）在《教育周刊》上撰文指出，新的标准文本里面根本没有提到真实问题和虚拟问题的区别，也没有说明新的课程需要如何基于真实的、非结构性的问题进行编订。新的标准没有解决学生们数学学习长期存在的问题。尽管数学教育的目标被设定为，让学生能够解决真实生活情境中的数学问题，而不是机械、单调的习题训练；培养学生对于数学的兴趣，发现数学的价值。然而从新的标准文本中来看，并没有发现任何从丰富、有趣且真实的问题出发编制学习内容的迹象。[2] 与此类似，也有人致信《教育周刊》，指出新的标准对于学生数学能力的要求过于形式主义。比如，在六年级的标准中，要求学生必须将"y+y+y"的运算过程写成"y+y+y=y(1+1+1)＝y(3)＝3y"，以此体现对于乘法分配律和交换律的使用。而这仅仅是标准当中要求对于许多非常明显直观的结果必须通过形式主义的方式进行运算的其中一例。[3] 另一篇名为《数学标准：太多"什么"，太少"如何"》（*Math Standards: Too Much What, Too Little How*）的评论中指出，标准描绘的数学能力的优异标准需要通过教师改变教学方式才能实现，只有当教师帮助学生将所理解的内容运用到问题解决的过程中才能够产生理想的学业成就，这应当成为标准关注的核心。因此，开发者应当进一步考

① J. Michael Shanghnessy, Diane Briars, Brad Findell, & Barbara Reys. Math Groups Support Common Standards[EB/OL]. https：//dpi.wi.gov/sites/default/files/imce/standards/pdf/common-core-math-standards.pdf. 2011.

② Grant Wiggins. Common-Core Math Standards Don't Add Up[N]. Education Week, 2011－09－28.

③ Henry Borenson. The Math Standards May Turn Off Some Students[N]. Education Week, 2010－05－19.

虑如何实现标准的问题,而不是将大量心思花在那些新的概念当中。①

无论是针对语言艺术而言,还是就数学学科来说,很多教师和课程研究者都提出自己的观点,批判这些标准规定中存在的问题。学生能否达到标准的要求,标准的要求是否具有真正的价值和意义,这些最基本的问题似乎对于新标准而言都是难以有效论证的。正因如此,新标准的具体内容有很多地方无法让所有公众心悦诚服,甚至一些方面的要求在这部分公众看来有可能泯灭学生的创造力和批判精神,而这却是在美国的教育传统中十分强调且引以为豪的特色。

3. 对未尽内容补充的建议

由于共同核心标准最初只包括语言艺术和数学这两门基础学科,因此其全面性也受到了质疑。来自佐治亚大学的教育学教授威廉·G.弗拉格(William G. Wraga)在《教育周刊》上发文指出,新标准一方面忽视了跨学科课程的重要性,另一方面则忽视了对学生将学科知识用于生活实践进而成为合格公民的要求。在他看来,共同核心标准实际上指的是教育中知识和能力的基础,并不是整个教育的基础,这一点容易被人们误解混淆,进而可能窄化教育内容。同时,新标准中不断强化"为大学和职业作好准备"的价值取向,容易窄化学校教育的社会功能——培养合格的公民。这两方面的模糊不清,容易造成话语理解的混乱,进而威胁着教育改革的成效。② 由此可见,新标准的实施是否会在一定程度上削弱学校教育对其他学科知识的重视程度,仅仅强调语言和数学是否能够满足学生的基本知识和能力需要,是否有必要在共同核心标准中增加其他学科领域,成了人们思考的问题。

2010年7月中旬,国家研究委员会(National Research Council)提交了一份名为《面向"下一代"的科学标准》(Moves Toward "Next Generation" Science Standards)的草案,呼吁政府组织制订更加聚焦、清晰和严格的科学教育标准。很快,几位包括大学教授和地方教育官员在内的作者联名在《教育周

① Frazer Boergadine. Math Standards: Too Much What, Too Little How[N]. Education Week, 2010 - 08 - 11.
② William G. Wraga. Dangerous Blind Spots in the Common-Core[N]. Education Week, 2010 - 08 - 18.

刊》上也发文指出制订科学教育标准的必要性,同时他们还指出,草案中过分强调通过推理的方式掌握核心概念和原理是片面的,学生通过合理组织的活动同样可以直觉性地掌握核心概念。他们还引用了国家科学基金会的研究证据说明,社会性的交往和模仿活动是低年级学生掌握科学概念最有效的方法。[①]

除了科学素养,媒介素养的培养也一直是美国基础教育比较重视的问题。2010 年,一份针对 11—18 岁学生的调查显示,89%的人相信网络中的内容"部分"(some)或者"很多"(a lot)是真实的。很多学生不会反思影视剧、新闻广播或者商品和政治广告。2011 年,新媒体联盟(New Media Consortium,简称NMC)发布的《K-12 地平线报告》(K-12 Horizon Report)也指出:"研究表明,很多年轻人缺乏对媒介和信息文本的理解能力。急需培养的核心能力,应当包括对于信息文本、视觉文本和技术文本的理解。这是 21 世纪的人们必须掌握的沟通交流能力。"于是,《教育周刊》刊发的《为何共同核心标准必须包括媒介素养》(Why Core Standards Must Embrace Media Literacy)一文便指出,新的英语语言艺术标准只是提到"能够评价来自口头、视觉等多元化方式的信息",但是没有专门要求学生对于电影、电视、广播、新闻、音乐、流行文化和电子游戏等来源的信息进行批判性分析,也没有提到培养学生对于媒介信息的批判性分析能力。因此,面对当前的媒介环境,新的标准是远远不够的,所以必须增加有关应对媒介/数字化信息的能力标准。[②]

对于共同核心标准忽视公民素养的问题而言,也有人在《教育周刊》上作出了回应。一位来自西雅图的教师在《共同核心标准中的公民教育》(Civics in the Common Core)一文中呼吁,共同核心标准的目标应当是为美国劳动力和民主社会培养成功且高尚的成员,而不是现在所说的为就业和升学作准备,在全球经济竞争中取得成功。新的标准狭隘的任务目标更像是拙劣的商业计划,并不是对于孩子们成长的真正期待。[③]

这方面的批判舆论也同时印证了公众有关自标准化教育改革以来逐渐加

① William Banko (Ed.). Starting a Science Education[N]. Education Week,2010-07-27.
② Richard Beach & Frank W. Baker. Why Core Standards Must Embrace Media Literacy[N]. Education Week,2011-06-21.
③ Web Hutchins. Civics in the Common Core[N]. Education Week,2013-07-07.

深的"为测试而教"的意见。正是标准化测试和相关问责制的实施,才使得课程标准和学科内容在学校教育中受到压缩。共同核心标准片面强调语言艺术和数学这两门学科,也同联邦政府此前所规定的针对学业标准的考量有着不可分割的关系,在这种情况下,学校和教师对于其他学科的重视程度自然下降。针对这种状况,公众开始呼吁增加其他科目的标准设置,以求学生能够得到全面的发展。

4. 共同课程的开发引起争议

不仅仅是标准内容本身,相关课程的开发问题也引起不小的争议。就在新标准的最终版本公开之后不久,共同课程的开发工作便被提上日程。2011年3月,阿尔伯特·夏克研究所(Albert Shanker Institute)连同美国教师联合会(AFT)组织了来自教育、商业和政府领域的75位知名领导者,大家汇集在一起,共同签署了一项为新标准设计课程指导的声明。这份声明强调,并非鼓励出台一份面向所有学生的规定性学习计划,而是通过一份或者多份课程指导实现从标准到课程以及相关资源的转化。尽管这份声明表示不进行强制性的约束,给予教师在课堂教学中足够的自主空间,但是仍然有人提出质疑。来自一家华盛顿智库教育政策部门的领导者海斯(Hess)就表示,一旦这份指导出台,就一定会相应出现一系列的教材和学习材料,教师也必然会使用这些材料。因此,不可能一方面编订与学生所需掌握的知识和能力相一致的教学材料,另一方面又声称在教学方法和课程内容上留有足够的自主空间。这实际上就是一种国家性的教学模式。①

虽然这份声明最终得到大部分人的赞同而获得通过,但是很快就引来了广泛的议论。不久,《教育周刊》对此作出报道。报道指出,对于有关共同核心标准相关课程的开发引发了大量争议,这些争议最关切的问题是谁来决定课程的内容以及所要开发的课程的内涵。有人认为,与共同核心标准相一致的课程开发将会成为一些公共团体的事情,那么在开发的过程中,更广泛的公众参与可能吗?此外,还有人认为,对于所要开发的对象的内涵界定

---

① Catherine Gewertz. Leaders Call for Shared Curriculum Guidelines[N]. Education Week, 2011 – 03 – 07.

不清。所要开发的课程是一种宏观的框架计划，还是具体的学科内容。特别是一直被提到的"共同"（common）一词格外敏感，是否暗示着完全一样的课程内容？[①]

　　然而，针对呼吁开发相关课程的争议并未就此终结。两个月之后，K－12革新组织（K－12 Innovation）牵头公开了一份由 100 多人签署的被称为"反对宣言"（counter-manifesto）的文件。文件中指出，我们不需要"以一应百"被中央控制的课程来规定 K－12 阶段的学生的学习内容。有人在《教育周刊》上对此进行了评论，认为这份文件不仅仅是对于呼吁课程称开发行为的抗议，同时也表达了对于政府拨款 3.6 亿美元用于测试开发的不满。这篇报道也呈现了各方面的观点，有人认为，共同的课程和测试将会制约创造力、威胁地方和各州对于教育的决策权，而且标准化的学习内容不利于满足学生的多元需求。还有人认为，共同的课程是有缺陷的，因为没有证据表明共同的课程会必然导致学生学业成就的提升，而且新的标准似乎也不足以成为课程开发的有效支撑。[②]

　　总而言之，从以上种种争论当中可以看出，仅为语言艺术和数学两门学科设定学业标准显然是片面的，会误导学校和教师将教学重点过多集中于这两门学科而忽视其他学科内容。不仅如此，仅就这两门学科的学业标准而言，其中的漏洞和不足也非常明显，无论是知识内容本身还是对于所要达到的目标而言皆是如此。倘若真的在这样的标准基础之上再开发出相应的"共同课程"，想必会引发公众更大的不满。

四、建言共同核心标准实施状况

1. 共同核心标准的实施不尽如人意

2011 年，由华盛顿"教育政策中心"（Center on Education Policy，简称 CEP）进行的一项调查显示，各州建立起完备的共同核心标准体系还需要若干

---

① Catherine Gewertz. Multiple "Curriculum" Meanings Heighten Debate Over Standards[N]. Education Week，2011－03－30.

② Catherine Gewertz. Critics Post "Manifesto" Opposing Shared Curriculum[N]. Education Week，2011－05－18.

年时间。① 时隔一年之后，截至 2012 年初，由《教育周刊》研究中心（EPE Research Center）和"教育先行"机构（Education First）共同发起的一项调查也揭露出类似的现象，虽然已有 46 个州和哥伦比亚特区宣布采纳共同核心标准，然而却只有 7 个州制订出完备的有关推进新标准实施的计划。这项调查是从"课程和教学材料的准备""教师专业发展机会"和"有关新标准的教学情况在教师评价中的体现"三个维度进行的。调查结果表明，虽然很多州已经开始着手推行实施新的标准，但是从文本到实践还有很长的路要走。② 这两份调查充分表明各州推行共同核心标准的情况并不顺利，受到重重阻碍。的确，事实也显示，虽然大多数州已经决定并开始推行新的标准，但都在不同程度上受到来自各州公众的反抗。甚至在不久之后，一些州的教育部门开始考虑退出新的标准。针对这一情况，《教育周刊》也适时对各州出现的争议作出了报道。

2013 年，就在年度进步测试成绩刚刚公布不久，《教育周刊》便报道了以纽约为代表的若干州学生学业成就优异比例下降的情况。而这些州也不约而同地把这一状况归结为在一定程度上受到共同核心标准实施的影响。与 2012 年度的考试成绩相比，三至八年级的学生在英语语言艺术学科中达到"优异"成绩的比例从 55.1% 下降到 31.1%，而在数学学科，这一比例则从 64.8% 下降到 31%。对于身处弱势经济地位的学生而言，数学学科的优异比例则从 53.3% 下降到 20.6%。不仅如此，黑人和白人以及西班牙裔和美国本土学生之间的学业成就差异（达到"优异"标准的比例之差）仍然维持在 20% 以上。不仅是纽约州，加利福尼亚州和怀俄明州也出现类似的情况，学生学业成就的优秀率有减无增。③

虽然共同核心标准的支持者为新的标准作出各种辩护，但是即便在他们看来，对于新标准的实施情况也没有百分之百的信心。哪怕这份新的标准是高质量的、切合时宜的，但若无法真正落实，那么这场改革仍然是失败的，而这种担心在新标准的最终版本正式公布之后就已经开始了。《教育周刊》的专栏

---

① CEP. States' Progress and Challenges in Implementing Common Core State Standards[N]. Education Week, 2011 - 01 - 11.

② EPE Research Center/Education First. Preparing for Change: A National Perspective on Common Core State Standards Implementation Planning[N]. Education Week, 2012 - 01 - 18.

③ Andrew Ujifusa. N.Y. Test- Score Plunge Adds Fuel to Common-Core Debate[N]. Education Week, 2013 - 08 - 21.

作者凯瑟琳·耶韦特（Catherin Gewertz）在《研究表明共同核心标准实施缓慢》（*Common-Standards Implementation Slow Going，Study Finds*）一文中提到了一份来自"教育政策中心"（Center on Education Policy）的研究结果，以此提出了实施共同核心标准的准备尚不充分的问题。这份名为《共同核心标准：学区实施的进展与挑战》（Common Core State Standards：Progress and Challenges in School Districts' Implementation）的研究报告指出，在接受调查的 315 个学区中，大约只有三分之一的学区表示开始了新的课程材料的编制或者购买工作，不到一半的学区表示计划推行相应的教师专业发展项目，不到三分之一的学区表示计划修改教师评价体系来应对新标准。这一调查结果表明，至少还有一半的学区并没有为共同核心标准的实施作好准备。① 此后，她又撰写了《支持者担心共同核心标准的实施可能使其出轨》（*Advocates Worry Implementation Could Derail Common Core*）一文，指出了三方面的担心：首先，前所未有的联邦涉足是否会影响实施的成效；其次，教学材料的缺乏和教师教学能力的不足是否会产生不良影响；最后，相应的测试是否有利于目标的达成。② 此外，面对反对者的种种批判，有的支持者也撰文指出，"共同核心标准的实施处于危险之中"。因为尽管新标准的实施取得了进展，但是对于弱势群体学生来说仍然是难以应付的。弱势群体的学生不仅面对着经常要搬迁的现实，不得不在不同的学区和学校之间变更，得不到长期连续性的课程内容，而且他们的生活环境中能够接触到的语言的丰富度也是有限的，这也阻碍了他们理解能力和认知能力的发展。因此，对于这些弱势群体的学生而言，要达到和那些处境优越的学生同样的学业标准是不切实际的。因此，全面实施新的标准将会面临巨大的挑战。③ 另一位退休的学校管理者麦克·施莫克（Mike Schmoker）尽管声称自己是新标准的支持者，但是也通过撰写《共同核心标准尚未作好准备》（*The Common Core Is Not Ready*）一文表达了自己的担忧。在他看来，新的标准在正式执行之前至少应当有一年的实验期。然而现实却是，新的标准最终确定之后便立刻在全国范围内推行。正是由于缺少了实验的环节，具体的课

① Catherin Gewertz. Common-Standards Implementation Slow Going，Study Finds[N]. Education Week，2011－09－14.
② Catherin Gewertz. Advocates Worry Implementation Could Derail Common Core[N]. Education Week，2012－04－25.
③ Rick Dalton. Common-Core Momentum Is Still in Jeopardy[N]. Education Week，2012－12－05.

程设置和测试等具体问题没有得到澄清,教师也表示没有做好充分的准备,这才导致很多人对其实施的可能性和有效性产生怀疑,进而出现大量批判的声音。①

通过公共舆论的披露可以发现,共同核心标准的实施在现实中很快受到严重的阻碍,公众也从各个角度反思了这种情况,各种意见汇集在一起至少达成一种基本的共识,那就是学校和教师并没有为新标准的实施作好充分的准备。正是由于各种对于新标准实施前景的担心,部分公众开始在《教育周刊》上撰文,为保障新标准的顺利实施建言献策。

2. 教师何以促成共同核心标准的顺利实施

正如上文所分析的,在各种可能影响到共同核心标准顺利实施的因素当中,公众将问题的关键点归结为教师是否作好了充分的准备,就连部分教师本人也认为自己的准备情况不容乐观。专栏作者凯瑟琳在《教师说他们尚未为共同核心标准作好准备》(*Teachers Say They Are Unprepared for Common Core*)一文中援引了一份名为《教师对于共同核心标准的看法》(*Teacher Perspectives on the Common Core*)的调查报告,其中指出,虽然共同核心标准已经在全国范围内实施,但是将近一半的教师感觉还没有作好准备,尤其对于那些学生身患残疾、家庭收入较低和本身学业成就偏低的教师而言更是如此。在调查中,受访教师被要求通过1—5个等级来评价自己的准备程度。其中,等级“5”意味着“准备充分”(very prepared),“1”表示“完全没有准备好”(not at all prepared)。结果表明,49%的教师选择了“1”“2”或者“3”。② 诚然,新的标准规定了学生应当学些什么以及要达到何种水平,但是对于教师来说,他们如何应对新标准背景下带来的变化,如何能够很好地贯彻新标准的理念却是一个亟待解决的问题。正因如此,人们越加发现教师在共同核心标准顺利实施过程中的重要作用,于是,《教育周刊》成了公众对于教师问题提供建议的平台。

斯蒂芬尼·赫什(Stephanie Hirsh)在《教育周刊》上撰文《共同核心标准起作用需要教师专业发展》(*Common-Core Work Must Include Teacher Development*)

① Mike Schmoker. The Common Core Is Not Ready[N]. Education Week, 2014-09-24.
② Catherin Gewertz. Teachers Say They Are Unprepared for Common Core[N]. Education Week, 2013-02-27.

认为,必须加强技术的运用,新标准的实施必须要求教师进行专业化学习和相互合作。在他看来,新标准要求教师在教学过程中将批判性和创造性思维、合作能力、问题解决能力、研究能力以及陈述和论证能力的培养有机地结合在一起,此外,对于学生的评价和辅导也需要更多的数据支持。因此,教师的知识储备和教学能力都必须得到进一步的丰富和提升,这就需要以学校为基础,加强教师的专业化学习,并且鼓励教师之间加强合作。唯此,学生才能达到新标准的要求。①

维基·菲利普斯和罗伯特·L.休斯(Vicki Phillips & Robert L. Hughes)在《教师合作: 共同核心标准的要素》(*Teacher Collaboration: The Essential Common-Core Ingredient*)一文中指出,新的标准要求教师的教学集中于少量的主题,但是更有深度,在教学组织中要设计更多让学生积极参与的活动,这就需要教师彻底转变他们此前的教学实践。面对数以千万的不同情况的学生而言,教师唯有进行合作才能获得成功。然而现实情况却是,教师往往相互孤立,他们没有足够的机会在一起相互审视每个人的教学工作。随着新标准实施的推进,教师必须打破相互之间的壁垒进行合作和经验分享。在相关的课程制订和实施、对于教学实践的调整等问题方面,教师之间的合作以及与教学专家之间的合作能够在最大程度上提高成效。在保证学生实现高期待的同时,又能够保持各自独立的个性。②

另外,一位名为约翰·尤因(John Ewing)的教师培训机构负责人在《把标准还给教师》(*Give the Standards Back to Teachers*)一文中指出,20 多年来,各州、各机构制订的所谓标准层出不穷,但是人们仍在抱怨课程和教材低劣,学生学业成就下降,这些标准并没有提升教育质量。因此,仅仅再次用新的标准来替代旧的标准是不可能达到目标的。这种情况的原因在于,太多的人对于标准有发言权——政客、教育管理者、教师教育者等等,但是唯有教师没有这种权利。然而,教师才是真正的标准执行者,标准实际上就是为他们的工作实践所制订的,他们应当在"教授什么""达到何种标准"方面拥有权利。教师在

① Stephen Hirsh. Common-Core Work Must Include Teacher Development Common-Core Work Must Include Teacher Development [N]. Education Week, 2012－01－31.
② Vicki Phillips & Robert L. Hughes. Teacher Collaboration: The Essential Common-Core Ingredient [N]. Education Week, 2012－12－05.

新标准的实施过程中成为领导者,那些领悟了新标准理念和具体内容的教师应当为他们的同事提供指导,而那些感觉有困难的教师也应当积极寻求指导和合作。教师之间的合作能够更好地促进研究和讨论,并且为新标准的实施提供更好的教学材料和实践经验。[1]

针对共同核心标准如何顺利实施的问题,还有一些人从具体的操作层面为教师在教学实践中如何贯彻好新标准提供了建议。比如,一位来自纽约的高中教师在《教授共同核心标准需要调整学校政策》(*Teaching the Common Core Requires Fine-Tuning School Policies*)中介绍了自己学校在共同评估测试的基础上对于评价方式进行细微调整的经验,指出完全自上而下的政策将会限制教师执行共同核心标准的有效性,在执行过程中应当注意给予基层教师和相关组织决策的权利。[2] 而另一位小学教师则在《通过网络让向共同核心标准的转型变容易》(*Going Online to Ease Common-Core Transition*)一文中首先肯定了教师之间的合作对于共同核心标准顺利实施的重要性,进而指出如要实现这种合作,"教师学习网络社区"将会给全国的教师提供一个共同参与的空间。虽然"教师学习网络社区"并不新鲜,但是新的标准对于所有人来说都是陌生的,在线讨论一些教学方面的实践经验是非常重要的。[3]

总之,通过梳理我们可以深刻地感受到,虽然共同核心标准从一开始便受到联邦政府的大力支持,但是最终并没有逃脱公众的审判。而《教育周刊》也确实对公众从不同角度对这项改革措施所发出的批判声音起到强有力的推动作用,进而促成公共舆论的形成。

第三节　批判共同核心标准的共振舆论

在传播学视域下,当一个公共事件或某一现象引起公众的注意,舆论就开始聚集。公众围绕这一议题发声,表达自己的看法、态度和情绪,便形成舆论

---

① John Ewing. Give the Standards Back to Teachers[N]. Education Week, 2012 – 08 – 02.
② John Troutman McCrann. Teaching the Common Core Requires Fine-Tuning School Policies[N]. Education Week, 2015 – 03 – 25.
③ Christine Newell. Going Online to Ease Common-Core Transition[N]. Education Week, 2012 – 09 – 12.

环境。在这些舆论相互交流、融合过程中形成强大的共振舆论，并且使得公众原有的振动频率以更大的振幅振动。显然，《教育周刊》为公众意见的表达提供了一个非常有利的平台，很多公众的批判性观点在报道中得到呈现，但是公共舆论的形成并非某一家报刊媒体的努力便可以实现。实际上，除了《教育周刊》之外，其他一些综合性报纸也同样起到促进舆论空间形成的作用。正是在各种媒体的共同努力之下，公众批判的振动频率得以逐渐加大，最终形成更加广泛的共振舆论。

美国影响力最大的综合性报纸《纽约时报》如同《教育周刊》一样，从共同核心标准制订之初便陆续追踪其推行进程，大量报道公众的观点，并刊发相关的评论。其中，相当一部分批判是来自各方面针对新标准内容本身和作用的看法。比如《共同核心标准课程受到左翼批评》（*Common Core Curriculum Now Has Critics on the Left*）、《共同核心标准耗费上亿美元并且伤害了学生》（*The Common Core Costs Billions and Hurts Students*）、《对于共同核心标准的愤怒》（*Rage Against the Common Core*）、《共同核心标准存在的一个问题》（*A Problem With the Common Core*）以及《共同核心标准带来的麻烦》（*The Trouble With Common Core Standards*）等等。

当首轮与共同核心标准相关的一致性标准化测试成绩公布之后，《纽约时报》又刊载了很多从标准化测试与相关问责制的角度对新标准进行批判的评论和文章。比如《遗留问题重燃有关共同评估测试的争论》（*Leaked Questions Rekindle Debate Over Common Core Tests*）、《纽约采用更加严格的基准之后，测试分数下降了》（*Tests Scores Sink as New York Adopts Tougher Benchmarks*）以及《共同评估测试激起家长的愤怒和抗议》（*Common Core Testing Spurs Outrage and Protest Among Parents*）等等。

此外，在美国同样有着巨大影响力的《华盛顿邮报》也陆续刊发过一些批判共同核心标准的文章，尤其是凭借该报的专栏作家瓦蕾里·斯特劳斯（Valerie Strauss）对新标准的热切关注，很多批判性的文章在该报见诸读者。比如在 2012 年，共同核心标准刚刚开始推行之时，瓦蕾里就曾经编辑刊发过一位名为马里昂·布雷迪（Marion Brady）的退休教师所撰写的名为《共同核心标准中的八大问题》（*Eight Problems with Common*

Core Standards)的文章。① 在此后的两三年时间里,瓦蕾里又跟踪刊发了马里昂针对新标准所撰写的文章,包括《一条有助于解决美国重大课程问题的道路》(*One Way to Help Solve America's Major Curriculum Problem*)②和《所谓"治疗"及其对于教育的破坏》("*The Procedure*" *and How It is Harming Education*)③。2015年,瓦蕾里·布雷迪在重提这三篇文章的基础上,再次梳理了共同核心标准存在的问题,刊发了《共同核心标准中的问题始终被忽视》(*A Big Problem with the Common Core that Keeps Getting Ignored*)一文,批判在过去的三年时间里,这些问题并没有得到很好的解决。④

不仅仅是刊登评论文章,很多报纸、杂志还会组织和报道一些针对共同核心标准进行的公众辩论,这使得辩论者的观点被更多公众知晓。比如,美国第三大综合类杂志《美国新闻和世界报导》(US News)曾在2014年2月份开设专栏《共同核心标准是一个好主意吗?》(*Are the Common Core Standards a Good Idea?*),以此召集各方人员对共同核心标准展开辩论。参与撰文者包括教师、大学教授、研究人员、议员、政府代表等等,从支持或者反对的基本立场出发,对新标准进行讨论。⑤ 仅仅半年之后,2014年9月美国智能广场(Intelligence Squared)在纽约举行了一场由电视和广播共同转播的公开辩论。4位参与者两两分组,分别代表支持方与反对方,总共进行了超过1.5小时的现场辩论,吸引了近千人到场观看。这场大规模的辩论吸引了很多公众和媒体的关注,在辩论结束之后,美国国家公共电视台(National Public Radio,简称NPR)对此进行了报道,并且把当场发言的内容以文字的形式全部记录下来,在官网上全文发表。⑥ 之后,《华盛顿邮报》《教育周刊》《下一步教育》(*Education Next*)等大型主流媒体也作了及时报道,让这场辩论中的观点被更

① Marion Brady. Eight Problems with Common Core Standards[N]. The Washington Post, 2012 – 08 – 02.
② Marion Brady. One Way to Help Solve America's Major Curriculum Problem[N]. The Washington Post, 2014 – 02 – 24.
③ Marion Brady. "The Procedure" and How It is Harming Education[N]. The Washington Post, 2014 – 01 – 12.
④ Valerie Strauss. A Big Problem with the Common Core that Keeps Getting Ignored[N]. The Washington Post, 2015 – 10 – 22.
⑤ U.S. News. Are the Common Core Standards a Good Idea? [EB/OL]. http://www.usnews.com/debate-club/are-the-common-core-standards-a-good-idea. 2014 – 02 – 27.
⑥ NPR. Debate: Should Schools Embrace the Common Core? [EB\\OL]. http://www.npr.org/2014/09/19/347145921/debate-should-schools-embrace-the-common-core. 2014 – 09 – 19.

多公众了解。在此次大规模的公开辩论中，正反双方探讨了当时与共同核心标准相关的最具争议的问题，因而这场辩论可以看作是一段时间内公众对于共同核心标准态度的梳理和清算。

可见，正是在各种媒体平台的共同努力之下，公众针对共同核心标准的批判声音才能够如此充分地表达。也正是因为有着如此自由且丰富的媒体资源，公众才有意识且有意愿发表自己的观点。来自不同公众的声音汇聚在一起，相同的意见得以进一步深化，不同的观点也可以相互补充或者形成争鸣，持续为公共舆论的酝酿和爆发提供着源源不断的动力。

不难看出，以《教育周刊》为典型代表的美国报纸媒体为公众表达对共同核心标准的批判性意见提供了机会，在众声喧嚣中，公共舆论空间产生了。在这当中，公众充分利用了报纸这个传统的公共领域形式，参与到教育改革的过程之中。现在，笔者试图借助引言中界定的公共领域的特征来分析公共舆论是如何通过报纸媒体形成的。

从舆论涉及的主题来看，共同核心标准作为奥巴马政府倡导的一项极为重要的标准化教育改革措施，对美国 K－12 阶段教育产生了极为重要的影响，无论是对每个学生、每个家庭的利益，还是对整个国家公共教育质量而言，都是如此。因此，有关新标准的制订和推行等一系列改革措施，都是关系到整个国家中每个人和群体的公共事务，故而可被看作公共舆论中的公共性议题。

从这场公共舆论的参与者的角度而言，从报道中各种观点表达者的身份以及评论文章的作者身份来看，各种不同身份和职业的公众都参与到舆论空间的建构过程当中。这里面有教师、家长、学者、编辑、评论员、各种机构组织的领导和普通成员甚至是关心教育的其他社会人士，因此可以说在这个舆论空间中，各界公众都有机会参与其中。正是因为各界公众的积极参与，才能够在这样一个广泛的公共领域当中，最大限度地汇集和囊括多元化的观点。

再从舆论的态度来看，针对共同核心标准这一联邦政府的改革举措，虽然有很多观点和评论文章从各个角度论证其必要性和有效性，但公众并没有一味地附和与赞成，而是通过自身的体验和客观的现实，对这一措施提出各种批判和改进的建议。以《教育周刊》为代表的各种报刊和其他形式的媒体对此的报道和相关文章的刊载,使得批判性的公共舆论逐渐形成一股势力,迫使相关机构对此重视,并采取了相应的措施。这充分体现了公共领域批判性的标志性特征,在这种批判性力量的冲击之下,以《教育周刊》为代表的媒体公共领域得以充满活力。也正是因为"批判"在其中能够得到包容,公众在参与的过程中不会因为个人观点的标新立异而有所忌惮,才能够直抒胸臆、畅所欲言,充分表达自己的观点和诉求。

与此同时,我们还可以发现,公共舆论批判的主题伴随着共同核心标准的开发、推广和实施,表现出步步深入、细致化的特点。能够看出,在 2010—2011 年,舆论主要指向的是新标准开发的过程和基本性质的问题;从 2012 年左右开始,转向新标准的具体内容,并在此后针对有关新标准的顺利实施的问题提出批判和建议。由此看来,公共舆论构造出的批判空间与共同核心标准的推进具有密切的相关性,始终对这项改革措施起到及时的反思和监控的作用。

在此笔者还想补充一点,共同核心标准的支持者从未停止过在媒体公共领域中对该项改革措施的拥护,他们运用各种方式证明新标准的合理性,据理力争。但由于本书意欲从公众批判的角度来展现公众参与的实践,因而没有能够充分展现支持者的声音。尽管如此,我们也必须承认,他们从支持角度进行的保卫同样是公众参与的一种形式,而这种形式也在某种程度上对共同核心标准的实施起到了推动作用。因此,这两种来自不同立场的公众的观点实际上始终在公共领域当中上演着一场角力,共同影响着这一改革措施在现实中的状态。这也进一步体现出公共领域对公众不同声音予以包容的功能,并能够为此提供一个交锋、商议的平台。

最后,还是让我们重回批判者的立场作一番总结。在批判共同核心标准的公共舆论的产生过程中,报纸媒体充分体现出公共领域的特征,让全社会的公众群体通过话语表达的方式参与到这项教育改革措施的推进过程当中。因此,透过这一平台,我们能够直观地体验众声之喧嚣,并在此基础上深刻地感受到美国教育改革中公众参与的力量。

Education Reform for
the 21st Century Skills:
China and World

第四章

草根运动——"选择退出"组织及其
对抗标准化测试的实践

自 20 世纪 80 年代以来,已有不少美国本土学者开始从自下而上 (bottom up)的视角研究教育改革中公众参与的成效。其中,一部分研究关注了由社会中坚分子联合而成的力量,其中包括基金会、公司以及诸如教师联合会等专业社团组织。[①] 与此同时,还有一部分研究关注由家长与普通公众组成的地方性草根组织对于学校改革起到的作用。[②] 从这些研究结论中我们似乎可以发现,那些由社会中坚分子联合组成的团体所起的作用更为明显,他们更容易在教育改革的决策中表达意见;而与之形成鲜明对比的则是由家长与普通公众代表的草根群体,他们很少能够真正发声,即便有机会发声,也很难对改革决策的实践起到影响。[③] 这一结论显然给草根群体参与教育改革的实践带来了极大的挫败感,然而事实并非如此绝对。本章将视线转向那些由公众自发联合而成的草根组织,看看他们是如何通过现代化的网络公共领域形式反抗标准化教育改革大力推行的标准化测试的。

---

① 此类研究中比较有代表性的有：Ravitch, Diane. 2013. Reign of Error: The Hoax of the Privatization Movement and the Danger to America's Public Schools[M]. First edition. New York: Alfred, 2013; Burch, Patricia. The Changing Nature of Private Engagement in Public Education: For Profit and Nonprofit Organizations and Educational Reform[J]. Peabody Journal of Education, 2011, Vol. 86, No. 3, 236 - 251; Fine, Ichelle. Charter Schools and the Corporate Makeover of Public Education[M]. New York: Teachers College Press, 2012; Hannaway, Jane, and Rotherham, Andrew. (Eds). Collective Bargaining in education: Negotiating Change in Today's Schools[M]. Cambridge: Harvard University Press, 2006。

② 此类研究中比较有代表性的有：Lopez, M. Elena. Transforming Schools through Community Organizing: A Research Review. Cambridge: Harvard Family ResearchProject, 2003; McAlister, Sara. Community Organizing for Stronger Schools[M]. Cambridge: Harvard University Press, 2009; Pedro, Noguera. 2014. When Parents United: A Historical Case Study Examining the Changing Civic Landscape of American Urban Education Reform[J]. Journal of Social Science Education, 2014, Vol. 13, No. 4, 127 - 144。

③ Shirley, Dennis. Community Organizing for Urban School Reform[M]. Austin: University of Texas Press, 1997; Mapp, Karen. A Match on Dry Grass: Community Organizing as A Catalyst for School Reform[M]. New York: Oxford University Press, 2011.

第一节　网络社交平台与美国K‑12标准化教育改革

一、网络社交平台在美国的兴起

2004年2月4日，Facebook（脸书）网站在以马克·扎克伯格（Mark Zuckerberg）为首的团队的努力下宣布成立。起初，这个社交网站仅限哈佛大学的学生使用，之后拓展到波士顿地区所有的高校学生、常春藤盟校的学生以及斯坦福大学的学生。在受到高校学生的广泛欢迎之后，Facebook又逐渐推广到高中。2006年起，任何年满13岁的人都可以注册成为该网站的用户。注册成为用户之后，使用者可以创建自己的用户档案，添加其他用户为"朋友"，以此实现信息交流、状态更新、照片上传和视频分享，并且可以评论别人发布的状态和消息。此外，用户可以加入不同的主题社区，在每个社区里都可以和兴趣相同的人就共同的话题展开讨论。据统计，截至2014年底，Facebook的注册用户已经超过1亿人，这个数字占据全球网络使用人口数量的37.9%。①

在Facebook出现之后，另一款由杰克·道尔西（Jack Dorsey）等人开发的社交软件Twitter（推特）在2006年7月也正式投入使用，并迅速风靡全球。在2012年，一天之内就有超过1亿用户发布3.4亿条"推文"（Tweets）。② 2013年，Twitter成为全球前十位访问量最大的网站之一，并被称为"网络短信息服务"（Short Message Service of the Internet）。而到了2015年5月，Twitter的用户突破5亿。③ Twitter的功能与Facebook相似，同样是提供了一个供用户相互联系沟通或者就某一个共同关注的问题进行交流的网络社交平台。

现在，让我们来看一看网络社交平台在美国标准化教育改革中的作用。诚然，网络社交平台在21世纪初已经投入使用，但是对于《不让一个孩子掉队

① Menlo Park. Facebook Reports First Quarter 2015 Results［EB/OL］. http：//investor. fb. com/releasedetail. cfm? ReleaseID=908022，2015‑04‑22.
② Twitter Blog. Twitter Turns Six［EB/OL］. https：//blog.twitter.com/2012/twitter-turns-six，2012‑03‑21.
③ Paul Quintaro. Twitter MAU Were 302M for Q1, Up 18% YoY［EB/OL］. http：//www.benzinga.com/news/earnings/15/04/5452400/twitter-mau-were‑302m-for-q1-up-18-yoy，2015‑04‑28.

法案》而言，尽管其出台之后受到多方面的批评和讨论，但网络社交平台的作用并不明显。因此，在美国标准化教育改革推行的过程中，共同核心标准是首次在传统形式的公共领域之外，经由网络社交平台而得到公众讨论的教育改革方案。

正因为网络社交平台在公众参与教育改革的讨论过程中第一次发挥出如此重要且显著的作用，很多学者对此也产生了研究的兴趣。比如，美国宾夕法尼亚大学的乔纳森·苏波维奇（Jonathan Supovitz）教授连同加利福尼亚大学圣迭戈分校（University of California San Diego）的阿兰·戴利（Alan Daly）教授和西班牙马德里国立远程教育大学（National University of Distance Education）的米格尔·德尔福来斯诺（Miguel Del Fresno）教授，搜集了从 2013 年 9 月到 2014 年 2 月之间，来自 5.3 万名不同用户使用 Twitter 发布的以"#commoncore"为标签的 19 万条推文。这六个月的时间，正好是公众反对共同核心标准意见陡升的关键时期。通过一年时间的研究，这个研究团队最终将他们的研究结果发布在专门为此建立的网站上。

乔纳森·苏波维奇教授的团队通过研究得到三点结论：（1）我们生活在一个日益联系紧密的社交世界中，在这里，我们的理解出自复杂的互动社交过程中，不同人的观念、意见和信仰在此得以相互沟通交流。（2）网络媒介在过去的半个世纪中有了巨大的发展，从被动的仅仅由若干人的核心观点掌控的传话筒，成为被不同人群分享、避免偏见的互动平台。如今，我们正在进入到一个更加活跃的网络媒介环境中。用户不再仅仅是消费者，而成为新闻和观点的生产者和拥有者。（3）这项研究还强调了网络社交平台正在改变着公共决策形成的政策环境。这样一个新的"活跃的公共领域"正在得到越来越多的人和团体的关注和支持。①

毫无疑问，苏波维奇教授的研究证实了网络社交平台成为新的公共领域形式的可能性，也展现了作为一种公共领域形式的网络社交平台在公众参与教育改革中的重要作用。在这里，公众的讨论比在传统的公共领域中更为直接和便捷，并且能够在更大程度上聚集更多的参与者。

---

① Jonathan Supovitz. Twitter Gets Favorited in the Education Debate[J]. Phi Delta Kappan, 2015(9): 24.

二、Facebook 与反抗标准化测试的草根组织

当然,不仅仅是 Twitter,为了使公众参与到这场有关标准化教育改革的批评论辩当中,Facebook 也起到重要的作用。与共同核心标准一样,标准化测试也一直是公众关注的话题。通过 Facebook,公众在网络上建立了各种相关的讨论社区,既有家长、教师,也有关心教育的其他社会人士,还有一些非政府组织也通过 Facebook 招募会员共同商谈有关标准化测试的问题。特别是在基于共同核心标准的共同评估测试正式推行之后,家长对于标准化测试的反对声越来越大,越来越多的学生退出测试,进而发展成大规模的社会运动。而这场运动得以大规模进行的重要原因之一就是作为网络社交平台的 Facebook 在其中发挥的作用:各个地方的家长自发地在 Facebook 上建立了网络社区,联合在一起集中表达对于标准化测试的反抗,并拒绝参加测试。笔者以"Standardized Test"为关键词,在 Facebook 的"小组"分类下进行搜索,共获得 99 个结果。[①] 每个"小组"中人数从最少的 36 人到最多的 21 909 人不等(见表 4－1)。

表 4－1　截至 2015 年底 Facebook 上"Standardized Test"小组的基本情况

人数区间(个)	2 001 及以上	1 501—2 000	1 001—1 500	501—1 000	1—500
小组个数	16	5	4	4	70
比　例	16.16%	5.05%	4.04%	4.04%	70.71%

在初步的统计基础之上,笔者又对拥有 2 000 人以上的 16 个大型"小组"的基本情况做了统计(见表 4－2)。

表 4－2　截至 2015 年底 Facebook 上超过 2 000 人的"Standardized Test"小组一览

小　组　名　称	人数(个)	性　质
家长和教育者反抗标准化测试(Parents and Educators Against Standardized Test)	21 909	封闭小组
选择拒绝标准化测试(Choose to Refuse Standardized Test)	20 906	封闭小组

---

① 这部分数据截至 2015 年年底。

续　表

小　组　名　称	人数(个)	性　质
家长和教师反抗标准化测试(Parents and Teachers Against the Standardized Test)	12 367	封闭小组
不做奴隶! 反抗标准化测试! (Don't Be Cattle! Fight Standardized Test!)	7 880	封闭小组
加利福尼亚反抗标准化测试(Californians Against Standardized Test)	6 363	封闭小组
犹他州反抗标准化测试(Utahans Against Standardized Test)	4 144	公开小组
标准化测试危机(Standardized Test Critics)	4 080	封闭小组
华盛顿州反抗标准化测试(Washington State Against Standardized Test)	3 492	封闭小组
俄亥俄州禁止标准化测试(Stop Standardized Test in Ohio)	3 010	封闭小组
佐治亚州禁止标准化测试(Georgians to Stop Standardized Test)	2 974	封闭小组
俄勒冈州禁止标准化测试(Stop Standardized Test in Oregon)	2 958	封闭小组
特殊教育支持禁止标准化测试(Special Ed Advocates to Stop Standardized Test)	2 944	封闭小组
马萨诸塞州禁止标准化测试(Stop Standardized Test Massachusetts)	2 600	封闭小组
亚利桑那州禁止标准化测试(Stop Standardized Test in Arizona)	2 381	公开小组
爱国者反抗标准化测试(Patriots Against Standardized Test)	2 244	封闭小组
反抗标准化测试图片(JPEGs Against Standardized Test)	2 186	公开小组

从这 16 个参与人数最多的社区小组中不难发现,对于标准化测试的态度都是否定的,并且在小组名称中也使用了"反抗""禁止"等感情色彩鲜明的词汇。即便是从所有 99 个社区小组的名称来看,绝大多数都是为了批判标准化测试而成立的。从这些小组的组织形式来看,大多数以所在的州进行联合,形成地方性的讨论组织。其他则是以人群进行划分,比如家长、教师等等,以此形成讨论组织。大多数小组是封闭性质,要加入就必须申请,获准之后方可发表意见以及查看别人的言论。而对于参与者进行一定程度上的审核和限制也能够保障讨论的质量。

在每个小组的首页,都可以发现相关的介绍,说明该小组的目标、功能、参与者和讨论的内容等。比如,在以家长和教育者为主要参与者的"家长和教育者反抗标准化测试"(Parents and Educators Against Standardized Test)的小组介绍中就指出:"在该小组中,家长和教育者汇聚在一起,共同分享有关反抗标准化测试的信息和观点。该小组将提供支持并帮助那些在全国范围内希望保卫孩子们所接受的教育的人们。请加入我们,分享你的经验观点和信息。同时,请向其他希望加入我们这个反抗团体的人们推荐这个小组。"在专门为加州公众进行声讨的名为"加利福尼亚反抗标准化测试"(Californians Against Standardized Test)的小组介绍中指出:"该小组的目的在于让家长、教育者以及其他相关的加州公众在一起讨论标准化测试,并且提出对此进行反抗的策略。标准化测试正在危害着孩子们接受的教育,并且侵犯了孩子们的隐私。该小组没有党派立场偏见,欢迎所有人在此发出抗议的声音。"而在从特殊教育角度进行讨论的名为"特殊教育支持禁止标准化测试"(Special Ed Advocates to Stop Standardized Test)的小组介绍中则指出:"这个小组致力于为关心接受特殊教育的孩子们的人们提供相关的资源,并会揭示标准化测试对这些孩子产生了何种影响。我们的目的不在于如何忍受标准化测试,而是要联合起来共同禁止标准化测试!请加入我们的讨论,分享你的观点。"[1]

如此看来,网络社交平台正在日益成为公众讨论教育问题、评论教育政策的重要场所。特别是相对报纸等出版物更为标准化、制度化的传统公共领域形式而言,网络社交平台代表着更加广泛的公众自由参与的公共领域。无论是在有关共同核心标准的争辩或者是针对标准化测试的反抗当中,还是针对其他的教育问题和教育政策,网络社交平台作为新型的公共领域形式在公众参与教育改革的实践中正在发挥着重要的、不可替代的作用。

随着反抗标准化测试声音的升级,以家长牵头组成的草根团体发起了一场通过拒绝参加标准化测试的形式而展开的社会运动,并逐渐发展到对于整个公共教育的保卫。在这场运动中,各州和各学区的家长、教师和学生们联合在一起,甚至形成一些大规模的跨州组织,通过网络社交平台这一新型公共领

---

[1]　参见各小组 Facebook 网络平台。

域形式相互联系、分享信息、表达观点、组织运动。如今，这场被称为"选择退出"（Opt-Out Movement）的运动已经蔓延至美国各州，对标准化测试的实施造成显著影响，进而也影响到标准化教育改革的推进。

第二节　"选择退出"标准化测试运动概览

　　21 世纪伊始，小布什带着他的"得克萨斯奇迹"入驻白宫，并凭借这一奇迹的光环迅速通过《不让一个孩子掉队法案》。所谓"得克萨斯奇迹"，指的是小布什在担任得克萨斯州州长时期执行的一项基于高风险测试的教育法案，通过这项法案，他成功地在全州范围内降低了辍学率，提升了学生的学业成就。他也因此自称为"教育总统"，并将这种改革模式在上任之后的教育法案中继续推行，即"通过一种前所未有地将教育权利向联邦政府集中的方式——赋权联邦政府干预教育目标和教育成就标准——在全国范围内正式推行标准化测试"①。《不让一个孩子掉队法案》不仅规定了在一些节点年份必须达到的学业标准，而且对未达标的学校提出惩罚措施。法案要求，那些无法保障学生学业水平提升的学校将被剥夺政府的教育资助，甚至被关闭，或者被特许学校和其他私人公司和管理机构接管。这一兼具联邦政府和企业市场化色彩的措施在颁布的一开始就让师生和学校人心惶惶、人人自危，但这仅仅是标准化测试在全国范围内推行的开始。

　　奥巴马上任之后颁布了《力争上游法案》，进而开始推行共同核心标准和共同评估测试。2011 年 8 月份，负责制订与共同核心标准相配套的测试内容的两个机构出版了与测试产品编订相关的文件。其中，SBAC 出版了《英语语言艺术内容图谱和说明》（*Content Maps and Specifications*），PARCC 则公布了两门学科的"内容框架"（Content Frameworks）。两份文件对新标准进行了细致的分析说明，强调了其中最为关键的概念以及对于学生学业成就进步的要求。这两份文件不仅有助于课程的设计和对于教师的指导，而且也意味着测

---

① Pepi Leistyna. Corporate Testing：Standards，Profits，and the Demise of the Public Sphere[J]. Teacher Education Quarterly，2007，Spring：64.

试产品的编订工作即将开始。这两份说明指导性文件提到,新的测试将于2014—2015学年正式实施。此外,新的测试将采用电脑机测的方式来弥补多项选择试题无法测试的内容,测试时间长达10个小时。

如今,美国绝大部分州和地区的地方政府已经采纳共同核心标准,进而参与到与此相关的共同评估测试当中。然而,仅仅在共同评估测试刚刚开始的几年时间之内,就已经有部分州表示要退出这项测试。盘点这背后的原因,既有学生对于高强度测试表现出的焦虑,有家长对于为应试而教学的不满,也有教师对于依据测试成绩进行问责的声讨,当然还有地方对于试题开发投资的要求入不敷出的无奈。不仅是地方政府在官方层面的表态,学生、家长、教师等民众也通过各种形式反对共同评估测试。从媒体的相关报道中可以看到,近两三年以来,家长和教师通过申诉、游行、公开辩论等方式要求取消测试,以此给教育部门施压。不仅如此,很多学生逐渐开始退出测试,并得到公众越来越多的支持,"选择退出"运动的影响力也越来越大。在这场运动中,家长、教师和学生们不仅仅是在拒绝参加以共同评估测试为代表的标准化测试,而是在表达着对于整个标准化教育改革的反对。他们联合在一起,以实际行动表示抗议,试图引起决策部门的重视。

实际上,反对高风险标准化测试(high stakes standardized test)的"选择退出"运动在2013—2014学年首次局部执行共同评估测试之前,就已经形成一股反抗的力量。随着各州逐渐将标准化测试的成绩与教师的评价联系在一起,学生应对考试的压力越来越大,尤其是随着共同评估测试正式拉开帷幕,这一草根运动的影响力在一两年之间骤然扩大。尽管联邦政府在《力争上游法案》中规定,如果一个学校只有不足95%的学生参加考试,那么将削减对该校的财政拨款,但是也没有影响"选择退出"运动在各州疯涨蔓延,各种名为"选择退出"的民间自发形成的团体组织纷纷展开了抵抗标准化测试的运动。

就运动开展最为激烈的纽约州而言,2014年春季,有6.7万名学生拒绝参加三至八年级的共同评估测试中的数学测验,4.9万名学生拒绝参加阅读测验,其中有一半的学生来自长岛。2015年,拒绝参加测试的人数增加到20万以上。根据该州"选择退出"测试运动的首要领导团体纽约州公立学校联盟(New York State Allies for Public Education)的统计,有15.6万名学生没有参加年度统一考试,而这个统计仅仅只是抽取了半数学区而得出的结果。在纽约州全境,2015 年应当有 1 100 万三至八年级的应试学生,这意味着,至少有 14% 的学生没有参加考试。①

在纽约州最初开始也是声势最大的长岛,罗克韦尔的中心地区有 60% 的学校出现学生退出三至八年级测试的状况,而在西塞内卡的布法罗地区,则有近 70% 的学校拒绝参加这一阶段的测试。罗克韦尔的教育总监克劳福德(Crawford)坦言,这些数字告诉我们,家长们对于孩子所参加的标准化测试表现出深深的关切和担忧。倘若这场运动持续的时间足够长,力度足够大,那么谁还能说这种行为是荒谬无果的呢?②

当然,纽约州不是唯一出现拒绝考试现象的地区,佛罗里达州、新泽西州、缅因州、新墨西哥州、俄勒冈州以及宾夕法尼亚州等地,都陆续出现对抗标准化测试的退出运动。

2013 年,佛罗里达州开始了"选择退出"标准化测试运动。最初,"选择退出"的现象发生在该州奥兰多的个别学区。然而,随着共同评估测试在该州的实施,反抗的力量持续增加,"选择退出"运动最终全面爆发。2014 年,已有超过半数的学区累计形成 40 多个"选择退出"运动团体。在新泽西州,虽然三至八年级的学生当中只有不到 5% 的学生拒绝参加考试,然而有近 15% 的高中生加入"选择退出"运动。即便是加利福尼亚州作为全国最大的公立学校系统的拥有者,并且在此诞生过多名支持标准化教育改革的民主党领导人,因而也许在最开始并没有爆出大量抵抗考试的新闻,但这可能只是因为州政府并没有将学生的成绩作为对于学校进行问责的指标,不过现如今也有报道指出,这里的公众也已经开始蠢蠢欲动。③

美国著名的教育研究机构——"公平与公开测试国家中心"(The National Center for Fair and Open Testing,简称 FairTest)曾在 2016 年 8 月汇总过各州主流媒体、民间教育机构和政府公告对于本地 2015 年参与"选择退出"标准化测

① Kelly Wallace. Parents All Over U.S. "Opting Out" of Standardized Student Testing [EB/OL]. http://www.cnn.com/2015-04-17/living/parents-movement-opt-out-of-testing-feat/. 2015 - 04 - 17.
② Christina A. Cassidy. Opt-Out Movement Accelerates Amid Common Core Testing [EB/OL]. http://www.huffingtonpost.com/2015-04-17/common-core-opt-out-testi_n_7090910.html. 2015 - 04 - 17.
③ 此部分资料来源于宾夕法尼亚大学教育研究生院 Francine Stephens 小姐的口头报告。

试运动的学生人数统计(见表4-3)。基于来自各州所调查公布的统计数据,
2015年全美总共有超过三分之二的公立学校的学生拒绝参加考试。FairTest
执行总监蒙蒂·内尔(Monty Neill)表示:"2015年的统计数据很可能低于真
实的情况,因为很多州拒绝把所有没有参加测试的学生人数完全公之于众。
来自草根组织的压力正在迫使政策制订者反思标准化测试的滥用问题。"该组
织的另外一位官员也声称:"如今的标准化测试前所未有地聚集了大量的家
长、学生、教师、教育管理者和社区领导参与到'选择退出'的运动当中。在
2016年的考试季,我们很可能看到更多的家庭参与其中,因为现行的大量不必
要的测试正在威胁着教育的质量和公平。"①

表4-3　美国若干州2015年度参与"选择退出"运动的学生数量统计②

地　区	人数(个)	统　计　来　源
纽约州	240 000	新闻媒体和纽约州公共教育联盟(NYSAPE)
新泽西州	130 000	新泽西焦点(NJ Spotlight)
科罗拉多州	100 000	粉笔节拍(Chalkbeat)和寻找樱桃溪(SEEK for Cherry Creek)
华盛顿州	50 000+	新闻媒体
伊利诺伊州	44 000	芝加哥论坛报(Chicago Tribune)
加利福尼亚州	20 386	教育资源(EdSource)
俄勒冈州	~200 000	新闻媒体
佛罗里达州	2 2200	奥兰多卫士(Orlando Sentinel)和新闻头条(News Leader Article)
康涅狄格州	11 200	新闻媒体
罗得岛州	10 300	州政府公告
新墨西哥州	10 000	新闻媒体
威斯康星州	8 100	威斯康星州期刊(Wisconsin State Journal)
路易斯安那州	~5 000	拥护者(Baton Rouge Advocate)
宾夕法尼亚州	4 600	里海谷生活(Lehigh Valley Live)

①② FairTest. More than 670000Refused Tests in 2015[EB/OL]. http://www.fairtest.org/more-500000-refused-tests-
2015. 2016-08-29.

不仅仅是单独的各个州层面上自行组织的"选择退出"运动，一些州还联合起来形成较大规模的草根组织，共同发起反抗运动。其中，影响最大的要数佛罗里达州、卡罗来纳州、马里兰州、华盛顿特区以及宾夕法尼亚州组成的"联合选择退出"（United Opt Out）组织。该州际性组织也成为其他很多地方性的草根组织参与"选择退出"运动的典范，这一点在本章也会有充分的论述。

对于这些组织及其开展的社会运动而言，网络社交平台的迅速崛起提供了巨大的支持，几乎所有地方性的、州一级的甚至是若干州联合的草根组织都充分利用了这一新的公共领域形式。这些用于大大小小"选择退出"组织内部和相互之间进行联合与互动的网络社交平台不仅对"选择退出"运动的信息进行及时分享，而且所有的用户都可以随时发表评论和相互讨论，甚至每次运动也都是由这些平台而组织发起的。

接下来将聚焦基于 Facebook 建立起来的草根组织以及组织中的关键人物，阐释他们是如何通过 Facebook 这一网络公共领域组织起有效的"选择退出"运动，参与到批判标准化测试甚至是保卫美国公共教育体系的过程当中的。

第三节 "为了我们的孩子"：长岛"选择退出"组织对抗标准化测试的实践

从 2011—2012 学年起，纽约州开始通过学生参加统一测试的成绩对教师进行评价，由此产生的焦虑感在学生和教师中逐渐增加。有人统计过，从学前教育开始到十二年级，每个学生平均要参加 113 场考试。家长、学生、教师和学校管理人员怨声载道。教师们要投入 30% 的时间在与考试相关的工作中，包括帮助学生准备应试，对考试结果进行反思，考试带来的压力让人们身心俱疲，这也促使了纽约州"选择退出"运动的迅速发展。本节将聚焦"选择退出"运动在纽约州的组织、开展状况，展现草根组织是如何通过网络社交平台 Facebook 组织起来并参与反对标准化测试的。

在纽约，声势最大也是最早大规模展开的"选择退出"运动发生在长岛。

·

仅仅就针对共同评估测试的反抗运动来看,2014—2016 年连续三年时间内,从 2 万多名学生迅速增长到将近 10 万名学生"选择退出"三至八年级英语语言艺术和数学两门学科的测试,以此对标准化测试和标准化教育改革表达抗议(见表 4-4)。发生在长岛的一系列运动的最初领导者是一位两个孩子的母亲,她利用网络社交平台将同样对标准化测试以及标准化教育改革持反对态度的公众汇集在一起,共同采取抗争行动。她就是珍妮特·杜特曼(Jeanette Deutermann)。

**表 4-4 长岛地区连续三年(2014—2016 年)"选择退出"
共同评估测试的参与情况统计①**

	2015—2016 学年	2014—2015 学年	2013—2014 学年
选择退出英语语言艺术测试的学生人数(个)	99 954	82 492	20 621
选择退出数学测试的学生人数(个)	94 898	83 539	22 247

一、网络社交平台的建立与组织成员的汇集

身为长岛"选择退出"运动最重要发起者的珍妮特出身于一个教育之家,她的姐姐和父亲都是教师。在她父亲教过的学生当中,甚至有人曾担任州教育管理部门的领导人。在很长一段时间里,他们定居在南卡罗来纳州,之后又搬回了纽约州的长岛,很重要的一部分原因来自对南卡罗来纳州公共教育质量的不满。基于个人的生活经验和教育背景,珍妮特成了长岛最早一批让自己的孩子"选择退出"饱受争议的州标准化测试的家长中的一员。这不仅仅是她一时冲动的个人行为,她还通过网络社交平台创立了"长岛选择退出"(Long Island Opt Out,简称 LIOO)小组,汇集了长岛甚至整个纽约州的家长共同反抗标准化测试。正是在她的努力之下,借助网络社交平台这一重要的公

---

① Jeanette Brunelle Deutermann. LI Refusal Spreadsheet［EB/OL］. https：//docs. google. com /spreadsheets /d /12MKPf7x8-Xym-sLwEH2XJNqR6cN6KMGzjFx25k4-_ug/edit?pref＝2&pli＝1#gid＝246053646.2016-04-15.

共领域形式,形成大规模的"选择退出"运动,将长岛变成一块重要的反抗标准化测试以及标准化教育改革的阵地。

曾经与珍妮特共事过的一位律师,同时也是纽约"华盛顿港支持公共教育"组织创始者之一的黛博拉·A.布鲁克斯(Deborah A. Brooks)在评价这场通过网络社交平台组织起来的社会运动时说,"昨天的我们完全互不相识,但是今天,我们就联合起来,为我们孩子的利益进行抗争"。另一位来自纽约韦斯切斯特县的"选择退出"运动的领导者丽萨·鲁德利(Lisa Rudley)评价珍妮特说:"她是一位伟大的领导人,懂得如何组建和培养组织关系,来激励其他人采取行动。她同时也是一位极具智慧的领导者,极富正义感,以一种前所未有的方式领导着'选择退出'运动。"①

作为两个孩子的母亲,珍妮特实际上和普通的家长并没有什么区别。丈夫在大通银行(Chase Bank)工作,收入可观,家庭幸福和睦。然而自从纽约州采取共同核心标准并随之采用新的共同评估测试之后,她发现自己的儿子常常心情沮丧甚至感到无助绝望。通过进一步观察,她看到儿子不时地会因为家庭作业而苦恼,有时候甚至不愿意去上学,而这是此前从未发生过的事情。于是,她判断儿子的变化一定与他在学校发生的事情相关。

她走访了任课教师和学校的心理健康教师,并与自己的儿子进行了深入交谈。他的儿子表示,自己很难理解课程内容,担心自己永远无法通过测试。而他所说的测试并不是正常情况下进行的测试,而是所有学生都在准备的被称为"年度专业表现考核"(Annual Professional Performance Reviews)的州测试。尽管这些测试并不具备"诊断性"(diagnostic),但是被用于对教师和学生进行评价。学校要求整年为这项测试作准备,然而只有30%的学生被评价为"优异"。不仅是自己的儿子,珍妮特在与其他家长接触的时候发现,很多人都注意到孩子那段时间的变化,曾经非常优秀的学生突然说自己不够好。针对这种情况,珍妮特认为,学校教育正在悄然沦为准备测试的工具。

刚意识到这一点时,珍妮特并没有立刻采取行动,直到有一天,学校张贴

---

① Jeanette Deutermann, Lisa Rudley. Standardized Tests Kill Learning：Opposing View [EB /OL]. http：//www. usatoday.com /story /opinion /2015 /08 /19 /standardized-tests-learning-public-education-editorials-debates /32000451 /. 2015－08－19.

出一份学生名单,要求名单上的学生必须每周至少两天提前一个小时到学校进行州测试的准备,而她儿子的名字也赫然在列。她把这件事情告诉了儿子,当他知道自己必须提前去学校作准备时,流下了伤心、委屈的泪水。"我的儿子看上去像是一个失败者,心情跌到低谷,不断地抽泣,这不是那个年龄的孩子应当表现出的情绪。"与此同时,她自己也感觉似乎被什么震慑到,于是对儿子说:"从地板上站起来,你不用这么做。"也正是从这一天开始,珍妮特决定要做些什么,不仅仅是为了自己的孩子,而是为了更多的学生。正如黛博拉·A.布鲁克斯所说:"这就是她组织起'长岛选择退出'运动的起点,她希望更多地分享信息、提供支持。"①

之后,珍妮特开始考虑如何采取行动,如何进行反抗。"我随意浏览Facebook,看到其中有一篇文章介绍了一群来自纽约州北部的家长成功地让他们的孩子没有参加当地举办的统一测试。这篇文章引起了我的注意,我想这也许是一个可行的办法。于是,我告诉我的儿子,你不仅不用为测试作准备,而且再也不用参加这项测试了。"在此之前,她的儿子时常抱怨有胃部阵痛的症状,医生诊断这一病情与焦虑有关。然而自从她这么跟儿子说了之后,儿子的胃痛也随之消失了。②虽然儿子的问题暂时得到解决,但是她知道还有更多的孩子因为标准化测试的压力而痛苦不堪。于是,她决定进一步将自己的反抗深入下去。

珍妮特查阅了联邦政府是如何使用数十亿美元来资助甚至"贿赂"(bribe)各州实施一项新的、未经实验的教育计划——共同核心标准。这项计划是崭新的,事实上,连相关的教材都还没有。实际上,宪法禁止联邦政府实行自行开发的课程。但是联邦政府却表示,只有那些实施这项标准的州,才能够获得资助。对于纽约州来说,这笔资助高达7亿美元。这笔可观而诱人的资助足以让州教育管理部门强迫实施与此相关的标准化测试——共同评估测试。"虽然联邦政府声称,你有权利选择不采纳共同核心标准,但这仍然是垄断行为,同时也迫使你不得不参加与之相关的标准化测试。因为,他们拿着几十亿美元在那儿诱惑着你。"珍妮特说,"新的标准化测试中的题目包括大量的

---

① ② Valerie Strauss. Her Son Began Hating School, What Happened When She Found Out Why[N]. The Washington Post, 2015 − 09 − 28.

选择题,答案是唯一的。我开始思考这种考试究竟意味着什么,为何会产生,谁又是决策者。"①

通过对标准化测试试题的研究,珍妮特发现了越来越多的问题。于是,她联系到"联合选择退出"(UOO)这个组织,作为负责人之一的佩吉·罗伯逊(Peggy Robertson)把她介绍给了一位名叫克里斯·切罗内(Chris Cerrone)的纽约北部中学的教师。珍妮特提出,她不想让自己的孩子参加测试,希望知道应该怎样做。克里斯·切罗内告诉她,如果想让自己的孩子拒绝参加考试,那么就首先要向学校的管理者递交一封拒绝函,表示家长要求孩子拒绝参加考试。这样,最终的分数则会被记为"999",而这个数字就意味着"选择退出"标准化测试。事实表明,如今"999"已经成了纽约州各个学校用于标记"选择退出"学生的考试分数的代号。②

之后,珍妮特向很多家长、教师和校长进行宣传,告诉他们如何能够拒绝参加考试。很多人都表示了对于她的支持,认为整个标准化测试就是胡闹。于是,这更加坚定了她将反抗斗争施行、扩大下去的决心。她想到了最初给予她启发的 Facebook,觉得可以利用网络社交平台来联合有志于参与"选择退出"运动的人们。为了建立一个 Facebook 小组,她需要为这个小组取一个名字,于是"LIOO"便诞生了。"我现在还记得取名时候的想法。我不想让这个名字听起来充满争议,好像是我在强迫其他人必须怎样做。我只是希望能够为那些有需要的人们提供必要的信息。"③

LIOO 在 Facebook 正式落户之后,就像"病毒繁殖"一样扩散开来。几天之内,参与的用户数量就超过了 500 人次;几周之后,便多达 1 000 人次。随着人们越来越多地了解了"999"这个代码,这个小组很快就超过了 2 万个用户。"就像连锁反应一样,随着共同核心标准在整个州广泛实施,不仅是长岛居民,全州的人都开始加入 LIOO 小组以及其他相关的 Facebook 小组中。"黛博拉说。④

① Valerie Strauss. Her Son Began Hating School, What Happened When She Found Out Why[N]. The Washington Post, 2015 - 09 - 28.

② Gonzalez. Surge of the Opt-out Movement Against English Language Arts Exam is Act of Mass Civil Disobedience [EB/OL]. http://www.nydailynews.com/new-york/education/gonzalez-opt-out-movement-mass-act-civil-disobedience-article-1.2188586. 2015 - 04 - 16.

③④ Scott Brinton. Jeanette Deutermann: Mother, Activist, Education Reformer[EB/OL]. http://liherald.com/stories/Jeanette-Deutermann-Mother-activist-education-reformer,75193. 2015 - 12 - 30.

珍妮特在谈到自己创办的 LIOO 这个 Facebook 小组时表示,"最初的一年主要是进行信息的分享,我必须得让家长知道正在发生些什么。很多学校甚至没有提前发出有关测试的通知,家长并不知道他们的孩子要参加测试。"她还说,"当人们清醒了,便形成了舆论空间。家长们开始了解到可以通过拒绝参加测试的方式表达抗议,然而此前绝大部分家长并不知道应当如何表示反对。那时候,他们还没有习惯向学校提出质疑,而是习惯把自己的孩子送到学校参加测试。"①不仅仅是家长,珍妮特觉得还需要教师的参与,教师也应当针对标准化测试表达出心声,参与到"选择退出"的运动中来。从分享信息到组织运动,LIOO 小组成了当地"选择退出"运动的枢纽,家长和教师从中知道发生了什么、自己应该怎样做。

在 LIOO 平台上,珍妮特汇集了一群志同道合者,传播和讨论身边发生的事情和相关信息。作为这一网络平台管理者的珍妮特对于接收这些成员的标准非常简单,要求参与者必须能够而且愿意共同商议、解决自己或者他人遇到的教育问题,相互之间必须信任,而且彼此尊重,即便相互之间观点不同。只要能满足这一条件,LIOO 便会向他敞开大门。②

二、领导长岛地区的"选择退出"运动

1. 号召和指导公众参与"选择退出"运动

作为 LIOO 的创建者,珍妮特从一开始便在网络平台上发布有关"选择退出"运动和与抗议标准化测试相关的信息,宣传标准化测试和共同评估测试的弊端、鼓励公众参与到这场运动当中。

2013 年初,她在 LIOO 小组中发布了一篇题为《我们想要什么?》(What do we want?)的帖子号召大家团结起来反抗标准化测试。她在描写当下学校教育的情景时指出:"很多小学生抱怨不想去上学,希望能够待在家里,甚至是哭泣着祈求。而学校里的教师也在苦苦寻求一种平衡,既要照顾到频繁且严格

---

① Susan Ochshorn. Jeanette Deuterman Leads an All Star Team for the Whole Child[EB/OL]. http://ecepolicyworks. com/jeanette-deutermann-leads-an-all-star-team-for-the-whole-child/. 2016 - 06 - 27.

② 详见:https://www.facebook.com/groups/Longislandoptout/.

的测试,以此来维持自己的职业,同时又要关注到孩子的全面发展,然而这似乎显得越来越不可能。放学之后,甚至是年仅 5 岁的孩子都要花费几个小时的时间去完成共同核心标准中英语语言艺术和数学学科的作业,他们常常沮丧着哭泣,然而家长们也只能无奈地看着,而无法给予安抚。残酷的现实要求我们必须作出反抗！我们希望创造力能够重新回归课堂,而不是只有既定的文本。我们希望学校充满音乐、艺术和戏剧,这些通常才是解放孩子思想的途径,让他们能够走向充满创造力的世界。我们希望自己的孩子获得适当的挑战,而不是处于无限的沮丧当中。我们希望更多的科幻文学作品和充满创造性的写作,而不是结构性的写作任务,只是让他们应对考试,而淹没了未来的文学家。我们希望更注重科学和社会研究,而不仅仅是将这些内容作为英语语言艺术学科的附庸……"在道出家长心中对学校教育的若干心声之后,她又呼吁家长们采取进一步的措施。"我们的孩子将不会参加纽约州三至八年级测试,直至一切变得好起来。LIOO 目前已有超过 15 000 名的家长和教师,我们有着共同的目标,应当团结起来。为了我们自己的孩子,也为了我们周围的孩子,还有那些他们的父母尚未行动起来的孩子……"①

在这番热血沸腾的请愿誓师之后,珍妮特在随后的帖子中提供了有关参加"选择退出"运动具体过程的指导,让更多的家长知晓切实可行的操作办法,并且回答了一些家长和教师关注的主要问题,打消了他们的顾虑。

"如果决定参加'选择退出',那么就要向孩子的老师或者校长提前递交'拒绝信'(Refusal Letter)。在考试的当天,这部分学生将会被带到学校的其他场所(图书馆或者餐厅),允许他们安静地阅读或者做作业。他们将由专人监管,直至考试结束。他们的成绩将会被记作'999',以此表明他们拒绝参加考试。然而,教师不用为这些孩子担心,因为他们的成绩将不会用来作为评价教师的依据。家长也不用担心孩子之后的前途会因此受到影响,因为这个记录不会影响孩子们参加其他学校活动的机会,也不会出现在他们的成绩册当中,而伴随着他们进入中学。"②帖子中解答的其他一些常见问题还包括标准化

① 详见：https://www.facebook.com/groups/Longislandoptout/.
② NYSAPE. Guide to Refusal Policies and How to Handle Each Situation[EB/OL]. http://www.nysape.org/uploads/1/8/7/4/18747290/guide_to_refusal_policies.pdf. 2013-03-12.

测试的性质、共同核心标准对标准化测试的影响、所有的标准化测试是否都可以或者应该拒绝以及学区管理机构是否会接受家长的退出请求，等等。

为了方便家长更好地参与其中，珍妮特还将"拒绝信"的模板公布在网上，包括"K至十二年级"阶段、"三至八年级"阶段和"九至十二年级"阶段三个版本。此外，她还公布了一些与长岛教育部门相关的联系方式和网站以及其他一些"选择退出"机构的 Facebook 账号，为小组成员提供更多了解信息的渠道。

2. 分享即时信息，引发互动交流

珍妮特几乎每天都会在 LIOO 上原创或者转发一些有关公共教育、共同核心标准和标准化测试的帖子，为组内成员提供及时的信息或者引发大家在评论当中的探讨。这当中既有长岛地区教育董事会选举进程的消息以及董事会作出的一些与标准化测试有关的决策，也有长岛一些学区内进行的"选择退出"讨论和运动进展，还有共同核心标准中一些受到关注的问题以及就此表达的各种观点等等。

比如，当 2016 长岛"选择退出"运动正在筹划时，珍妮特在 LIOO 上发布了一篇帖子，爆料了一些学区的管理者和部分学校校长对"选择退出"运动进行抵制的现象。"据我所知，长岛有三个学区的家长已经发现让自己的孩子退出考试正在变得非常困难。在埃尔蒙特（Elmont）和弗里波特（Freeport），我已经看到很多由当地教育管理者发出的恐吓家长而让他们改变拒绝参加考试的想法的通告。一些由学校参加的家长会议甚至是校长亲自给家长打去的电话使得很多家长流下了眼泪。而在东莫里切斯（East Moriches），在那些让孩子拒绝参加考试的家长面前，支持孩子参加考试的家长受到校长的大加赞赏。这些可耻的行为必须被禁止。"[①]

在这篇帖子发布之后，很多小组成员纷纷留言进行评价和讨论。很多人首先表达了对此的谴责，称这些抵制是"无耻的"（disgusting）、"绝对错误的"（absolutely wrong），学区管理者和校长"应该为自己的行为而羞愧"（should be

---

① 详见：https://www.facebook.com/groups/Longislandoptout/.

shamed of themselves）。有人则爆料了长岛其他一些学区发生的抵制"选择退出"运动的情况，比如有评论提到，在希克斯威尔（Hicksville）小镇，一些学校的校长甚至没收了家长会递交的有关"选择退出"的信件，并且公开表示对标准化测试的称赞。当然，也有人针对这些恐吓和抵制的行为提供了对策。"家长们应该知道宪法是支持你们的，修正案第五条就是依据。告诉学校如果继续抵制、继续实行恐吓的话，你就会联系律师保护你作为家长的权利。"①

除此之外，还有位母亲在评论中谈到，自己正准备第二天提交"拒绝信"，在看到珍妮特的这篇帖子之后感到非常紧张，然而立刻就有很多人对她进行了鼓励。"不用紧张！寄出你的信，不要让任何人告诉你不能这么做！""不用紧张。我为你的决定感到骄傲！""尽快寄出你的信，没有关系的。他们不会对你和你的孩子做什么，请和我们一起高昂头颅"……这位母亲在最后的回复中也激动地说："非常感谢各位，我感到自己不是孤身一人！"②

从珍妮特的这篇帖子及其评论当中我们可以感知到，每年的"选择退出"运动都要经历一个艰难的过程。因而，当每年的共同评估测试和其他形式的标准化测试结束之后，珍妮特都会在 LIOO 小组中发帖，对家长们的行动表示赞赏和鼓励，感谢大家为这场持久的社会运动而付出的努力。比如 2016 年，当共同评估测试刚一结束，珍妮特在 LIOO 中就专门向所有参加当年长岛"选择退出"运动的家长发表了感言。她指出："长岛的家长们正在参与的是美国有史以来最有力、最成功的一场社会运动，家长们通过参与这场运动向孩子们展现了如何成为一个民主社会的公民，告诉了孩子们公民表达反抗的声音以及同一些错误的事情进行对抗具有什么样的重要意义。草根运动依靠普通群众，我们已经向全国展现了当家长、教师和学生们为了同一个目标团结起来会怎样。为你们自豪！向你们表示感激！"③

在这篇帖子之后的留言当中，很多人也向珍妮特表达了感谢。一位名叫贾米（Jamy）的教师指出："感谢你为家长和教师们做的一切，你给予了我们教师迫切需要的希望。来自众多家长和你个人的支持证明了我们能够成就公共教育的未来。感谢你对于公共教育的支持，我们还有很长的路要走，但是我们

①②③　详见：https://www.facebook.com/groups/Longislandoptout/.

已经拥有了在这条路上前行的伟大领袖。"一位名叫贝斯(Beth)的母亲也说道:"感谢你的组织、激励和鼓舞,你给予了我们为正确的事情起身反抗的勇气。"还有人说:"你已经向全州展示了民主是什么样的,告诉了我们家长拥有的选择权。感谢你所做的一切,这将使我们所有的孩子受益终身。"①

除了感谢之外,一些评论则是提醒在共同评估测试的数学和英语语言艺术考试之后,还有其他一些学科和其他类型的标准化测试即将开始。有人说,"不要忘了还有四年级和八年级的科学考试即将到来,这项考试是多么的荒谬。八年级的试题覆盖了五年级到八年级所学的全部内容,在一场考试中要求学生记忆4年的内容,这是多么大的压力啊!"还有人提醒道:"警惕还有很多的测试,而且这些测试还要被用来评价教师。"③

同样作为一位共同评估测试的反对者的洛克威尔中心学区总监比尔(Bill Johnson)博士在评价珍妮特的行动时说:"她做了一件无法比拟的事情——把家长们联合在了一起。她知道如何运用网络社交平台把其他学区的人们联系在一起,知道如何聚焦家长们共同关注的核心问题,吸引他们的注意。"②正是在珍妮特的努力之下,LIOO组织的参与人数越来越多,因而也有越来越多的人关注并集中在一起共同参与到长岛"选择退出"运动当中。也正是在珍妮特所创造的这个信息分享以及共同讨论的话语交互空间之中,小组成员面对共同的话题展开讨论,为面临的困难相互鼓励与帮扶,为阶段性的胜利相互庆祝,同时也在相互的激励之中为一轮又一轮的斗争而不断地努力着。

三、影响力的扩大和自身权利的保卫

不仅仅是在网络平台上持续吸纳新成员、进行信息的分享和运动的号召与指导,珍妮特还会寻找各种外在的机会扩大LIOO的影响力,寻求对于LIOO行动的支持。

---

①② 详见:https://www.facebook.com/groups/Longislandoptout/.
② Scott Brinton. Jeanette Deutermann:Mother, Activist, Education Reformer[EB/OL]. http://liherald.com/stories/Jeanette-Deutermann-Mother-activist-education-reformer,75193?page=3&content_source=. 2015-12-30.

1. 从 LIOO 领导者到 NYSAPE 委员

由于 LIOO 在网络社交平台和实践中的巨大影响,珍妮特的名气也很快在整个纽约州传开。2013 年的夏天,纽约州的家长们纷纷聚集到首府阿尔巴尼(Albany)的一个教师联盟中心,珍妮特也在其中。此次会议决定成立纽约州公共教育联盟(New York State Allies for Public Education,简称 NYSAPE),作为纽约各地"选择退出"运动组织的总部。珍妮特身为长岛的代表、以 LIOO 领导者的身份被推选为委员会委员之一,其他被选出的大多数委员也都是家长或者教师。除了珍妮特代表的 LIOO 之外,该联盟还涵盖了来自纽约州首府地区、纽约州中心地区、纽约州北部阿迪朗达克地区和哈德逊山谷地区、纽约市区、长岛地区、西纽约州地区等以区域划分的组织。

NYSAPE 并没有固定的实体办公地点,而是通过建立网站和 Facebook 小组、Twitter 小组的方式在网络上发布信息、组织运动。在该组织中的简介中写道:"我们是一个网络组织,由一群顽强的公共教育的支持者组成。我们有着共同的信念,当前太多的测试,在没有得到家长允许的情况下不合时宜地收集学生隐私性的数据威胁着学生、学校和我们整个州的未来。"①

此外,该联盟也在网站的首页表明了自己的任务和主要针对的教育问题:(1)过多的标准化测试耗费学生四分之一的在学时间,教师也被迫为测试而教。花费了数十亿美元教会学生答案是唯一的,并且剥夺了他们学习的乐趣。(2)孩子们的个人信息被储存在大的数据库中,并在没有得到家长许可的情况下提供给私人公司使用,而且使用之后也没有及时从数据库中删除。(3)本联盟还将联合纽约州各地的组织共同采取行动,让纽约州的教育变得更好。

在经历一年时间的准备筹划之后,NYSAPE 开始组织进行保卫公共教育和抵抗标准化测试的运动。借助 NYSAPE 平台,珍妮特也更为积极活跃地领导着长岛以及整个纽约的"选择退出"运动和其他相关的反抗活动。就在2014 年共同评估测试刚刚结束之后,在珍妮特等人的带领组织下,NYSAPE 同"拯救我们的学校"(Save Our School)、"改变风险"(Change the Stakes)、

---

① 详见：http://www.nysape.org/about-us.html.

"公平测试"（Fair Test）以及"公共教育学生联盟"（Students United for Public Education）等组织召集了数千群众共聚纽约市，从曼哈顿市政厅公园游行至纽约市教育局，展示宣传并庆祝他们这些由家长、教师、律师等公众联合起来的草根团体为保卫公共教育作出的努力。珍妮特召集了部分 LIOO 成员参加了此次游行，并在游行开始之前的讲话中指出："这是令人难以置信的一年，整个纽约州的家长联合在了一起，立场鲜明，让当权者知道我们没有袖手旁观，任由公共教育遭到侵害。"①此次游行也被看作当年纽约州反抗标准化测试运动的顶峰。

与此同时，珍妮特所在的 NYSAPE 也于当年对纽约州教育董事会（Board of Regents）的参选者有选择地进行支持，以此争得更大的影响力和更多的话语权力。珍妮特在 NYSAPE 的网站上表示："在经历了前任教育长官金（King）引起的前所未有的公众反抗之后，我们相信这几位参选者有能力把我们州的教育带入一个新的时代——让我们的学校更强大，而不是毁了它。"②同样也是从 2014 年起，珍妮特开始领导 LIOO 举荐、支持长岛地区的教育董事会参选者。在不到两年的时间里，LIOO 支持的范围从 2014 年 26 个学区中的 42 名参选者增加到 2015 年 41 个学区中的 75 名参选者，这些参选者都表达了对于共同核心标准以及共同评估测试的批判态度。珍妮特说："在去年（2014 年）的时候，我们所支持的一些参选者还在怀疑我们的支持是否能够有利于他们的参选，然而今年（2015 年）有很多参选者主动希望得到我们的支持。"③在选举日之前的一段时间内，她就会在 LIOO 上介绍部分参选者的信息，并号召小组成员投票支持。来自长岛大学的阿诺德（Arnold Dodge）教授称："今非昔比，我觉得各地的教育董事会成员们都已经明白，如果他们不和'选择退出'运动的组织站在一边，他们就没法在办公室里再待下去了。而那些对共同核心标准和共同评估测试持反对态度的参选者很可能

---

① NYSAPE. Advocacy Groups Unite to March in Support of Public Education［EB／OL］. http：／／www.nysape.org／advocacy-groups-unite-to-march-in-support-of-public-education.html. 2014－04－16.

② NYSAPE. NYS Allies for Public Education Endorses Full Slate of Candidates for the Board of Regents［EB／OL］. http：／／www.nysape.org／nysape-endorses-full-slate-of-candidates-for-the-board-of-regents.html. 2014－01－31.

③ Joie Tyrrell. Number of School Board Candidates Opposing Testing Grows［EB／OL］. http：／／www.newsday.com／long-island／education／number-of-school-board-candidates-opposing-testing-grows-1.10443583. 2015－05－17.

赢得最后的胜利。"①而 2015 年最终的选举结果显示,在这 75 名受到 LIOO
支持的参选者中,有 53 人当选。这些人的当选意味着在长岛教育决策过程
中,LIOO 的利益诉求将更为充分地得到表达,"选择退出"运动的开展也将更
多地引起教育部门的注意和反思。

2. 捍卫 LIOO 的合法权利

然而,LIOO 组织的逐渐壮大和运行并不是一帆风顺的,有时候也会受到
来自政府教育部门和其他一些标准化测试支持者的制裁或者反抗,但是珍妮
特和 LIOO 并没有让步妥协,而是不卑不亢地给予适时的回应。

随着纽约州乃至全国"选择退出"运动愈演愈烈,有越来越多的家长和学
生拒绝参加共同评估测试。2015 年底,联邦教育部陆续向 13 个州发文要求解
决标准化测试参与率过低的问题,其中就包括纽约州。文中重申了年度标准
化测试的重要性,并且警告如果达不到 95% 的参与率的话,联邦政府将会撤销
部分教育经费资助。② 为此,珍妮特以 LIOO 领导人和 NYSAPE 委员的身份向
联邦教育部和纽约教育局进行了回应。她在信中写道,标准化测试从来就不
是作为对于学生的支持而实施的,相反,其目的在于惩罚,这就是当前教育改
革最为致命的缺陷。没有任何一条法律允许强迫孩子们参加测验;对于强制
学生参加考试的制度,家长也有权利让孩子不参加;也没有任何法律、经济制
裁或者其他惩戒是可以以牺牲孩子们的利益而实施的。当前,纽约处于《不让
一个孩子掉队法案》豁免之中,直到 2016 年《不让一个孩子掉队法案》被取代
之后才会失效。因此,没有任何制度和法律能够提供因为不参加标准化测试
的学生人数过多而削减对于纽约教育经费的联邦拨款的依据。家长们不让孩
子们参加标准化测试不应当遭到制止和惩罚,联邦教育部没有权利,纽约州教
育局也没有权利。③ 在这封长达 6 页的回信中,珍妮特言辞犀利、据理力争,捍
卫 LIOO 以及整个纽约州参与"选择退出"运动的家长和孩子以及整个州享受

---

① Joie Tyrrell. Many Candidates Endorsed by LI Opt-Out Group Win Seats[EB/OL]. http://www.newsday.com/long-island/many-candidates-endorsed-by-li-opt-out-group-win-seats-1.10452800. 2015－05－20.
② Andrew Ujifusa. Education Department Asks 13 States to Address Low Test-Participation Rates[EB/OL]. http://blogs.edweek.org/edweek/campaign-k－12/2015/12/twelve_states_asked_to_address.html. 2015－12－23.
③ 详见：http://www.nysape.org/uploads/5/4/8/0/54809863/letter-usdoe-funding010516.pdf.

联邦教育经费拨款的权利,给予联邦教育部和州教育局有力的还击。

　　珍妮特和 LIOO 面临的不仅仅有来自联邦政府的公开威胁,还要应对来自网络社交平台上的明争暗斗。在 2016 年的共同评估测试刚刚结束之后,珍妮特以及部分其他与"选择退出"运动相关的网络草根组织的创建者发现自己无法在组内进行发帖或者评论,而且她在 LIOO 中发布的所有帖子都被删除了。而就在被 Facebook 屏蔽的当天,珍妮特正好在南卡罗来纳州宣讲如何通过网络社交平台发起、壮大"选择退出"运动,这使得她格外愤怒。"问题在于我在 LIOO 中发的所有的帖子都被删除了,那都是我花了很多时间去写的。我把这些写好的东西放在网上,很多人都会去阅读和转发,但是现在都没有了,而我也没有副本。"珍妮特说:"我希望这一切都是暂时的,等我回到长岛的时候都能够重新恢复。"①

　　人们很快发现,被屏蔽的包括珍妮特在内的 5 位与"选择退出"运动相关的 Facebook 小组的领导者都不约而同地转贴了一篇源自《华盛顿邮报》上一篇有关"为美国而教"(Teach for America)组织的文章。这篇文章称"为美国而教"在招聘教师方面遭受的困难越来越大,在过去的 3 年之内缩减了 35% 的申请者。② 而"为美国而教"的立场恰好是支持共同核心标准和特许学校的,并且因此获得来自联邦政府以及"盖茨基金会"(Bill and Melinda Gates Foundation)数十亿美元的资助。更为巧合的是,Facebook 创始人扎克伯格的妻子普蕾希娅(Prescilla Chan)恰好正是"为美国而教"的成员,也对该组织进行过多次大量的慈善捐助。这就不得不令人将这次屏蔽事件与共同核心标准的支持者们联系在一起,珍妮特的意见也暗示了她的这种怀疑,"想要把某人从 Facebook 中屏蔽 24 个小时并不是那么容易的一件事情,Facebook 应当好好做一个解释"。③ 而最令她感到担心和后怕的是,如果这次屏蔽时间发生在刚刚过去的共同评估测试之前,他们将如何组织这一年的"选择退出"运动。

① Claude Solnik. LI Opt Out Leader Blocked from Posting on Group's Facebook Page[EB/OL]. http：//libn.com/2016/04/17/li-opt-out-leader-blocked-from-posting-on-groups-facebook-page/. 2016－04－17.
② Emma Brown. Teach for America Applications Fall Again, Diving 35 Percent in Three Years[EB/OL]. https：//www.washingtonpost. com /news /education /wp /2016 /04 /12 /teach-for-america-applications-fall-again-diving-35-percent-in-three-years/?utm_term＝.61f3362a08a2. 2016－04－12.
③ Claude Solnik. Five Opt Out Leaders Back on Facebook, Two More Banned[EB/OL]. http：//libn.com/2016/04/19/five-opt-out-leaders-back-on-facebook-two-more-banned/. 2016－04－19.

至此,我们已经可以清晰地看出纽约州"选择退出"运动是如何通过以网络社交平台为基础的草根组织而展开并且不断扩大的。LIOO 的具体实践展现了草根组织利用网络社交平台的强大功能,将更多的人联系在一起共同展开反抗标准化测试的社会运动。不仅如此,"选择退出"运动在对标准化测试的反抗之外更深刻的意义在于对美国当下的整个公共教育改革状况的不满。这场社会运动随着"选择退出"内涵的深化,将矛头对准了美国的整个公共教育体系。依靠着网络社交平台的作用,更多的参与者加入了相关的草根组织当中,揭露了更多的教育问题,表达了更多的教育诉求,使得这场社会运动的意义更为丰富立体。

第四节　超越标准化测试:"联合选择退出"组织保卫公共 教育的尝试

上文中提到的 LIOO 的斗争主要是出于运动的发起者和参与者对他们自己孩子的教育命运的担忧,运用 Facebook 建立了网络草根组织,并通过信息分享、号召和宣传,组织了有效的讨论和运动。我们从中发现,LIOO 在建立组织、展开运动之初受到一个叫作"联合选择退出"(United Opt Out,简称UOO)组织的影响。特别是 LIOO 的创建者珍妮特直接联系到 UOO 发起者之一的佩吉,并得到她的帮助指导。实际上,这个成立于 2011 年的组织如今已经成为"选择退出"运动中的一支最为强大的力量,影响力覆盖整个美国。

不过,UOO 的宗旨并不仅在于鼓励学生拒绝参加标准化测试,其更重要的教育关怀在于通过"选择退出"标准化测试的方式表达保卫美国公共教育体系的宏大愿望。UOO 管理组成员之一的莫尔纳·麦克德莫特(Morna McDermott)曾说过,成就公司、"优异教育的基础"(Foundation for Excellent Education)、"商业圆桌"以及像 ACT 这种测试公司推动并合力促成了共同核心标准和一系列的标准化测试,以此争取他们自己的教育和商业利益,为了他们自身的需要对教育的成果和学生的学业成就进行

"微观管理"（micromanage）。① 此外，也有人分析了企业是如何插手教育改革，并一步步将其私有化，进而满足自身利益的。"联邦政府滥用一系列有侵略性的手段颁布改革方案，并支付给与政府合作的公司大量的资金，供他们搜集在共同核心标准和共同评估测试实施过程中的数据。当学校、学生与教师在达到预期标准的评价中被认定为'不合格'（fail）时，这些公司和富豪就会向那些对公立学校进行私有化的改革措施进行资助，以此获益。"②

由此看来，反抗标准化测试与保卫美国公共教育体系免遭市场逻辑的侵蚀从某种程度而言是表与里的关系。若从 UOO 的观念来看，共同核心标准以及以共同评估测试为代表的众多类型的标准化测试是美国公共教育企业化、市场化和私有化的具体表现，威胁到的是整个美国公共教育体系。因此，尽管都被称作"选择退出"运动，但是 UOO 的关怀在此基础之上更进一步，更深一层。可以说，保卫美国公共教育体系的初衷是 UOO 相较 LIOO 而言的一个较为显著的区别。因此，本部分在展现 UOO 的建立过程——尤其是组织宗旨和任务框架的拟定过程，如何通过 Facebook 组织发起反抗标准化测试的实践之外，还将关注 UOO 是如何通过 Facebook 号召公众参与到保卫美国公共教育体系的社会运动当中的。

一、以拒绝标准化测试开启保卫公共教育体系的斗争

这个以"选择退出"为名的组织看起来似乎以鼓励拒绝标准化测作为主要的活动形式，不过其理想不仅于此，而在于保卫甚至是拯救美国当前的公共教育体系。其中，标准化测试尤其是如今的共同评估测试是最为突出的矛盾，因而也成为 UOO 反抗实践的基点。在 UOO 的官网首页上就赫然标志着其宗旨——终结企业化教育改革（End Corporate Education Reform），并写着："我们要求拥有一个拨款公平的、以民主为基础的、反对种族歧视的公共教育体系，

① McDermott, M. The Pearson Follies Part I［EB／OL］. http：//educationalchemy.com /2013 /07 /01 /the -pearson-follies-an-ongoing-saga/. 2013－07－01.
② Bernstein, K. So Why do Hedge Funds so Favor Charter School?［EB／OL］. http：//www.dailykos.com /story /2013/02/15/1187346/-so-why- do-hedge-funds-so-favor-charter-schools. 2013－02－15.

能够让学生们为实践同情和批判的公民道德而作好准备。"①然而这一宗旨对于最初以反抗标准化测试为主要手段的 UOO 来说，在建立之时并非如此，而是经由参与者在 UOO 的 Facebook 上的讨论以及几位管理者的商榷而逐渐确立的。

1. 建立 Facebook 组织，确定组织宗旨和任务

UOO 的建立要从两位组织中的关键人物说起，她们最初通过邮件的联系决定要建立一个 Facebook 平台，为家长提供"选择退出"标准化测试的支持。同为"教师领导者网络"（Teacher Leaders Network，简称 TLN）成员的佩吉和莫尔纳，在 UOO 建立之前，她们除了通过 TLN 的邮件群（TLN listserv）联系交往之外从未谋面。2011 年 8 月 11 日，佩吉在 TLN listserv 中群发邮件描述了美国公共教育正在发生的一些变化以及家长的心声，诸如"一些地方的学生会失去他们的音乐教师，但是却多了 52 项新的标准化测试"，一些家长抱怨道，"你想让我的孩子为了 2.5 亿美元的拨款而被迫参加标准化测试，并以废除课程当中更多有意义的东西为代价？想让我的孩子离开公立学校而到'备考学校'去学习？不，谢谢！我希望的公立学校是能够为我的孩子提供完整教育的地方。"②

之后，佩吉声称希望建立一个 Facebook 小组，家长能够从中下载资料并且进行发言，通过"选择退出"标准化测试的形式来遏制当时公共教育存在的一种私有化的趋势。因此，她呼吁邮件群里的成员能够和她一起为这个组织取一个名字、一个有杀伤力的口号以及贡献更多的相关信息。

很快，莫尔纳回复了她，表示支持她的做法。她在回信中指出："与其他的 Facebook 小组和网站不同，她们现在所做的是将各州的家长和志同道合的公众联合起来，共同商议'选择退出'运动以及其他形式的抗议活动。"与此同时，她还提供了一些相关的网站网址，建议佩吉可以添加到她建立的 Facebook 以及网站当中，这样会让家长相信他们的言论和做法并非只是他们个人的抱怨。

---

① 详见：http://unitedoptout.com/about/.
② Morna McDermott（Ed.）. An Activist Handbook for the Education Revolution[M]. Charlotte，NC：Information age publishing，2015：57.

之后,两人继续在邮件中商讨,又选择出了几位合适的人选作为组织的管理者。经由莫尔纳的牵线,曾有建立和管理反抗标准化测试 Facebook 经验的肖恩·约翰森(Shaun Johnson)加入其中,并协助拟定了组织的名称。在佩吉的引荐下,因在博客上讲述他如何让自己的儿子拒绝参加宾夕法尼亚州标准化测试经历的蒂姆·斯莱卡尔(Tim Slekar)也加入其中。而蒂姆本人就是宾夕法尼亚州一所大学的教师,其研究领域之一就是教育改革,而且也曾建立过批判高风险测试的个人 Facebook 主页。此外,塞莱斯塔·史密斯(Ceresta Smith)和劳里·莫非(Laurie Murphy)这两位 2011 年 7 月在华盛顿举行的"拯救我们的学校"(Save Our School,简称 SOS)运动的参与者也加入组织管理者的阵营。2011 年 8 月,6 位管理者的齐聚标志着 UOO 正式成立,并建立了 Facebook 平台以及网站。

短短两天内,Facebook 平台上的成员增加了 3 倍。显然,他们反抗标准化测试的想法得到很多人的回应和支持。然而,佩吉最初提到的一些关键问题尚未解决,比如 UOO 的宗旨、口号等等,这些还没有答案的问题却是一个组织发展和最终成功的关键根基。于是,在 UOO 的 Facebook 中,当时的成员们开始就此进行讨论。然而众口难调,纷繁的意见与其说提供了切实可行的意见,还不如说使得问题越来越复杂。甚至部分成员更多的是在讨论自身面对的问题,而偏离了 UOO 的根本要义。这使得佩吉等人感觉到,确定 UOO 的行动框架和基本宗旨迫在眉睫。

经过几周的电话会议,6 名管理组成员在一些关键问题上达成一致。"UOO 将以网络为基础行使功能,不设立实体工作地点。以 Facebook 作为成员之间交流的平台,并辅以网站提供更详尽的资料。"①很快,通过组织成员和管理者之间的共同商议,最终在 UOO 的 Facebook 平台和官方网站上以"致支持者的一封信"(A Letter to Our Supporters)的形式宣告了组织的根本任务:②

感谢你们对"选择退出"标准化测试的兴趣,感谢你们在保卫公共教育当中迈出重要一步的勇气。你可能是一位家长/教师/学生/师范生/高

① UOO. Endorsements of UOO[EB/OL]. http://unitedoptout.com/2012/01/01/endorsements-of-uoo/. 2012-01-01.
② UOO. A Letter to Our Supporters[EB/OL]. http://Unitedoptout.com/about/letter-from-us. 2012-01-21.

123

校教师或者是社会一员……无论怎样，我们都是为了保卫这个国家的年轻一代高质量的教育体系。UOO 的核心任务在于减少 K－12 年级标准化测试的危害。我们相信，标准化测试对于孩子们、教育者和整个社会以及课堂教学、学校的公平和整个国家的民主根基是有害的……

作为评价学生学习和进步的手段的测试并没有得到相关教育研究的支持，而仅仅是那些寻求将公共教育私有化并以此逐利的团体的需求。向学生、教师和家长口口声声说着有关良好教育的必要性的甜言蜜语，然而重要的教育改革却忽视了那些为学校服务的人的意愿，也忽视了那些反对"测试驱动"（test-driven）的有力证据。

从这封信中可以看出，对标准化测试的抗拒是 UOO 保卫美国公共教育体系的一种实践方式。无论是《不让一个孩子掉队法案》颁布之后在美国风行的各种形式的高风险标准化测试，还是在《力争上游法案》的鼓励下基于共同核心标准的共同评估测试的出台，都是 UOO 所说的美国私有化教育改革的具体表现。

事实上，虽然对这种公共教育市场化的批判从《不让一个孩子掉队法案》之后就从未消停，但是直到共同核心标准以及共同评估测试颁布实施之后，才真正触及公众的底线，随之而来的则是批判和反抗的彻底爆发。共同核心标准和共同评估测试因而被作为教育市场化的替罪羔羊，"选择退出"运动也因此成为公众进行反抗的典型实践。以反抗标准化测试为口号建立的 UOO 在共同核心标准和共同评估测试陆续实施之后，也顺理成章地通过其建立的 Facebook 平台组织起了相应的活动，实践着他们保卫公共教育的理想。

2. 组织"选择退出"标准化测试

随着评价和督促共同核心标准实施的共同评估测试于 2014 年正式开始，各地举行的"选择退出"标准化测试运动也进入了高潮。同其他反抗标准化测试的组织一样，UOO 在其 Facebook 和官方网站上发布给了指导家长参加"选择退出"运动的信息。

比如在标题为《共同核心标准和高风险测试手册》的帖子中，UOO 就痛斥了共同核心标准和高风险测试对于儿童、公立学校和宪法以及个人隐私权的威胁和破坏。之后,又告知家长可以对此作出反抗,包括选择退出、了解相关法律、拒绝提供孩子的相关数据、支持教师以及向相关组织机构请愿申诉,等等。此外,UOO 还在网站上组织成员自愿填写参加"选择退出"运动的申请书。申请者被要求告知所在的地区,并提供当地共同核心标准和共同评估测试实施的情况以及由此产生的问题。UOO 成员注册填写之后,就会获得 UOO 及时更新的有关"选择退出"运动的相关信息的推送,对他们进行支持和指导。①

与此同时,UOO 的领导者也亲自带领当地的家长和教师参加"选择退出"运动。比如在 2014 年,作为教师的佩吉就在 Facebook 中发帖致信"科罗拉多州公民"(Citizens of Colorado),以此唤起全社会公众的关注。她在信中公开表示自己决定不会在她的班级实施 PARCC 测试,并号召所有公众加入抵抗共同评估测试的运动中来,为全州的孩子创造一个美好的未来。2015 年,佩吉又通过 Facebook 召集组织了"科罗拉多州'选择退出'会议"(Colorado Opt Out Meeting),再一次组织科罗拉多的家长和教师拒绝 PARCC 测试。

此外,UOO 的成员也会通过各种方式鼓动"选择退出"运动的开展。比如,UOO 成员之一的巴雷里·斯特克斯(Valerie Strauss)曾致信美国教师联盟(AFT)和全国教育协会(NEA)的领导者,询问他们是否会支持他们的成员拒绝参加与共同核心标准相关的标准化测试。两者都宣称他们之前对此类拒绝参与的活动进行过支持。NEA 领导人还表示:"他们将会继续支持那些认为标准化测试不能实现任何有利的教育目的的教师,也认同这些教师有关终止标准化测试的要求。"AFT 的领导人则说:"教师是煤矿里的金丝雀,我们支持他们的主张"。②

二、声援公共教育体系,组织"占领美国教育部"运动

诚然,反抗共同评估测试和其他形式的标准化测试是 UOO 最鲜明的标

志,但是他们从未忘却过保卫公共教育体系的终极关怀。因此,在组织"选择退出"标准化测试运动的同时,他们也一直在通过 Facebook 宣传他们保卫公共教育体系的理念,进而组织起了其他方式的社会运动。其中,2012—2014 年连续三年的"占领美国教育部"(Occupying the U.S Department of Education)运动让公众参与到保卫美国公共教育体系的斗争中来,产生了巨大的影响。这也意味着 UOO"选择退出"运动的意义超越了对标准化测试的反抗,因而有了更深刻的内涵和更本质的针对性。

1. 从"占领华尔街"运动到"占领美国教育部"运动

就在 UOO 成立当年的 9 月中旬,美国纽约市的曼哈顿,几千名游行示威者聚集在一起,准备占领华尔街,这便是闻名全球的"占领华尔街"运动,是美国公众多年积怨的一次集中爆发。纽约市长迈克尔·布鲁姆伯格(Michael Bloomberg)称:"公民有进行抗议的权利,如果他们希望进行抗议,我们很高兴为他们提供活动地点。"①此次大规模社会运动的目的在于消除金钱对政客和国家政策的影响,用公民大会制度来取代政商合一的政府形式。此外,公众还表达了对于更为均衡的收入分配、更好的工作机会、免除学生债务以及免除债务抵押等方面的要求。这场陆陆续续进行了两个月的示威运动蔓延至纽约以外的多个美国重要城市,包括旧金山、芝加哥、洛杉矶、西雅图、波士顿、亚特兰大、匹兹堡、丹佛以及首府华盛顿等。不仅如此,从 10 月份开始,活动组织者开始在美国以外的欧洲多国、澳大利亚的墨尔本、日本东京甚至是在中国郑州展开了声援活动,还有 1 000 多人签名表示将在伦敦证券交易所举行抗议示威活动。

正是受到美国公众举行的"占领华尔街"运动的启发,UOO 在成立的第二年(2012 年)春天,决定在华盛顿进行一场"占领美国教育部"的运动,以唤起公众对于公共教育体系的关注,并且由此扩大 UOO 的影响力,凝聚更多的人。"实际上,我们此前也一直关注了'占领华尔街'运动的事态发展,也曾经思考过是否能够以类似的行动吸引更多的关注和支持。"佩吉回忆说,"有一次我打

---

① IBT. "Occupy Wall Street" to Turn Manhattan into "Tahrir Square" [EB/OL]. http://www.ibtimes.com/occupy-wall-street-turn-manhattan-tahrir-square-647819. 2011-09-17.

电话给莫尔纳,我们还是在讨论通过什么样的策略和方式能够抓住媒体的注意力,同时能够吸引更多与我们有同样想法的人们来巩固我们的组织。莫尔纳突然说,'我们为何不占领美国教育部呢?'"[1]两人一拍即合,于是开始了对于这场运动的策划。很快,他们在 UOO 的 Facebook 平台和官方网站上发布了号召占领美国教育部的通知和宣传海报:[2]

> 我们询问——他们说"不"。我们致信——他们说"不"。我们提交研究报告——他们说"不"。因此,我们选择退出。我们将会通过向标准化测试说"不"的方式叫停教育改革的市场化趋势。
>
> 我们将从 3 月 30 日至 4 月 2 日占领华盛顿的教育部。行动计划可以在我们 Facebook 中的"占领美国教育部"帖子中找到。
>
> 是将公共教育交给公众的时候了。占领美国教育部,告诉他们"教育真正属于谁"!
>
> 加入 UOO 在华盛顿的"占领美国教育部"运动!
>
> 4 月愚人节!
>
> "不让一个孩子掉队"——曾经愚弄了我。
>
> "力争上游"——我们不会再被愚弄。
>
> 加入我们,与无处不在的"占领运动"团结在一起。

之后,她们又在 Facebook 上公布了此次占领运动的日程安排。帖子一出,很快便有大量成员留言表示支持。比如,一位从教 30 年的教师回复说明自己准备参与此次运动:"请发送给我及时的信息。我希望能够去华盛顿。我当了 30 年的教师,每一年都在目睹着情况越来越糟。我希望教育处于一个更好的状态中。我已经作好参与的准备了。"有些人虽然无法亲自参与,但是也表达了支持和鼓励:"我多么希望早点知道这个消息!感谢每位参与者为公立学校所作的贡献,感谢你们对于教育事业的热情。"不仅如此,此次运动还得到

---

[1] Morna McDermott (Ed.). An Activist Handbook for the Education Revolution[M]. Charlotte, NC: Information age publishing, 2015: 58.

[2] 同上: 60.

此前"占领华尔街"运动的一些参与者的支持，并将 UOO 的此次占领运动与"占领华尔街"运动的成员进行了分享。此外，一些支持者还帮助 UOO 将此次占领运动有关"废除标准化测试"和"企业介入公共教育"的目标宣言呈交给了国会。①

为时 4 天的运动很快结束，很多教师、学生、家长和其他公众参与其中，并通过自身经历和感受表达了市场化的教育改革带来的害处。由于是第一次运动，而且也是 UOO 成立不久，缺乏相关经验导致整个运动的准备和进展过程遇到很多障碍，并且也因为过于小心翼翼而显得缩手缩脚。为此，莫尔纳花费了好几天的时间去办理各种游行示威活动的许可证，因为只有"合法化"才能够让更多的人——尤其是教师——放心地参与其中，而消除他们对于被捕的担心。

在佩吉看来，此次运动最大的意义在于让此前沉默多年的公众有机会发出自己的声音，并让他们认识到自己拥有表达的权利。第一次占领运动结束不久，UOO 还将运动过程中拍摄的视频上传到网站和 Facebook，供错过参与此次运动的成员和其他公众进行了解。② 通过网络社交平台的宣传影响力，首次占领运动引起了全社会的关注甚至是轰动，这也为第二次运动的展开奠定了重要的公众基础。

2. 从"占领美国教育部 2.0"到"下一站——丹佛"

首次"占领美国教育部"运动运动获得阶段性的成功，得到更多组织联盟和公众个人的支持，并且从 UOO 的 Facebook 和网站留言当中也可以看出，公众对于终结公共教育市场化的愿望逐渐增加。"对于'选择退出'运动的要求越来越多，使得我们不得不每时每刻都在工作，为个人以及其他的草根组织提供帮助。随着此类社会运动的增加，我们与各州的相关组织建立了联系，帮助那里的家长和公众进行反抗。"③

---

① 详见：https://www.facebook.com/United-Opt-Out-National-265810576790447/.
② UOO. Videos from Occupy DOE in DC 2012[EB/OL]. http://unitedoptout.com/archived/occupy-the-doe-march-30-april-2-2012/videos-from-occupy-doe-in-dc-2012/. 2012-06-21.
③ Morna McDermott（Ed.）. An Activist Handbook for the Education Revolution[M]. Charlotte，NC：Information age publishing，2015：68.

佩吉等人知道,2012 年的运动仅仅是一个开始。于是在 2013 年,他们再次发起了呼吁,并以"占领美国教育部 2.0:为公立学校而战"(Occupy the U.S Department of Education 2.0:The Battle for Public Schools)为标题进行号召和宣传。公告中指出:"此次运动将于 2013 年 4 月 4 日至 4 月 7 日之间在华盛顿举行,希望那些支持我们的教师、学生和公立学校能够参加。第三天的日程包括组织游行至白宫。"之后,公告还进一步申诉了此次运动的目标,同样是抵抗市场化的教育改革给公共教育体系造成的不良影响,希望公众能够站出来为此发声,阻止过多的标准化测试、强制性课程以及由此对教师造成的压力,等等。除此之外,UOO 还专门对此次运动的主旨予以进一步说明:①

> 我们今年的目标是分享我们可以采取的支持行动的成功经验,以便尽快向市场化的教育改革宣战。同时,我们认为有必要对现在的公共教育进行改革,保留并优化那些"真正意义上的"教学、学习和知识,这些东西应当是公立学校中最重要的东西。商业化的教育模式是冷酷的,是用数字来定义的……我们不能将人窄化为"数字"或者"数据",我们不能将他们与标准化测试的数字联系在一起,这将有害于我们的儿童、教育者、学校、社会和民主。

与第一次运动一样,UOO 将公告放在 Facebook 和网站上,并附以宣传海报。

"占领美国教育部 2.0"运动的成效是显而易见的,很多参与者回去之后都在当地进行了宣传,甚至组织起了地方性的"选择退出"运动,各州、各地区的"选择退出"组织也陆续成立。UOO 的占领运动成为"选择退出"运动的催化剂。与此同时,UOO 的领导者们也收到了很多公众的电子邮件、电话,很多人也会在 Facebook 上留言,讲述他们那里进行的运动。人们继续在社交平台上讨论着相关事宜,社交平台也因此成了占领运动的延续。正如有人评论的那样:

---

① 详见:https://www.facebook.com/United-Opt-Out-National-265810576790447/.

"尽管规模并不是很大，但是 UOO 的占领运动给予反抗市场化的教育改革以希望。迅速发展的 Facebook、Twitter 和博客建立起了一个网络空间，使得那些缺乏联系和组织支持的教师获得了鼓励和可能的反抗途径。"①

两年的运动之后，UOO 的管理者们也开始了反思。通过占领运动，他们已经实现了在全国范围内引起人们关注公共教育、共同对抗市场化的教育改革的目的，并且也在一定程度上扩大了组织的影响力和此类运动的覆盖范围。然而，两年的运动并没有让华盛顿的教育部给予实质性的回应。因此，他们决定通过新的方式，将目标转移到地方，采取更为具体的行动为那些急需帮助的人们提供支持。于是在 2014 年，他们将目标的下一站定在了佩吉的家乡——位于科罗拉多州的丹佛。

市场化的教育改革在科罗拉多州已经实施多年，这里的很多地区急需得到开展反抗运动的支持帮助。尽管每个地区的需要各不相同，但是一些共同的诉求足以让他们联合起来进行更为强力、有效的反抗。在丹佛，UOO 放弃了此前的占领运动，组织了一场为时 3 天的帮助当地群众进行反抗市场化教育改革的计划设计论坛。在进行论坛筹备的过程中，佩吉走访了当地的学生、教师和家长，向他们征集科罗拉多州存在的具体问题。之后，她总结出当地公众最关注的 6 项需求：建立草根组织、恢复学校董事会、理解市场化教育改革的基础、组织公民权利运动、对相关的教育问题进行立法、计划反抗市场化教育改革的措施。而这 6 项基本需求也成为此次论坛的主题。实际上，科罗拉多州的家长此前进行过零散的"选择退出"标准化测试的运动，并且已经作好了保卫公共教育的充分准备。他们需要的只是一个行动的起点。

UOO 在 Facebook 上为此次论坛的招募活动进行了宣传，他们希望能从全国各地的成员中吸引一部分有经验的人，尤其是参加过此前占领运动的人们以工作组的形式为科罗拉多地区"选择退出"运动提供指导，帮助科罗拉多州开展系统有效的保卫公共教育的运动：

我们希望每一个工作组都能够在论坛结束的时候提供一份工作日程

① Brown，A. At Occupy the DOE，A Push for Democratic，Not Corporate，Education Reform[EB/OL]. http://www.the-nation.com/article/173728/occupy-doe-push-dempcratic-not-corporate-education-reform. 2013－04－09.

表,以此帮助克罗达拉州作好采取行动的准备。此次论坛将为家长、学生、教师和相关公众提供有效的行动计划,从以下六个方面入手保卫公共教育:强化学校董事会的作用、立法、终结市场化教育改革、保卫公民权利、成立联盟组织和商讨解难措施。①

通过 Facebook 的宣传,UOO 召集到 30 多位来自全国各地的志愿者以及丹佛当地和科罗拉多州的参与者共同进行行动计划的设计。按照计划,30 名志愿者被分成 6 个小组,与地方参与者商讨各自分到的主题。佩吉说:"这次论坛一改我们此前占领运动的形势,是一个新的开始,但是我们这么做是正确的。"②

论坛的最后一天,每个工作组对他们的商讨结果进行汇报,展示他们为科罗拉多州设计的行动计划。佩吉认为,此次论坛的一个关键词就是"民主",UOO 不进行任何控制,放手让当地公众提出他们面临的真实问题,而志愿者所做的只是提供相应的指导。在她看来,当为时 3 天的论坛结束的时候,科罗拉多州诞生了一个新的家庭,一个参与者的家庭,因而达到了此次活动的目的。"由于我就在科罗拉多州,我见证了此后的成效,我也是这里此后发生的事情当中的参与者。"③

总之,通过 Facebook 的力量,在 UOO 的领导之下,一个保卫公共教育的草根组织应运而生。从最初反抗标准化测试的运动开始,直至从根本上抵抗市场化对公共教育的危害;从一个小型的网络平台,最终扩充到横跨若干州甚至遍及全国的庞大组织。无论是个别地区的行动指导,还是"占领美国教育部"的游行示威,公众自发地团结在一起形成有效的组织,共同对标准化教育改革表达批判意见,努力实现自身的教育诉求。

本章主要关注在"选择退出"标准化运动中一些影响较大的草根组织,通过对这些组织利用网络社交平台建立并开展相关活动的叙事,反映公众在参与反抗标准化测试中的具体实践。

---

① 详见:https://www.facebook.com/United-Opt-Out-National-265810576790447/.
② Morna McDermott（Ed.）. An Activist Handbook for the Education Revolution[M]. Charlotte, NC: Information age publishing, 2015:70.
③ 同上:71.

从"选择退出"运动的参与主体来看，学生、家长和教师群体是最直接的相关者。标准化测试从 20 世纪 90 年代开始随着美国标准化教育改革的进程愈演愈烈，尤其是在 21 世纪《不让一个孩子掉队法案》颁布之后更加严苛，并且加强了相关的问责，试图通过加强评价和惩罚措施提升学生的学业成就。然而为了备考，一些非测试课程受到压缩甚至是削减，而与学生、教师直接挂钩的测试成绩相关的问责也给学生和教师造成巨大的压力。正因如此，标准化测试引起学生、家长、教师和学校的强烈不满，在种种抱怨当中，最终成为一个受到全社会广泛关注的公共性问题。受到标准化测试牵连的以及对标准化测试持批判态度的公众聚集在一起，展开了针对这一公共性问题的斗争实践。

从针对标准化测试的"选择退出"组织及其反抗实践的场域来看，网络社交平台为公众的广泛参与提供了一个自由的空间，汇集了大量的家长、教师和其他关心教育的社会成员。相对于上一章提到的传统媒体公共领域而言，以 Facebook 为代表的网络公共领域形式有其独特的优势，能够更为及时、便捷和广泛地将公众联合在一起。以 Facebook 为平台而组建的网络团体不仅是公众发起运动的组织基地，也是公众展开讨论、分享信息、获得资源的工具，甚至是相互鼓励与支持的精神支柱。

再从"选择退出"运动的价值取向来看，这场运动是公众联合起来针对联邦政府和公司企业联合之下的标准化教育改革措施的反抗。面对来自政府和市场两方面的压力，公众并没有选择逆来顺受，而是选择积极地通过自身的参与，公开表达对推行标准化测试的不满，以期引起相关教育部门的注意。特别要指出的一点是，"选择退出"运动主要是针对标准化测试的反抗运动，尤其是在最初以及当共同评估测试开始在全国逐步推行的时候。然而，由于标准化测试产品的编订是在大型公司企业的干涉之下进行的，加之相关的问责制本身所具有的市场化特征，因而标准化测试从一开始具有的"市场逻辑"终究无法掩人耳目。所以，"选择退出"运动在反抗标准化测试的同时，也进而发展成为反抗标准化教育改革中"市场逻辑"的社会运动，演变成为美国公共教育的保卫实践。

然而，我们还需谨慎看待这场大量公众参与其中的"选择退出"草根运动。尤其是对 UOO 所发起的两次"占领美国教育部"运动而言，认为这两场运动对社会的安定造成一定程度上的威胁恐怕也并不过分。即便是参与人数逐渐增加的退出标准化测试行为,在面临着诸如"破坏正常教学秩序"的检讨时,也难辞其咎。这就要求我们必须更理性和辩证地看待公众参与的行为,冷静地反思公众参与教育改革的具体方式及其限度。

尽管如此,"选择退出"运动作为一场公众参与教育改革实践的现实意义仍是不容小觑的。我们可以在"选择退出"运动当中看到,从地方到各州甚至是若干州的联合,网络社交平台为运动的组织起到重要的作用。也正是因为网络社交平台的自由、开放和便捷的特点,使得所有公众能够参与其中。我们可以认为,随着网络技术在今天的迅速普及和开放,从某种程度上来说,网络公共领域形式已经在一些方面超越传统媒体的作用,使得人与人之间的交流互动越来越方便和及时。可以说,网络公共领域让美国社会中的公众参与实践得到更为充分的体现。

Education Reform for
the 21st Century Skills:
China and World

第五章

个人论战——戴安·拉维奇针对
K‒12标准化教育改革"市场逻辑"
的话语斗争

正如前文所分析的那样，基于新自由主义的标准化教育改革从一开始就被蒙上私有化抑或称市场化的色彩，针对公共教育的很多改革措施也因此具有市场化的特征。所以，很多针对美国近三十年公共教育改革的批判往往会从"市场逻辑"这个角度切入。不难发现，阿普尔、吉鲁以及波克维茨（Thomas Popkewitz）等人都会从新自由主义、市场化等问题着手，批判一系列的教育改革措施，比如课程标准、标准化测试、特许学校、国际性学生学业评估等等。不仅是这些在美国国内以及国际学界都如雷贯耳的知名学者，一些美国本土的公众人物也因为对"市场逻辑"侵蚀公共教育的批判而家喻户晓，戴安·拉维奇就是其中的一员。自从离开政坛，退出学界而踏入公众空间以来，她针对教育改革中的诸多措施进行了猛烈的攻击，试图从各个角度对公共教育进行保卫。其中，她最为关注的是有关公共教育逐步被市场化的现象，而她针对标准化教育改革的批判也主要围绕保卫公共教育而展开。由于公司企业基于市场逻辑针对统一标准、评价、竞争的强调非常明显地体现在共同核心标准的制订，以及标准化测试和问责制的推进和深化中，这些标准化的改革措施也成为戴安·拉维奇批判的对象。本章以戴安·拉维奇为例，展现个人是如何在公共领域中通过话语斗争的方式保卫公共教育的，即从批判公共教育逐步具有市场化色彩的角度，反对标准化教育改革内在的"市场逻辑"和相关措施，并对其他公众针对标准化教育改革的批判给予有力的支持。

第一节　学术积淀、政治生涯与教育立场的逆转

一、出版社的经历与斗争人生的开端

1938 年，戴安·拉维奇出生在美国得克萨斯州休斯敦的一个犹太中产阶

级家庭,原名戴安·西尔弗斯(Diane Silvers),在全家 8 个孩子中排行第三。她的父母共同经营着当地的一家酒精饮料商店。虽然母亲只有高中学历,父亲更是中途辍学,但是两个人都非常重视教育。拉维奇毕业于圣·雅辛托(San Jacinto)高中,并于 1956 年进入波士顿的卫斯理学院(Wellesley College),这是一所成立于 1875 年的著名女子文理学院。在读期间,她给同学留下的最深刻的印象之一就是对于校规不屑一顾的叛逆。她的同窗好友曾评价她是"来自休斯敦的野姑娘,她会在禁校时间之后从宿舍的窗户爬出去,也会时不时地挑战权威"。[①] 除此之外,拉维奇对政治和新闻出版也非常感兴趣,她所学的专业是政治科学,并且担任校刊《卫斯理学院新闻》(Wellesley College News)的编辑。冥冥之中,她的性格、兴趣和所学专业都为其多年之后活跃在美国教育改革的斗争实践当中奠定了基础。

1959 年夏天,她来到美国著名的《华盛顿邮报》做印刷工的实习工作。在工作期间,她结识了理查德·拉维奇(Richard Ravitch),这位年仅 25 岁的律师当时在美国国会山(Capital Hill)就职。两个人对自由主义政治都有着浓厚的兴趣,并且对于公民权利运动也怀有强烈的信仰。1960 年,就在拉维奇毕业两周之后,两个人喜结连理。很快,夫妇二人移居纽约。在那里,拉维奇的丈夫开始了他在其家族企业的工作。但与此同时,他仍然活跃在纽约州的政治领域,担任纽约大都会运输署(Metropolitan Transportation Authority)的副总管。

1961 年,拉维奇开始在《新领导者》(The New Leader)担任编辑助理,这是一份支持自由主义而反抗共产主义的半月刊杂志。在拉维奇看来,这个位于美国纽约东十五街的出版社,其意义等同于城市学院(City College)的餐厅。那里充满了争辩,并孕育出早期的纽约知识分子。《新领导者》杂志所刊登的文章通常都是充满了强烈的辩论性和鲜明的意识形态的观点,拉维奇在工作当中能够了解到国内外最新的政坛动态和思想斗争。她回忆道:"就在我刚刚开始工作不久,埃里克·弗洛姆(Eric Fromm)和希尼·胡克(Sidney Hook)之间就展开了一场令人难忘的激烈讨论。两位在当时如日中天的思想家就一些

---

① David Denby. Public Defender: Diane Ravitch Takes on A Movement[EB/OL]. http://www.newyorker.com/magazine/2012/11/19/public-defender. 2012-11-19.

他们所熟知的问题发表了观点——比如汉斯·摩根索（Hans J. Morgenthau）
对肯尼迪外交政策的评论以及西奥多·德雷珀（Theodore Draper）对卡斯特罗
大革命（Castro's Revolution）的评论等等。"①不仅如此，《新领导者》的一位教
育类文章的特约作者凯文·加里（Kavin Carey）——他同时也是美国另外一份
具有自由主义倾向的政治评论性刊物《新共和》（The New Republic）小有名气
的作者——对拉维奇也产生了重要的影响。在阅读了他的多篇文章之后，拉
维奇开始关注教育问题，尤其是教育改革背后的政治问题。

　　正是早期对于新闻出版工作的兴趣以及与此相关的实践经历，致使拉维
奇积累了对于政治思想和意识形态观念斗争的敏感性和经验，也使得她在此
之后能够有机会在政治领域表达她的教育观念。不仅如此，编辑的工作也使
她深刻体会到公共领域在影响国家决策和公众观念当中的重要性，这在一定
程度上也是她之后充分利用各种公共领域形式为公共教育事业展开斗争的根
本动因。

二、一位新保守主义者的学术积淀与政治生涯

　　1967 年，拉维奇在卡内基公司（Carnegie Corporation）获得了一份兼职工
作，负责报道当时由福特基金会（Ford Foundation）发起的一系列有关学校去
中心化实验的进展情况。在实验当中，纽约教育署（Board of Education）和纽
约教师联合会（United Federation of Teachers，简称 UFT）同意赋权一些学区管
理自己辖区中的学校。然而在这场实验当中，有大量黑人聚居的布鲁克林区
的欧申希尔——布朗斯维尔（Ocean Hill-Brownsville）解散了一大批教师，其中
很多人都是犹太裔。1968 年秋天，纽约教师联合会对此进行了抗议，领导示威
者在 3 个月的时间里关闭了大量的城市学校。之后，这一事件造成纽约非裔
美国人和犹太人群体之间的关系恶化，并使得一些此前信仰自由主义的犹太
人加入新保守主义的阵营。尽管拉维奇并没有参加当时的示威抗议运动，但
是对于这一事件自始至终的密切关注使得她从中找到自己感兴趣的主题：为

---

①　David Denby. Public Defender：Diane Ravitch Takes on A Movement［EB/OL］. http：//www. newyorker. com/
　　magazine/2012/11/19/public-defender. 2012 - 11 - 19.

公共教育而斗争,尤其是为少数族裔和移民群体获得成功和社会认同而努力。

在确定了这个主题之后,拉维奇展开了相关的研究。她通过大量的阅读发现,半个多世纪以来,还没有人专门系统地考察过纽约教育的发展变革。于是,她花了 6 年时间写出了《伟大的学校战争:纽约市公立学校的历史》(*Great School Wars: A History of the New York City Public Schools*)一书。这部出版于 1974 年的著作,至今仍被看作美国教育史领域的经典。一年之后,拉维奇凭借这本著作获得哥伦比亚大学教育史博士学位。毕业之后,她与其导师著名的教育史学家同时也是时任哥伦比亚大学师范学院院长的劳伦斯·A. 克雷明(Lawrence A. Cremin)保持着密切合作,并在哥伦比亚大学师范学院担任了一段时间的历史学与教育学双聘教授(Adjunct Professor of History and Education),这段经历为她奠定了扎实的专业基础。

值得一提的是,在这本著作中,拉维奇将"冲突"(clashes)一词作为概念视角,通过一系列有关教育改革的思想理念和政策文本的斗争构建了纽约公共教育系统的形成与流变。比如,其中就包括第一次世界大战之后,纽约的学校教育将学生的学习时间延长,在工厂和木工作坊中进行职业训练的改革过程。这一来自印第安纳州的被称为"盖里计划"(Gary Plan)的改革理念在纽约受到私人社团、家长和学生的反对。那些被迫放弃带薪工作转而参加课后职业能力培训的学生发起了暴动,以损坏学校设施的方式进行了抗议。而最强烈的抗议来自犹太移民,他们认为这项计划是出于工业生产的利益而设计的,其目的是把学生培训成工厂的工人,而不是发展他们的兴趣和能力。在拉维奇看来,来自公众领域的抗议活动在这场改革中起到重要的作用。①

在职业生涯的初期,拉维奇不仅在教育研究领域表现出对于斗争和冲突的强烈兴趣,其本人还参与到政治斗争的实践当中。1960 年,刚刚参加工作的她就担当了"约翰·肯尼迪总统游行"(John F. Kennedy's Presidential Campaign)活动的志愿者,1968 年,她又投身于说服大力支持尤金·麦卡锡(Eugene MacCarthy)的反战左派的活动,并强烈宣扬休伯特·汉弗莱(Hubert Humphrey)的立场。此

---

① Diane Ravitch. Great School Wars: A History of the New York City Public Schools[M]. Baltimore: Johns Hopkins University Press, 2000: 234-250.

外,她还参加了以阿瑟·施莱辛格(Arthur Schlesinger)和约翰·加尔布雷思(John Kenneth Galbraith)等自由主义立场的知识分子为攻击目标的"曼哈顿中心"(Manhattan Center)游行活动。"当时,有两个年轻人坐在队伍的最前面,扔出了他们的雨衣,并把加尔布雷斯的肖像和一个猪头一起画在了标语上。"拉维奇回忆道,"于是,我知道尼克松将要获胜,民主党将要分裂,无力掌控政府。"①

拉维奇在政治领域中的右翼倾向也影响着她当时的教育立场。"我曾为《评论》(Commentary)撰写了一些有关 1968 年游行抗议活动的文章,我认为自己就是一个新保守主义者。"② 1978 年,她出版了《被修正的修正主义者》(The Revisionists Revised)一书,揭示了左倾教育的危机。书中提到迈克尔·康茨(Michael Katz)和塞缪尔·鲍尔斯(Samuel Bowles)的观点,认为公立学校正在压榨学生们的天性,将他们变为毫无个性可言的为了工业经济利益工作的工人。这在当时的拉维奇眼里简直是无稽之谈,不仅如此,她在这一时期还在为"标准化"做着各种努力。

1988 年,拉维奇和另一位新保守主义教育学者小切斯特·E.芬(Chester E. Finn Jr)合作出版了《我们 17 岁的青年知道什么?》(What Do Our 17-Year-Olds Know?)一书,书中给出的答案是:"并没有多少。"这也是她在学术领域表明支持标准化课程建设的开端,正因如此,1991 年成了拉维奇政治生涯同样也是教育事业的重要一年。这一年,田纳西州前州长同时也是共和党的一员拉玛尔·亚历山大(Lamar Alexander)成为老布什总统手下的教育部长,其广为人知的事迹是在田纳西州的公立学校进行了"基于优异"(merit-based)的教育改革。正是因为理念上的志同道合,拉玛尔被拉维奇对于建设强有力的标准化课程的呼吁深深吸引,并任命她为教育部长助理,同时担任联邦教育部教育研究与改进办公室(Office of Education Research and Improvement)的负责人,任期从 1991—1993 年。1997—2004 年期间,拉玛尔的继任者理查德·瑞利(Richard Riley)又聘请拉维奇承担全国评估管理委员会(National Assessment Governing Board)的工作,参与国家教育质量标准的研制,推动联邦测验项目

---

①② David Denby. Public Defender：Diane Ravitch Takes on A Movement[EB/OL]. http：//www.newyorker.com/magazine/2012-11-19/public-defender. 2012-11-19.

的设计。与此同时,从 1995—2005 年,拉维奇还担任着美国著名智库布鲁金斯学会(the Brookings Institution)的"布朗教育研究主席"(Brown Chair in Education Studies)一职。此外,在整个 20 世纪 90 年代期间,拉维奇还活跃在其他一些保守派性质的智库当中,包括纽约的曼哈顿研究所(Manhattan Institute)、切斯特领衔的托马斯·B.福德曼研究所(Thomas B. Fordham Institute)以及斯坦福大学胡佛研究所下属的专门致力于制订学业标准和宣传基于市场的教育改革的"科罗特工作组"(Koret Task Force)等等。

在从政生涯的过程中,拉维奇一方面为学业标准做着大量的工作,另一方面也大力支持着当时特许学校的改革措施。从某种程度上来说可以算作是怀疑论者的拉维奇,在这段时期内总是以"为什么不这样?"的发问方式来维护着自己的立场。拉维奇回忆道:"我在 90 年代坚持的观点都是推测性的,都是没有在实践中进行过验证的。我非常渴望基于测试的评价方式,我也非常期待特许学校改革能够起到作用。"①

作为联邦教育部的官员,拉维奇与政府首脑、议员多次会面进行商谈,并且在全国范围内进行鼓动"标准"的演说。根据法律规定和此前的教育传统,联邦政府有权为所有学生设置课程,但是对于各州而言,则是可以自愿采纳实施的。任职期间,拉维奇通过个人的努力推动课程标准的开发和实施。比如,她曾建议教育部拨款 1 亿美元作为对那些开发国家课程的教师和学者进行奖励。此外,在她的提议之下,联邦政府又向加州大学洛杉矶分校提供资金支持,学者们合力开发出了美国历史课程标准。"为什么不进行问责呢?"——这也是她当时一直进行的发问。她同意美国教师联合会会长阿尔伯特·尚卡尔(Albert Shanker)的观点,他将特许学校看作一个实验室,对学业成就低的学生尝试采用新的教育教学方法,如果结果证明有效,那么将会在传统的公立学校里进行推广使用。②由此可见,在拉维奇的政治生涯中,对于"标准化"和"市场化"支持的热情从未消减,但是她的努力并没有持续太久,就因为自己教育立场的转变戛然而止,并走上了批判的道路。

---

①② David Denby. Public Defender: Diane Ravitch Takes on A Movement[EB/OL]. http://www.newyorker.com/magazine/2012/11/19/public-defender. 2012-11-19.

三、政治生涯的谢幕与教育立场的逆转

随着新自由主义逻辑在美国教育改革中的蔓延,其中的弊端逐渐暴露出来,并且严重违背了拉维奇最初对公共教育的愿景。在她看来,当基于标准的测试和问责制统领教育决策的时候,教育改革的进程发生了灾难性的转向。21 世纪以来,在目睹这一转变的过程当中,拉维奇也逐渐转变了她的教育立场,开始了对于公共教育改革措施的批判。

2001 年,小布什带着他所谓的"得克萨斯奇迹"上台。这项由休斯敦学校督导总监罗德·佩奇(Rod Paige)领导实施的测试政策使得当地学生的数学和阅读测试成绩有了飞跃性的提升,也正因如此,小布什任命他为新一届的教育部长。

2003 年,《纽约时报》比较了得克萨斯州自己声称的学生学业成就和 NAEP 的测试成绩,结果表明四年级学生的成绩被人为地抬高了。然而,因为这个虚假的成绩而闻名全国的"得克萨斯州模式"却被小布什政府作为颁布实施《不让一个孩子掉队法案》的根本依据。正是在借鉴"得克萨斯州模式"的经验的基础上,《不让一个孩子掉队法案》提出"2014 年之前实现 100% 的优秀率"的要求,并辅以一系列的惩罚措施。然而,这项曾被拉维奇寄予厚望的法案以及严格的问责制并没有产生她希望得到的结果。残酷的现实表明,在联邦奖惩政策的驱动之下,各州开始急功近利地为数学和阅读测试进行准备。这使得学校忽视诸如历史、科学、语言、公民甚至是体育等课程。一些州宣称当地学生的成绩得到惊人的提升,然而 NAEP 的评价测试结果也在事后证明是被人为夸大的。很多人都开始注意到,这些州实际上是通过降低本州测试的难度来提高分数。"无论如何,世界上没有任何一个国家的学生的学业成就能够取得 100% 的优秀率"[①],拉维奇说。在她看来,《不让一个孩子掉队法案》设定的不现实的教育目标,正在无形当中导致当前美国教育失败的现实。

之后,在对《不让一个孩子掉队法案》进行适度调和的《力争上游法案》

---

① Valerie Strauss. Everything You Need to Know about Common Core — Ravitch[N]. The Washington Post, 2014 - 01 - 18.

中,提到加大特许学校的力度,并且要求通过"附加价值"模式(value-added modeling)对教师进行评价。这种基于市场的改革和问责制遭到教育统计学专家、来自哈佛大学的丹尼尔·科尔泽(Daniel Koretz)教授和奥巴马参加大选时的教育首席顾问、来自斯坦福大学的琳达·达林-哈蒙德(Linda Darling-Hammond)教授的指责,他们不约而同地指出,有很多因素能够影响学生的测试成绩,它并不能作为教师评价的唯一方法。而拉维奇则甚至激进地说,"'附加价值'模式完全是'垃圾科学'(junk science)"①。

实际上,从 2005 年退出政坛之后,拉维奇就已经深深地感受到,美国 21 世纪以来以《不让一个孩子掉队法案》为标志的带有市场化色彩的教育改革是令人沮丧的。也正是在此后一段时期的认真反思当中,拉维奇逐渐转变自己从政时期的教育立场。除了《不让一个孩子掉队法案》中提到的标准化测试以及对于教师评估使用的问责制以外,20 世纪 80 年代兴起的针对公立学校进行的特许学校改革措施也曾是拉维奇在为联邦政府工作时大力倡导的。

在斯坦福大学 2009 年主持的一项有关全国特许学校的调查已经表明,只有 17% 的特许学校在数学学科方面超过地方公立学校(local public school)的学业水平成就;46% 的特许学校从整体而言并没有特别的改观;37% 特许学校提交的成绩单表明"明显下降"。一些特许学校,尤其是纽约市的特许学校,虽然交出漂亮的成绩单,但是在 NAEP 的测试和 2010 年由教育部进行的一次抽样调查中却表明,与当地其他公立学校相比,这些特许学校的成绩却没有明显差别,甚至偏低。② 尽管如此,一些企业和慈善组织仍然把特许学校看作是具有前瞻性的、有前途的改革方式,他们从各个方面对特许学校进行美化和宣传。比如,特许学校使得学生的在学时间有所延长(长达 9 个小时),同时增加了学期的长度,减小班额,在得到来自私人机构的额外资助时,还可以为教室添加先进的教学设备,等等。

然而,当有人问"我们可以从那些最好的特许学校的成功经验中学到什么"的时候,拉维奇曾愤怒地回应道:"我们为何不能从普通的公立学校中得到

---

① Valerie Strauss. Everything You Need to Know about Common Core — Ravitch[N]. The Washington Post, 2014 - 01 - 18.

② CREDO. Multiple Choice:Charter School Performance in 16 States[EB/OL]. https://credo.stanford.edu/reports/MULTIPLE_CHOICE_CREDO.pdf. 2009 - 06 - 03.

经验呢？"为了打消人们对于特许学校和学生学业成就提高之间关系的幻想，她还提到家乡马萨诸塞州距离波士顿仅仅 25 英里的布洛克顿高中（Brockton High School）的案例。在那里，教师通过自我领导改革教学方式的方式成功地提高了学生的学业成就。这就说明，特许学校与学生学业成就之间并不存在直接的因果关系。此外，拉维奇还指出："特许学校的存在使得我们正在走向一种双轨制的教育体系、甚至是社会结构。那些家庭条件好、个人综合素质高的学生被吸引到更好的特许学校中，那么其他的学生呢？他们就会被落下，得不到充足的资金支持，也无心学习。"①

然而，对于退出政坛之后教育立场的根本性转变，拉维奇在一次采访中曾提到，这种激烈转变——从对标准化教育改革的支持到对于《不让一个孩子掉队法案》以及一系列与市场化改革措施的批判——并不是突然爆发的。2006 年 11 月，她参加了由"美国商业研究所"（American Enterprise Institute）这个保守派智库召开的一场讨论会，这次讨论会给她分配的任务是对每天的会议内容进行总结。正是这段时间的文案工作让她更深入地了解《不让一个孩子掉队法案》的内涵和本质，并且坚定了"《不让一个孩子掉队法案》根本不起作用"这一论断。在最后一天的讨论会上，拉维奇公开声称，"《不让一个孩子掉队法案》是失败的！"②

时隔一年之后，年度进步测试的分数再次表明学生的学业水平几乎没有得到改善。于是当年 10 月，拉维奇激进地在《时代周刊》的特稿专栏中公开发表《让国会滚出教室》（*Get the Congress Out of the Classroom*）一文，再一次声讨"《不让一个孩子掉队法案》是无用的！"③之后，她又撰写了多篇文章对《不让一个孩子掉队法案》进行了批判。除此之外，拉维奇也开始与她在智库的同事进行了论战，主题包括从 NEAP 的优秀率要求到特许学校的改革。为此，她的科罗特工作组同事、著名的教育经济学专家埃里克·汉纳谢克（Erik Hanushek）在一次胡佛研究所的宴会中还专门把她拉到一边警告她这么做"过

① Valerie Strauss. Everything You Need to Know about Common Core — Ravitch［N］. The Washington Post，2014－01－18.
② Claus von Zastrow. An Interview with Diane Ravitch："The Death and Life of the Great American School System"［EB/OL］. http://www.learningfirst.org/interview-diane-ravitch-death-and-life-great-american-school-system. 2010－03－16.
③ Diane Ravitch. Get Congress Out of the Classroom［N］. The New York Times，2007－10－03.

分了"（overboard）。然而在 2009 年，由于基本理念的冲突，拉维奇陆续辞去了在科罗特工作组、福汉姆工作组和曼哈顿研究所的工作。

不久之后，她与核心知识基金会（Core Knowledge Foundation）的同事赫什教授之间也发生了观念上的冲突。作为这个致力于如何基于核心知识制订出核心课程的研究所的创始人，赫什曾出版过《文化素养：每个美国人应当知道的》（*Cultural Literacy: What Every American Needs to Know*）、《造就美国人》（*The Making of Americans*）、《我们需要的学校以及为何我们尚未拥有》（*The Schools We Need and Why We Don't Have Them*）、《知识赤字》（*The Knowledge Deficit*）等著作。他坚信学校应当教授特定的课程，使得学生理解他人所言和所写的东西，并由此参与到民主生活当中。"只有当我们的学校确保每个人的观点能够通过有效的交流而与他人进行分享的时候，我们才能够实现一个公平且繁荣的社会。"①实际上，在成为同事之前，拉维奇就曾大肆吹捧过《造就美国人》一书，她认为："那些在赫什倡导的连续的、以核心知识为中心的课程中获益的学生在他们必须参加的标准化测试中表现良好。之所以这样，是因为他们吸收了背景知识，所以能够更好地理解他们阅读的东西。"②而在更早的时候，通过《我们 17 岁的青年知道什么？》这本书，拉维奇也在着力回应着赫什在《文化素养：每个美国人应当知道的》这本书中提出的问题，强调在课程当中应当突出历史和文化素养等核心知识的渗透。

然而就在 2010 年，拉维奇辞去了赫什创办的基金会的工作，并且批判被纽约州采纳的经该基金会开发的阅读课程。这些课程要求学生在低年级学习有关古代文明的知识，然而拉维奇认为，"课程的开发不合时宜"，是一场"马戏团的骗局"（circus trick），只是为了证明一个 6 岁的孩子能够做"智力体操"（mental gymnastics）而已。

此后，共同核心标准以及标准化测试成为拉维奇继特许学校之后重点关注的又一个热点问题。在她看来，新的标准并没有在任何地方实验，而正确的做法应当是通过几年的控制性实验来证明新标准的有效性。因此，她非常担

---

① 详见：https://www.coreknowledge.org/.

② David Denby. Public Defender: Diane Ravitch Takes on A Movement[EB/OL]. http://www.newyorker.com/magazine/2012/11/19/public-defender. 2012－11－19.

心新的标准对于很多学校来说可能过于困难而无法实施，并且如同《不让一个孩子掉队法案》一样，再度沦为一次失败的改革。正因如此，拉维奇投入到反抗共同核心标准以及与此相关的标准化测试的斗争当中。

从曾经极力支持联邦政府对公共教育进行大刀阔斧改革的教育部官员，到如今立场鲜明地对当前美国教育改革持强烈批判态度的公众人物，拉维奇需要极大的勇气和坚定的信念，然而她并不孤独，因为有很多公共领域中的学者、媒体从业者与她相伴。比如，此前提到的琳达同样也是一位改革法案的批判者，前《时代周刊》的教育专栏作者理查德·洛斯滕（Richard Rothstein）同样反对基于测试的问责制，来自《华盛顿邮报》的瓦莱里·斯特劳斯（Valerie Strauss）也通过自创的网络教育专栏表明他抗议当前公共教育改革的措施。但是，如果拉维奇希望在政坛上结盟的话，她将会感到孤立无援。因为长期以来，共和党的教育理念很大程度上已经在美国取代此前的民主党，新自由主义的浪潮也早已超越美国本土而席卷全球，这使得拉维奇无法获得主流政界的有力支持和响应。但是，她并没有因此畏惧而退缩，她另辟蹊径，集中精力通过公共领域展开自己的话语斗争实践，并将志同道合的个人和组织团结起来。

拉维奇说过："我如今的写作都是来源于心灵和头脑交汇之处，我不用再顾及应该像谁那样去说话、应当去迎合哪些人。因为，没有人能够解雇我了。"[1]确实，离开了政坛的拉维奇并没有像我们传统观念中的老学究一样躲进象牙塔，而是积极地投身于文章的发表和书籍的出版、在电视和广播上的公开论战以及在社交网站上发帖和转帖进行评论，针对美国标准化教育改革中的相关措施和背后的逻辑进行着猛烈的话语斗争，并对与她有着同样观点的批判者进行引导、鼓励和支持。正如拉维奇个人所言："我的个人经历已经将很多公众和草根组织团结在了一起，让他们能够掌握及时且真实的信息，并给予他们勇气。公众要做的不是去信仰政治上的需要，而是坚信他们内心所知晓的才是教育的真谛。"[2]正是在公共领域中，拉维奇开始了她个人的作为公众一员的参与实践，向她之前一直坚守的教育立场和改革事业发起论战。

---

[1][2] David Denby. Public Defender：Diane Ravitch Takes on A Movement［EB/OL］. http：//www.newyorker.com/magazine/2012/11/19/public-defender. 2012-11-19.

第二节　进入公共领域批判 K－12 标准化教育改革的"市场逻辑"

一、畅销书的出版与批判实践的开端

在拉维奇一生当中的诸多著作当中，有不少书的标题都彰显了鲜明的批判性，反映出她个人性格当中天生的斗争特质。比如此前提到的《伟大的学校战争：纽约市公立学校的历史》，而在《被修正的修正主义者》中也使用了"对激进的攻击学校的批判"（A Critique of the Radical Attack on the Schools）作为副标题。此外，她在 1983 年出版的《城市中的学校：美国教育史中的妥协与斗争》（*Schools in Cities: Consensus and Conflict in American Educational History*）、1984 年出版的《反抗平庸：美国高中的人文学科》（*Against Mediocrity: The Humanities in America's High Schools*）、1985 年出版的《挑战人文学科》（*Challenges to the Humanities*）、2000 年出版的《左翼卫士：有关学校改革的一个世纪的战争》（*Left Back: A Century of Battles Over School Reform*）等等。这些标题用词犀利，使用了"批判"（critique）、"斗争"（battle／war／conflict）、"反抗"（against）、"挑战"（challenge）等充满血性的词汇，以示问题的严重性并且以此引起众人的关注。

在拉维奇教育立场转变之后，她陆续出版了两本教育题材的著作。这两本书分别使用了"生与死"（death and life）的比喻和"统治"（reign）与"欺骗"（hoax）的讽刺来控诉美国标准化教育改革背后的市场逻辑以及包括共同核心标准、标准化测试和问责制在内的一系列相关措施。巧合的是，这两本书在出版后不久都成为《纽约时报》畅销书排行榜的冠军。虽然在此之前，拉维奇曾任职过政府官员，也承担过学者角色，但是她的著作摈弃了佶屈聱牙的概念、理论和政策条款，更多地使用通俗易懂的语言面向公众进行写作，在表达个人观点的同时也唤起了公众的共鸣，鼓励保卫美国的公共教育和批判标准化教育改革的行动。

1.《伟大的美国学校体制的生与死》：保卫公共教育的正式开端

拉维奇对于公共教育的保卫是从反对市场化的教育改革，尤其是特许学校和择校制度开始的。2007 年前后，对教育改革中的"自由市场"（free-market）因素进行反思之后，在同胡佛研究所的同事们进行论战的时候，拉维奇就强调"真正的学校改革需要对课程和教学给予更多的关注而不是市场和选择"。然而，对于国家标准的批判并不包含在她此时此刻刚刚开始的立场转变之中。2008 年，《城市期刊》（City Journal）刊发了一篇汇集了众多学者和评论员有关择校问题的争论观点的文章，拉维奇在这当中仍然在为"一种一致性的，强调在科学、历史、文学、地理、公民、经济学和艺术学科领域中实现年度进步的学习"而竭力辩护。她还通过具体例子阐述了历史学科的认知要求框架，认为"低年级的学生应该了解关于伟人们的伟大事件，学习古代的文明，并且开始理解先后发生的历史事件之间的因果关系"。[①] 但是，对于高标准、统一、严格课程的支持并没有成为拉维奇对教育改革背后的市场逻辑作出让步的理由。

奥巴马政府成立之后，通过《力争上游法案》对于共同核心标准的编订工作的授权，以及以比尔·盖茨（Bill Gates）集团为首的商业领域对于编订工作的垄断，标志着美国教育改革的市场化程度进一步深化了。而在拉维奇更熟悉的纽约曼哈顿地区，一些公司企业开始通过各种方式吸引对于教育方面的投资。在测试软件开发和特许学校开办的过程中，教育逐渐沦为一个赚钱的市场。在谈到教育事业中的投资前景时，"新闻集团"（News Corporation）总裁鲁伯特·默多克（Rupert Murdoch）甚至把教育称作"一个 5 千亿美元的领域"，而他的公司也开辟了专门的教育附属机构——"增强"（Amplify）。

基于此，拉维奇认为，教育改革正在转向市场化模式，但是特许学校、标准化测试以及问责制等措施并没有比旧有的公共服务模式更好地实现学生学业成就的提升。于是，她开始搜集各种文字资料和数据统计，并在 2010 年写成了《美国学校体制的生与死：论考试和择校对教育的侵蚀》（The Death and Life of the Great American School System: How Testing and Choice are Undermining

---

① Diane Ravitch. Is School Choice Enough？［EB /OL］. https：//www.city-journal.org /html /school-choice-enough-10349.html. 2008 - 01 - 24.

Education）一书。此书一经出版，很快跃居《纽约时报》畅销书排行榜的榜首位置，受到美国几乎所有知名媒体的强烈关注，并同时在政界、学术界和普通公众当中也引发广泛的有关教育改革的大讨论。至此，拉维奇本人也正式地开始了她的作为"反改革者"（anti-reform activist）的角色，开启了她在公共领域保卫美国公共教育的斗争生涯。

在这本畅销书当中，她详细阐释了自己在研究过程中发现的"新的证据"如何使她转变立场。尽管此时的她还是表达了呼吁美国公众支持国家标准和一套"连续的、知识丰富的课程"的愿望，但与此同时她也明确地表示，反对充满了市场逻辑的改革措施。她在书中认真反思了 21 世纪以来美国的教育改革，包括自己以前曾经支持过的以及如今奥巴马政府仍在努力推行的一些措施，尤其是特许学校和泛滥的标准化测试，以及通过学生参加标准化测试的成绩对教师进行问责。她在书中批判了 20 世纪 90 年代和 21 世纪第一个 10 年当中在圣地亚哥和纽约等城市展开的那些曾被高度评价过的改革模式，并且将矛头直指盛行一时的《不让一个孩子掉队法案》，认为这部法案狭隘地强调阅读和数学学科，进而将学校教育削减成对相关的标准化测试进行的准备工作。她还毫不避讳地提到在《不让一个孩子掉队法案》颁布之后，芝加哥市欺诈性地夸大学生的测试成绩，并以该案例提醒奥巴马政府，如果继续推行奖励性资助措施将会使这种情况愈演愈烈。此外，她还批判了由盖茨基金会和其他捐赠机构引导的教育改革，警告如若把教育决策和公立学校的改革交给私人企业和公司接管，将会造成灾难性的后果。[①]

然而，拉维奇对自己之前长期支持的教育改革措施的反思并非仅仅浓缩在这一本书当中。与此同时，她还在一些报刊上发表文章捍卫和补充书中的观点，批判特许学校和标准化测试以及问责制。比如，拉维奇在《华盛顿邮报》上撰写的《为什么我改变了有关学校改革的看法》（*Why I Changed My Mind About School Reform*）的一文引用了 NAEP 的数据，说明了特许学校和普通学校的教育成效无显著差异。此外，她还指出："目前强调的问责制已经给学校

① Diane Ravitch. The Death and Life of the Great American School System：How Testing and Choice are Undermining Education[M]. New York：Basic Books, 2011.

造成惩罚性的气氛。奥巴马政府似乎认为，如果我们解雇不合格的教师和关闭失败的公立学校，教育将得到改善。然而他们没有认识到，公立学校往往是社区的支柱，代表了很长一段时间传承下来的价值观、传统和理想。他们还没有认识到，学业成就低是与贫困相关联，而不是所谓的坏教师。"最后，她总结道："我们需要的不是一个市场，而是为所有学生提供一套连贯的课程。我们的政府应该致力于在全国的每一个社区提供一个优质的学校。"①不久之后，拉维奇又对《纽约时报》上一篇介绍比尔·盖茨如何塑造美国教育政策的文章进行了评论，强烈谴责了大型公司依靠金钱力量裹挟国家的公共教育体系。她在《比尔·盖茨：正在向公立学校出售坏的建议》（*Bill Gates：Selling Bad Advice to the Public Schools*）一文中指出，比尔·盖茨错误地认为教师的素质可以通过学生的考试成绩得到保障。然而这会使得美国的学生参加更多的标准化测试，教师会为测试而教，进而也会导致更多的作弊丑闻出现。她甚至认为，比尔·盖茨正在滥用他充裕的资金，将个人意志强加于国家之上，颠覆了民主的进程。②

此外，她还在《纽约时报》上发表了《等待学校奇迹》（*Waiting for a School Miracle*）、在《星期六晚邮报》（*The Saturday Evening Post*）上发表了《处于危机中的美国学校》（*American Schools in Crisis*）、在《蒙哥马利广告报》（*Montgomery Advertiser*）上发表了《对特许学校说"别管闲事"》（*Say "No Thanks" to Charter Schools*）、在《野兽日报》（*The Daily Beast*）上发表了《奥巴马授权〈不让一个孩子掉队法案〉豁免，使得情况更糟糕》（*Obama Grants Waiver to NCLB and Makes a Bad Situation Worse*）等文章。由此可见，《伟大的美国学校体制的生与死》这本书出版后产生的巨大影响以及持续在报纸上发表相关的文章促使着拉维奇对于公共教育改革问题进行更加深入的研究。不久之后，进一步揭露市场化教育改革弊端的另一本著作也顺利出版，再一次吸引了公众的眼球，引发了公众的进一步思考。

---

① Diane Ravitch. Why I Changed My Mind About School Reform [EB/OL]. http：//www. wsj. com /articles /SB10001424052748704869304575109443305343962. 2010 - 03 - 09.

② Diane Ravitch. Bill Gates：Selling Bad Advice to the Public Schools [EB/OL]. http：//www. thedailybeast. com /articles /2011 /05 /23 /bill-gates-selling-bad-advice-to-the-public-schools. html. , 2011 - 05 - 23.

2.《错误的统治：私有化运动的骗局及其对美国公立学校的危险》：批判 K‑12 标准化教育改革的"市场逻辑"

经过三年的酝酿之后，拉维奇于 2013 年出版了《错误的统治：私有化运动的骗局及其对美国公立学校的危险》（*Reign of Error: The Hoax of the Privatization Movement and the Danger to America's Public Schools*）。此书的第一版发行量就达到 75 000 册，并且在出版仅一周的时间内就登上了《纽约时报》畅销书的榜首。这本书探讨的主题延续了《伟大的美国学校体制的生与死》当中揭示出来的有关市场化教育改革的问题，是拉维奇继上一本畅销书出版之后对于这些问题进一步思考的深化。

在《错误的统治：私有化运动的骗局及其对美国公立学校的危险》一书中，拉维奇更加直接且激进地将矛头指向教育改革的市场化趋势，称其为"骗局"和"危险"，试图用不可能实现的学校教育进步的幻想蛊惑人心。在全书的开篇引言部分，拉维奇提出四个问题："美国的教育处于危机之中吗？""美国的教育正在走向失败和衰败吗？""如今联邦政府鼓励的且被很多州采纳的改革措施得到哪些证据的支持？""我们应当怎样做才能提高学校教育质量和孩子们的生活水平？"①之后，在书的第一章中，拉维奇又写道："在本书当中，我将揭示当前的改革为何不起作用，谁又在改革的背后发挥作用，以及这些改革措施是如何将公共教育私有化的。我还将提出拯救公共教育的办法，但是这些办法没有一个是廉价的，不存在解决这些复杂问题的捷径。"②在接下来的30 多个章节中，拉维奇围绕着这些问题逐步展开了她的分析和论述。

在这本书中，拉维奇的首要工作就是澄清美国当下的教育改革到底是怎么一回事。对此，她解释道，这场改革的本质是"苦心积虑地"试图用市场机制"统治"公立学校。在大型企业和公司的怂恿下，改革者"刻意地强调测试"制造了"不断下滑但是可以被测试的学业成绩"。因此，改革者顺理成章地要求将学校课程压缩为那些被要求进行测试的科目，而将艺术和其他培养学生人格素养的学科排除在外。在鼓励各州进行标准化测试的同时，造成"为测试而

---

① Diance Ravitch. Reign of Error: The Hoax of the Privatization Movement and the Danger to America's Public Schools [M]. Boston: Vintage, 2013: xi.

② 同上: 6.

教"的盛行。

在解释完基于市场机制的改革措施对公共教育的不利影响之后,拉维奇又对奥巴马政府以新瓶装旧酒的形式用《力争上游法案》替代《不让一个孩子掉队法案》的做法进行声讨。她称联邦政府放弃了将公正作为首要的原则,任何一个州只要开设更多的特许学校以及将公立学校的职能外包给私人机构来扩大竞争的范围,都将获得联邦政府提供的额外资助。"此次联邦政府通过刺激私人领域的投资来为美国教育创造利益的冒险在历史上还是第一次。"①拉维奇评论道。

拉维奇在这本书中还提出一系列提升教育质量的设想:更多的学前保育项目,让孩子们"愉快地进行娱乐和学习";更广泛的医疗和精神健康服务进入校园;更小的班额;使用诊断性测试而非标准化测试,分析学生需要的特定帮助,而不是通过审判的方式让学习成为一种痛苦的压力。除此之外,拉维奇认为教师应当是教育成败最为关键的因素。她反对使用"胡萝卜加大棒"的方式来对教师进行激励,这样就会将教师之间对立起来而削减了合作精神。拉维奇还提到芬兰的例子,那里的教师通过竞争进入教育学院,得到优质的师范教育。他们的评价考核并不是基于学生的测试成绩进行,也没有所谓的"为芬兰而教"的口号。当然,芬兰也没有特许学校。通过比较,拉维奇提醒道,对比芬兰教育的成功和美国教育的退步可知,运用市场化的改革方式来促进学生学业成就的提升并不是应有之道,芬兰不到 5% 的学生处于贫困之中和美国 23% 的贫困比例之间的差异才是问题的根本所在。最后,拉维奇总结道,我们的学校处于危机之中,其原因在于大量的贫困和种族隔离,这是一种混合型的伤害。公共教育的危机与当下社会存在的危机是一致的,只有当社会危机得到缓和,教育状况才有可能好转。②

可以说,拉维奇的这本著作集中系统地清算了美国 21 世纪以来教育改革措施中的市场化倾向。然而,这本书并没有被视为一部学术专著,更确切地说,这应当是一本启发公众的通俗读本。的确,这本 16 开的著作正文部分共计 330 页,每个章节短小精悍,而非长篇大论,用词也格外平易近人。这些亲

---

①② Diance Ravitch. Reign of Error: The Hoax of the Privatization Movement and the Danger to America's Public Schools[M]. Boston: Vintage, 2013: 28.

民的特征扩大了这本书的受众范围,继《伟大的美国学校体制的生与死》之后,让更多的公众认清了受到市场化绑架的教育改革的真相,使更多的人参与到保卫公共教育和反对当下流行的共同核心标准和标准化测试的实践中去。不仅如此,这两本畅销书的相继出版也让拉维奇本人进一步在公共领域中站稳了脚跟,提升了她的公共影响力。

二、论战中的蜕变与个人教育博客的建立

如果说拉维奇早年在出版社的经历让她首次感受到公共领域的话语力量并且促成她之后长期通过公共领域进行教育斗争,那么她个人教育理念的转变也与一场在公共领域展开的博客论战密不可分。甚至那两本畅销书的出版,也与她的这段博客论战有着千丝万缕的关联。

这场博客论战的主角拉维奇和黛博拉·梅尔（Daborah Meier）相识于 20 世纪 90 年代。两人的身世有一些相似之处,同样都在大学接受过严格的史学训练。此外,或许是受曾为市政府工作的母亲的影响,黛博拉的生平与拉维奇一样具有强烈的政治斗争色彩。她在攻读芝加哥大学硕士学位期间曾参与组织过 50—60 年代的芝加哥公民权利与和平运动,并且与著名的美国社会主义者迈克尔·哈林顿（Michael Harrington）共同组织成立了"民主社会主义组织委员会"（Democratic Socialist Organizing Committee,简称 DSOC）。

从芝加哥大学毕业之后,黛博拉投入到一线学校的教育工作当中。60 年代后期,黛博拉搬到纽约,在哈雷姆地区的幼儿园当教师。1974 年,她创办了中心公园小学（Central Park Elementary School,简称 CPES）,这所小型的公立学校主要面向当地的非洲裔和西班牙裔家庭招生。在此后的 20 年时间里,黛博拉又在哈雷姆地区开办了两所中心花园小学和一所中学,同时还对纽约其他类似学校的开办进行指导。这段教育实践成了她无比珍贵的经历,让她见证了当时学校教育的问题。在她看来,美国的公共教育正在朝着越来越背离民主精神的方向堕落,难以有效培养出合格的社会公民。因此,她开办的小型公立学校都旨在践行杜威的进步主义教育理念,希望为所在学区的孩子们提供更优质的教育。80 年代的时候,黛博拉在学校中积极推进民主运动的组织,

给予教师更多的权利进行学校的建设,让家长有更多的机会来表达她们的需求,并且着力在教师和家长之间建立起合作关系。到了 90 年代前后,黛博拉仍然从事着一线教师的工作,并且把她的小型公立学校从纽约办到了波士顿,继续实践着自己的教育理想。与此同时,黛博拉也在陆续发表着一些有关教育民主问题的文章和著作,介绍自己开办小型公立学校的经验,并且公开批判州政府指定的课程和高风险的标准化测试,特别是由此造成的对于不同种族和阶级的不公平。① 正因如此,为联邦政府的教育改革而努力工作的拉维奇便逐渐进入黛博拉的视线。

从关注到拉维奇开始,黛博拉曾数次对她的著作和文章进行批评。1983年,黛博拉在《异议》(Dissent)期刊上发表了对拉维奇所著的《困境中的改革运动》(The Troubled Crusade)一书的批判;1988 年,黛博拉又在《异议》中批判了拉维奇和切斯特·芬合著的《我们 17 岁的青年知道什么?》。拉维奇曾回忆道:"对于黛博拉批判,我已经记不清楚自己是如何回复的,我只记得当时自己把那种沮丧之情告诉了前 AFT 主席阿尔伯特·尚卡尔(Albert Shanker)。他倒是觉得我和黛博拉一定会相互欣赏,并且建议我给她打个电话约个时间见见面。"② 电话中,黛博拉邀请拉维奇到自己在纽约市东哈雷姆(East Harlem)地区开办的学校去参观。两个人正是通过这次时长两个小时的面谈相识并长期保持联系,并且在谈话中找到了很多共同感兴趣的话题。此后的一段时间里,两人的观点仍旧存在冲突,并且经常就一些问题进行讨论和相互批判,尤其是在谈到教育改革中的市场化倾向时,两人的讨论更是激烈。

2006 年,拉维奇和黛博拉同时受纽约大学的邀请,共同参加了一次有关纽约公立学校变革的讨论。两人在午餐时间的交谈过程中不约而同地提到施加于学校的问责制,并表达了对这一强硬措施的不满。于是,两人决定合作写一篇有关于此的文章。写作的过程持续了数周,文章的草稿也不停地往返于两人之间,被不断地磋商和修改。当文章最终完成之后,他们寄给了《教育周刊》。收到文章之后,一些《教育周刊》的编辑建议两人将他们的合作转移至《教育周刊》的博客,继续就相关的问题进行持续性的探讨。于是,从 2007 年

①②　　Mike Klonsky. An Interview with Deborah Meier on the Small-Schools Movement [EB /OL]. http: //www. huffingtonpost.com /michael-klonsky-phd /deborah-meier-small-schools_b_859362.html.2012 - 06 - 29.

开始,拉维奇同黛博拉在《教育周刊》的博客上进行了长达近 5 年之久的被称为"消除分歧"(Bridging Differences)的博客论战。

在论战的最开始,拉维奇承认自己此前支持把选择制度作为学校改革最主要的措施是错误的。然而,随着这场论战的推进,她进而宣布了对于教育改革中冒进的市场化倾向的反对,包括相关的课程和学业评价标准。拉维奇在 2010 年 11 月的一篇博客中写道:"我现在无条件承认支持标准化测试和问责制是错误的,我认为这些方法制造了巨大的国家骗局。我们越是依赖测试,越是强调问责,越是难以从教育中获得收益……我也无条件承认支持将择校制度作为学校改革的主要机制是错误的。择校加速了公立学校的市场化进程,加速了政府的资金流向企业。"[1]想必几乎全盘否定她此前作为教育部官员长期坚守的教育改革信念并不容易,不过也正是在此之后,她摆脱了右翼和左翼两个党派的桎梏,像她自己所说的那样,只相信亲眼观察到的事实证据。

2012 年 9 月,拉维奇在"消除分歧"写下了最后一篇文章,宣布自己将退出这场旷日持久的博客论战,并表示自己将开设个人博客,作为反对教育改革中的"市场化"倾向的传播枢纽。在最后一篇文章中,拉维奇对这场经历进行了回顾:"当我们最开始在博客上进行争辩的时候,我被很多人看作是保守派的代言人,为测试、择校和问责制摇旗呐喊。随着我们讨论的进行,我的观点也在不停地发生转变。正是受到这场博客论战的影响,我才写出《伟大的美国学校体制的生与死》这本书,对种种公共教育的改革措施进行批判。"她还向黛博拉说道:"你战胜了我,并且我相信你可以改变任何人的观点,只要他们愿意倾听你的话。"在总结这场博客论战的收获时,拉维奇认为自己从中学会了一种"非正式的""谈话式的"写作方式,可以不需要用专业术语和各种脚注而更加舒适地表达自己的观点。[2]毋庸置疑,这场博客论战在改变拉维奇教育观念的同时也让她也真切感受到网络社交平台的强大作用,或许这也是她最终决定创建个人博客的重要原因之一。

---

[1] Diane Ravitch. Did We Bridge Our Differences? ［EB／OL］. http：//blogs.edweek.org/edweek/Bridging-Differences/ 2010／11／did_we_bridge_our_differences.html？print＝1, 2010－11－02.

[2] Diane Ravitch. We Bridged Our Differences［EB／OL］. http：//blogs. edweek. org ／edweek ／Bridging-Differences ／ 2012／09／we_bridged_our_differences.html. 2012－09－11.

至此，拉维奇在同黛博拉的辩论中妥协，彻底地转变个人教育观念的立场。她自己说道，黛博拉让她相信自己此前坚持的一切都是错误的。因此，她不仅否定了自己有关择校和标准化测试的观点，而且也抛弃了对于任何基于市场的教育改革成功的可能性的幻想，包括具体的国家标准、课程和课堂教学。她甚至认为，任何支持这种"畸形"（de-forms）改革的人都是反动分子，或者是被反动的企业化改革运动愚弄的人。在拉维奇新的个人字典中，"改革者"已经成为一个贬义词。

受到这场客论战的影响，拉维奇本人在退出"消除分歧"之前开始创建自己的博客。在博客建立一年半的时间内，拉维奇发布的帖子数量超过 5 000 篇，平均每天发帖量超过 10 篇，访问量超过 600 万人次，而回复量也超过 10 万条。在拉维奇发布的帖子大多是针对以改革的名义而威胁到学生、教师和整个公共教育体系的政策法案，其内容包括基于学生标准化测试成绩而对教师进行问责，关闭被认定为"失败"（failing）的学校，扩张特许学校，以及在各州强迫施行"国家化的"（nationalized）共同核心标准课程。[①]

2012 年在退出"消除分歧"的博客论战之后，拉维奇把更多的精力投入到自己的博客建设当中。就在当年 9 月，华盛顿再次爆发游行，拉维奇通过她的博客贴出几首具有斗争精神的军队歌曲的歌词，比如《乔伊·希尔》（Joe Hill）和《你支持哪一方》（Which Side Are You On?），并且向教师组织表达了同情和怜悯。她在博客中指出，教师们没有任何实质性的权利能够对美国教育产生影响。"在教育领域中，教师组织遭到了严重的挤压。"拉维奇写道，"当政府和法院决定减少教育经费的时候，没有人站出来支持教师。越来越多的教师遭到解雇，班额在不断扩大，学生们也失去了艺术课和阅览室，然而失去的这些在以前却被理所当然地看作是美国公立学校的基础。"[②]几天之后，拉维奇又在另外一篇博客中继续写道："我们的国家怎么了？为何银行家和大公司要指责教师和公立学校的种种弊端？而这些弊端又恰恰是他们一手造成并由此从中受益的。为什么他们会认为采用共同核心标准以及将公立学校市场化能

---

① 详见：https://dianeravitch.net/.
② Diane Ravitch. Pete Seeger: "Which Side Are You On?" [EB/OL]. https://dianeravitch.net/2012/09/02/pete-seeger-which-side-are-you-on/. 2012-09-02.

够治愈严重的经济和社会问题?而这些问题真正的根源其实是我们的生产基地大量外包以及长期存在的经济不平等。"①正是如此,在离开《教育周刊》的博客平台之后,拉维奇迅速开启了一个新的战场,继续在公共领域中进行着她的教育实践。

由此可见,拉维奇虽然退出了"消除分歧"的博客论战,但是她通过博客保卫公共教育的斗争并没有停止。从发文量和关注量可以看出,她经由个人博客探讨更多的教育问题,也引来了更多公众和草根组织的关注。在畅销书出版之后,博客成了拉维奇支持和引领公众参与到教育改革过程当中的直接途径,这也为她个人作为公众人物的形象塑造添加了有力的一笔。

拉维奇通过畅销书的出版和持续 5 年的博客论战,一方面梳理清楚了自己的教育立场,彻底转变此前支持特许学校、国家标准、问责制等一系列带有"市场化"性质的教育改革措施的做法,而是转向对于公共教育的支持;另一方面,这些公共领域中的实践也使得此前主要是政府官员和学者身份的拉维奇成了家喻户晓的公众人物,成功地实现了旧身份的转型和新形象的塑造。这为她接下来继续在公共领域中揭露标准化教育改革中的"市场逻辑",鼓励公众对共同核心标准和标准化测试的批判以及相应的"选择退出"运动作好了充分的准备。

第三节 公共领域在批判 K–12 标准化教育改革"市场逻辑"中的影响力

一、争议制造与公共号召力的提升

拉维奇在公共领域的锋芒毕露,一方面确实能够通过其号召力带动支持一批志同道合的公众发出更有力量的声音,另一方面也会招致反对者无情的批驳。比如,在《伟大的美国学校体制的生与死》出版之后,阿肯色大学的杰

---

① Diane Ravitch. Teachers: How to Survive in a Hostile Environment[EB/OL]. https://dianeravitch.net/2012/09/28/teachers-how-to-survive-in-a-hostile-environment/. 2012–09–28.

伊·格里尼(Jay P. Greene)在他个人有关教育改革问题的网站上就宣称"拉维奇站错了位置"(Ravitch is wrong site)，甚至对拉维奇冷嘲热讽。他认为，拉维奇忽视了在波士顿和纽约举办的高质量的特许学校取得的积极成效，而只关注到质量较差的特许学校的例外情况。他还讽刺，拉维奇的立场转变只是个人立场的转变，并不代表知识分子的立场。她这么做只是为了迎合一些新朋友，比如 AFT 领导人兰迪等人。而这些人的思考本来就不够成熟，或者是言不由衷。① 此外，美国商业研究所研究员马克·施耐德(Mark Schneider)在研究所的官方博客上评价拉维奇的这本书的时候称，她在评价择校和特许学校改革时犯了错误。② 西肯塔基大学的教育管理学教授加里·霍钦斯(Gary Houchens)在他自己建立的名为"学校领导者"(School Leader)的网站上撰文批评了拉维奇在书中对于特许学校和标准化测试的错误评价。③ 汉普顿-悉尼学院(Hampden-Sydney College)的经济学和商学教授格里高利·邓普斯特(Gregory M. Dempster)也在《独立观察》(The Independent Review)上发表了《保卫新自由主义教育政策》(In Defense of Neoliberal Education Policy)一文，认为拉维奇没有正确地理解择校的含义。择校只是为了更好地满足家长和学生的要求，而并非如她所说的是联邦政府的意志。④ 除了学术界，媒体方面对于拉维奇的批判也随处可见。

当然，也有很多人公开表达了对拉维奇的支持。著名的批判教育学者阿普尔曾撰文称，感叹维奇敢于挑战自己、敢于挑战此前被理所当然地认为是正确的东西，阿普尔还特别称赞了拉维奇通过公共领域表达教育理念的做法。⑤ 哈佛大学教育研究生院的霍华德·加德纳(Howard Gardner)教授对《错误的统治》这本著作进行了高度评价，"当前美国教育的改革者让一种流言遍及全

① Jay P. Greene. Ravitch is Wrong Site[EB/OL]. https://jaypgreene.com/2010/11/29/ravitch-is-wrong-site/. 2010－11－29.
② Mark Schneider. What Diane Ravitch Gets Wrong[EB/OL]. https://www.aei.org/publication/what-diane-ravitch-gets-wrong/. 2010－03－11.
③ Gary Houchens. What Ravitch Gets Wrong, Part I[EB/OL]. http://schoolleader.typepad.com/school-leader/2013/02/what-ravitch-gets-wrong.html. 2013－02－12; Gary Houchens. What Ravitch Gets Wrong, Part II[EB/OL]. http://schoolleader.typepad.com/school-leader/2013/02/what-ravitch-gets-wrong-part-ii.html. 2013－02－19.
④ Gregory M. Dempster. In Defense of Neoliberal Education Policy[J]. The Independent Review, 2013, summer: 103－113.
⑤ Michael W. Apple. Chanllenging One's Own Orthodoxy: Diane Ravitch and the Fate of American Schools[J]. Reviewing Policy, 2010(6): 697－698.

国,然而却使得其他的声音就此消失。但是,在拉维奇的这本充满勇气的书中,有力地挑战了展现在我们眼前的数据及其对这些数据的分析,更重要的是,还挑战了在此之后隐藏着的价值体系。"①

　　除了来自学者们的支持,很多媒体也刊发了力挺拉维奇文章。在《错误的统治》的扉页上,出版商毫不吝惜地刊载出了部分媒体对于此书的赞美之词。来自《教育周刊》的山姆·夏尔坦(Sam Chaltain)的评价:"如果要描绘这本书,我所能想到的最恰当的词汇就是'黑幕揭发'(muckering)……我们需要像拉维奇这样的公众人物来揭示危险的趋势,同时指引未来的方向……这是一本必读的书。"《赫芬顿邮报》(*Huffington Post*)的梅赛德斯·施耐德(Mercedes Schneider)的评论:"我建议所有公立学校的教师都来读读拉维奇的这本书……她的批判将改革者暴露在众目睽睽之下,让他们窘迫难堪。拉维奇在为我们大家而斗争。"全美教师联合会主席兰迪称:"拉维奇的这本必读书为公共教育的应有目标提供了令人信服的例证。她批判了教育改革市场化的趋势,并且提出一条真实的、值得努力的路径,能够让公共教育成为我们的孩子实现他们美国梦的通道。"②

　　此外,一些媒体也毫不避讳地呈现了公众对于拉维奇的不同态度。比如,《新共和》曾刊载过一篇题为《反对者》(*Dissenter*)的文章,作者凯文·加里(Kevin Garey)认为拉维奇的书中所使用的论证材料都是可疑的、有选择性的以及不一致。③ 仅仅半个月之后,《新共和》就刊载了另外一篇专门批判此文的文章。在这篇题为《保卫拉维奇》(*In Defense of Ravitch*)的文章中,作者戴安娜·辛尼切尔(Diana Senechal)指责加里在他的论述当中通过人身攻击、断章取义地引用拉维奇的言论,使得拉维奇的著作碎片化,对公众造成极大的误导。④

　　虽然褒贬不一、争议不断,但是拉维奇在公共领域斗争没有停止。更重要

---

① Diance Ravitch. Reign of Error：The Hoax of the Privatization Movement and the Danger to America's Public Schools ［M］. Boston：Vintage, 2013：封页.
② 同上：封底.
③ Kevin Garey. The Dissenter［EB/OL］. https：//newrepublic.com/article/97765/diane-ravitch-education-reform. 2011‒11‒23.
④ Diana Senechal. In Defense of Ravitch. New Public［EB/OL］. https：//newrepublic.com/article/98379/diane-ravitch-school-reform. 2011‒12‒12.

的是,她的公共号召力并没有因此而降低,甚至在争议当中有所加强。3 年之内两部著作神话般地荣登畅销书排行榜榜首,再加之个人博客在短时间内迅速取得的巨大影响力,拉维奇一时间成了媒体的新宠,采访、约稿纷至沓来,报纸、杂志和广播电视节目中随处可见报道。比如,国家公共广播(National Public Radio,简称 NPR)以《错误的统治》的出版为契机对拉维奇进行了采访,在采访过程中,记者就"为何反对特许学校改革?""是否有部分特许学校真的有作用?""为何一些公立学校成绩低下,应当如何应对?"等问题与拉维奇进行了交流。① 此外,《美国的前途》(*The American Prospect*)就公立学校改革、芝加哥教师游行以及标准化测试等问题与拉维奇进行了讨论②,《沙龙》就公立学校正在被特许学校取代的现象对拉维奇进行了访谈。③ 与此同时,拉维奇还应邀参加过一些电视节目的录制。其中,她不止一次出现在美国家喻户晓的电视节目"每日秀"(The Daily Show)的录制现场。《伟大的美国学校体制的生与死》出版不久,拉维奇便在节目中指出,教育改革应当关注如何解救身处贫困中的儿童,而不是找出坏的教师。④ 而当《错误的统治》出版之后,拉维奇又向观众郑重强调了美国的公立学校绝没有走向末路,并且批判了基于考试分数对教师进行评价的制度。⑤此外,拉维奇还曾参加过名为"莫耶斯和公司"(Moyers & Company)⑥、"塔维斯·斯迈利"(Tavis Smiley)⑦等由"公共广播服务"(Public Broadcasting Service,简称 PBS)制作的访谈节目和其他广播、电视媒体中的谈话节目,讨论有关公立学校改革的措施和典型案例,甚至是解答现场观众提出的相关问题。

　　经由媒体的宣传,在拉维奇的公共号召力得到进一步巩固的同时,越来越

---

① NPR. Diane Ravitch Rebukes Education Activists'"Reign of Error"[EB/OL]. http://www.npr.org/2013/09/27/225748846/diane-ravitch-rebukes-education-activists-reign-of-error. 2013 - 09 - 27.

② Abby Rapoport. Diane Ravitch Talks School Reform, the Chicago Strike, and the "Testing Vampire"[EB/OL]. http://prospect.org/article/diane-ravitch-talks-school-reform-chicago-strike-and-testing-vampire. 2012 - 10 - 01.

③ Josh Eidelson. Say Goodbye to Public Schools: Diane Ravitch Warns Salon Some Cities Will Soon Have None[EB/OL]. http://www.salon.com/2014/03/12/public_schools_under_siege_diane_ravitch_warns_salon_some_cities_soon_will_have_none/. 2014 - 03 - 12.

④⑤ The Daily Show. Exclusive- Diane Ravitch Extended Interview PT. 2[EB/OL]. http://www.cc.com/video-clips/gx7xf5/the-daily-show-with-jon-stewart-exclusive — diane-ravitch-extended-interview-pt-2. 2013 - 10 - 30.

⑥ Moyers & Company. Public Schools for Sale? [EB/OL]. http://www.billmoyers.com/episode/public-schools-for-sale/. 2014 - 03 - 28.

⑦ PBS. Interview with Diane Ravitch[EB/OL]. http://www.pbs.org/wnet/tavissmiley/interviews/diane-ravitch-2/. 2014 - 09 - 08.

多的人希望听到拉维奇有关公共教育改革的声音,也有越来越多的人被拉维奇的思想影响。为何拉维奇能够在公众当中有如此的影响力?原因正如《华盛顿邮报》的沙皮罗(T. Rees Shapiro)所言:"拉维奇并不是批判公共教育改革运动的先驱,在此之前已经有大量批判的声音。为何那么多人愿意倾听拉维奇?拉维奇的观点又为何如此令人信服?最重要的原因在于,她本人曾经也是一个典型的改革者。"[①]的确,正因为有了此前的亲身经历以及如今通过公共领域而进行的自我挑战,造就了拉维奇强大的公共号召力。

随着拉维奇在公共领域持续进行的教育实践以及对于她个人的访谈不停地出现在媒体上,拉维奇的号召力对于公众言行的影响开始逐渐显现出来。就在《伟大的美国学校体制的生与死》出版之后不久,拉维奇又在《纽约书评》(*The New York Review of Books*)上撰写了《特许学校的神话》(*The Myth of Charter Schools*)一文,对当时由戴维斯古根海姆(Davis Guggenheim)拍摄的一部著名的教育题材纪录片《等待"超人"》(Waiting for "Superman")进行了批判。这部影片讲述的是 5 个孩子通过抽签赢取进入特许学校的机会的事情,片中没有出现成功的公立学校教师、校长和管理者,也没有成功的公立学校的案例,其背后暗含的是公立学校失败的隐喻。拉维奇在文中再一次强调,公立学校是国家的基石,尽管其质量有待提升,但是将其推向市场绝不是一种好方法。[②] 不仅仅是拉维奇,来自"沙龙"网站的影评人安德鲁·奥海尔(Andrew O'Hehir)以及来自《乡村声音》(The Village Voice)的米莉莎·安德森(Melissa Anderson)等媒体工作者也对这部影片表达出不满之意。[③]

实际上,《等待"超人"》更多得到的是来自教育改革者、社会评论员的正面赞扬,甚至还获得了 2010 年圣丹尼斯电影节最佳观众奖。然而有趣的是,正是在一批以拉维奇为首的公共教育的保卫者通过报纸、网络等方式的批判情形中,一部与该纪录片针锋相对的影视作品《〈等待"超人"〉背后难以忽视的真相》(The Inconvenient Truth Behind "Waiting for 'Superman'")于 2011 年公映。这部由"草根教育运动"组织(Grassroots Education Movement)拍摄

① T. Rees Shapiro. Nikhil Goyal, 17: The Future Education Secretary? [N]. The Washington Post, 2012‑10‑19.

② Diane Ravitch. The Myth of Charter Schools[EB/OL]. http://www.nybooks.com/articles/2010/11/11/myth-charter-schools/. 2010‑11‑11.

③ Kenny, Deborah. A Teacher Quality Manifesto[N]. The Wall Street Journal, 2010‑09‑22.

的作品记录了纽约部分教师和家长在看完《等待"超人"》之后在曼哈顿地区进行的一场抗议。教师和家长们在片中批判了逐渐占据主导地位的自由市场化的教育体系以及特许学校的改革措施。在影片放映的现场,制片人还向观众发放免费的空白影碟,鼓励教师和家长们拍摄自己的视频,并在此之后引发了华盛顿"拯救我们的学校游行和全国呼吁行动"(Save Our Schools March & National Call to Action,简称 SOS)。[①]

不仅如此,当个人博客创建之后,拉维奇又利用其博客的力量吸引公众尤其是教师团体的力量来支持政界反对教育改革的参选者。在 2012 年纽约市的市长选举中,教师联合会在最开始的时候大力支持较为温和的民主党候选人比尔·汤普森(Bill Thompson),然而拉维奇在博客上宣称她支持更为激进的比尔·德布拉西奥(Bill de Blasio)。布拉西奥在很大程度上对教育改革的市场化趋势持否定态度,他在演讲中曾明确表示反对特许学校,"我不会支持特许学校,我的核心关切是传统的公立学校"。[②] 此外,他还出台政策规定不再向纽约市内的特许学校提供免费的建设场所,并且禁止特许学校和公立学校共同分享空间资源。正是在这一点上,拉维奇毫不吝啬地表达了对于布拉西奥的支持。此后,很多布拉西奥的支持者纷纷把拉维奇的这篇博客四处转载,以此作为坚定自己的选择和说服他人转变立场的工具,在这当中很多人都是来自教师联合会的成员。最终,比尔·德布拉西奥高票当选,成为新一任的纽约市市长。这一事件显示出拉维奇强大的公共号召力。

二、批判 K–12 标准化教育改革的"全民动员"

2013 年之后,随着共同核心标准被越来越多的州采纳,以及相关的标准化测试即将执行,公众对此的争议越来越多。对于联邦政府推行的又一项具有市场化色彩的改革措施,拉维奇也投入到批判的话语斗争当中。她通过在报纸和博客上发表文章,以及在相关的讨论和公民运动中发表演讲表达自己的

---

① Joy Resmovits. NYC Teachers Counter "Waiting for Superman" with Film of Their Own[EB/OL]. http://www.huffingtonpost.com/2011/05/24/inconvenient-truth-behind-waiting-for-superman_n_865962.html. 2011–05–24.

② Javier C. Hernandez. City Charter Schools Fear Having De Blasio for A Landlord[N]. The New York Times, 2013–08–06.

观点,同时也支持来自公众的反抗声音。

2013 年 2 月,拉维奇曾在个人博客上发表了《为何我不能支持共同核心标准》(*Why I Cannot Support the Common Core Standards*)一文,公开宣布自己对于共同核心标准以及相关测试的反对,并从标准的制订过程及其内涵的商业化性质以及对于学生和美国公共教育可能造成的危害等角度进行了分析。此文一出便引起了大量读者的回应,共计得到 656 条留言,或对此文进行评论,或就有关共同核心标准的问题进行讨论。在此之后,她继续在自己的博客上发表了一系列有关共同核心标准的文章,比如《共同核心标准的基本原理,以及为何它会失败》(*The Real Rational for Common Core*, *and Why It is Failing*)、《谁为共同评估测试设定了及格线? 一个失败的设计》(*Who Set the Passing Marks for the Common Core Test? A Design for Failure*)等等。

而在一些主流报刊上,拉维奇有关共同核心标准的言论也屡见不鲜。2014 年,拉维奇受邀现代语言协会(Modern Language Association,简称 MLA),就"什么是共同核心标准?""谁制订了共同核心标准?""为何共同核心标准饱受争议?"以及"为何共同核心标准的采纳如此迅速?"等问题进行了演讲。拉维奇在此次演讲的最后呼吁:"停止测试! 停止排名! 不要用测试和排名去给那些通过考试的学生特权,也不要让测试成绩和排名情况成为拒绝给学生颁发他们今后生活必备的文凭的理由。"①同时,她还提到共同核心标准以及标准化测试对社会民主和公平可能造成的危害。"我担心共同核心标准和标准化测试将会促成一套基于测试的英才教育制度,这样会将教育机会和资源的分配建立在对学生进行测试的基础之上,从而威胁到我们的民主。只有当'每个人的生命都有平等的价值'这一信念深入我们骨髓的时候,我们才会拥有完美的民主社会。我们如今的社会在财富和收入方面已经充满各种不公平。我们不应当再人为地去伤害那些只能在社会利益中分得最小一杯羹的群体。我们应当努力改变社会的现状,让每个人都有机会去学习、获得他们学习必备的资源以及有机会过上幸福的生活,而无论他们

---

① Janresseger. Diane Ravitch's Speech to the Modern Language Association about the Common Core[EB/OL]. https://janresseger.wordpress.com/2014/01/18/diane-ravitchs-speech-to-the-modern-language-association-about-the-common-core/. 2014－01－18.

的考试成绩如何。"①这篇演讲稿让听众更好地了解了共同核心标准和标准化测试的实质，引起很大的关注。而就在一周之后，《华盛顿邮报》对拉维奇的这篇演说稿进行了全文转载。同样，拉维奇本人也撰写了不少相关的文章。比如，发表于《华盛顿邮报》的《你所需要知道的有关共同核心标准的所有事情》（*Everything you need to know about Common Core*）、发表于《赫芬顿邮报》的《有关共同核心标准优异但是错误的信息》（*The Excellent But False Messaging of the Common Core Standards*）等等。

在向公众揭露共同核心标准的弊端、引发公众的思考和批判的同时，拉维奇还通过公共领域的力量宣传和推动"选择退出"运动的进行，鼓励家长参与到"选择退出"运动中来。2013 年底，拉维奇就曾在个人 Twitter 上呼吁："现在就为明年春天全国范围内的选择退出考试运动作准备吧！说不！我的孩子不参加！"②这条信息随即被大量访问者转发和评论。而在主流报纸上，拉维奇的相关文章同样对"选择退出"运动起到积极的作用。而当 2016 年新的一轮标准化测试即将拉开帷幕的时候，拉维奇又在《赫芬顿邮报》上发表了《为何每个孩子都应该选择退出标准化测试》（*Why Every Child Should Opt Out of the Standardized Tests*）一文。这篇文章发表之后引起广泛关注，迅速被很多反对标准化测试的网站转载。③ 文中指出，标准化测试正在破坏教育体系，而那些认为测试能够让学生更聪明的政客以及那些不会进行独立思考的教育官员正在疯狂地实施标准化测试。如今，对于家长们来说，最好的并且也是唯一的办法就是告诉那些政客和官员，不会让自己的孩子参加那些测试。④

在博客上，拉维奇也经常发表有关"选择退出"运动的文章。就在"选择退出"运动因为共同核心标准第一轮测试的成绩公布之后影响力骤然增强之时，拉维奇在她的博客中分析了这场运动的特征和起因：第一，这场运动是由

---

① Valerie Strauss. Everything You Need to Know about Common Core- Ravitch［N］. The Washington Post，2014－01－18.
② 详见：https：//twitter.com/dianeravitch.
③ 例如：http：//www.commondreams.org/views/2016/04/11/why-every-child-should-opt-out-standardized-tests；http：//www.alternet.org/education/diane-ravitch-why-every-child-should-opt-out-standardized-testing；http：//www.mlecshs.com/testing/diane-ravitch-why-every-child-should-opt-out-of-standardized-testing-alternet/，etc.
④ Diane Ravitch. Why Every Child Should Opt Out of the Standardized Tests［EB/OL］. http：//www.huffingtonpost.com/diane-ravitch/why-every-child-should-opt-out_b_9659546.html. 2016－04－18.

家长领导的,这场运动是草根的、无资金支持的家长行为。第二,这场运动的蔓延扩张是由于家长对于共同评估测试成绩的不满而造成的。第一轮共同评估测试的结果显示,70%的学生在这轮考试中"没有及格"。即便是那些已经毕业并顺利升入 4 年制高校的学生,他们的考试结果也是"没有及格"。正因如此,更多的家长才愤然结合起来抵抗测试。并非如邓肯所言,家长是因为对学生的能力和学校教育质量的担心而发起了这场运动。第三,家长们无法忍受测试设置毫无依据的及格线。在此前连续几年的考试中,大多数学生都被认定为"不及格",并且少数裔学生的成绩差距并没有在这三年内有所改观,差距依然很大。家长们不想让他们的孩子在考试中丧失信心,也不想让孩子的测试成绩成为影响教师名誉、待遇和未来发展的指标。他们希望教育和测试能够回归常识,而不是像如今这样几近疯狂。①

拉维奇的这篇评论并非只是在对"选择退出"运动的现象进行简单的总结,而是通过对于这场运动发生原因的分析,抨击以标准化测试为代表的标准化教育改革在现实中所造成的实质性的负面影响。此外,她在博客上还经常转发介绍各地"选择退出"运动的进展及其他相关情况的消息。② 这些报纸和博客中的文章无疑使得更多的人了解并加入"选择退出"运动当中。

对于很多反对标准化测试的草根组织来说,拉维奇更被看作精神支柱。她经常受邀在论坛上发表演讲,鼓励更多的人参加"选择退出"运动。2016 年初,公共教育网络(The Network for Public Education,简称 NPE)呼吁公众参加到"选择退出"运动中来,公开声称将会支持全国范围内决定拒绝参加标准化测试的家长和学生。拉维奇也受到邀请,录制了一段 2 分 16 秒的视频,作为该组织的官方宣传片。拉维奇在片中言简意赅地指明了标准化测试的几点主要弊端,包括对于教师了解学生学业情况帮助不大,考试时间过长,浪费人力物力,通过测试成绩对教师和学校进行评价也是不合理的等等。最后她感叹

---

① Diane Ravitch's Blog. Behind the Opt Out Movement: Tests That Are Designed to Fail Most Students[EB/OL]. http://dianeravitch.net/2015/08/27/behind-the-opt-out-movement-tests-that-are-designed-to-fail-most-students/. 2015-08-27.

② 例如:New York: 98% of School Budgets Pass, Opt Out Supporters Elected to Local Boards; Manatee County, Florida, Won't Back Down on Threat to Hold Back Third-Graders Who Opt Out; Opt Numbers for Maths Test Continue to Grow on Long Island, etc.

道,参加"选择退出"运动最重要的意义在于通过公众的实际行动让教育决策者了解并且重视公众对于教育的意见,让政府能够听到公众的声音。① 这段视频也被放在 NPE 的官方网站上,供公众观看。之后,这段拉维奇演说的文字稿也被《赫芬顿邮报》和《教育周刊》全文转载。

此外,之前提到的 LIOO 和 UOO 等草根组织也经常邀请拉维奇参与他们组织的活动。早在 2012 年的时候,拉维奇就曾受到 UOO 的邀请,在"占领美国教育部"的游行中进行了公开演讲。2015 年 3 月,拉维奇又受邀在长岛举行的名为"团结起来拯救公共教育:呼吁行动"(Stand Together to Save Public Education:A Call to Action)的论坛上进行了一次时长 35 分钟的主旨演讲。此次活动就是由 NYSAPE 牵头组织的,珍妮特作为 LIOO 的代表也参加了此次活动,并与拉维奇进行了现场的讨论。② 作为回应,拉维奇之后也曾在自己的博客和 Facebook 中不止一次地撰文,介绍了 LIOO 的领导者珍妮特的事迹,并对她的批判实践大加赞赏。③

总之,作为公众人物的拉维奇通过公共领域不仅实践着个人对标准化教育改革中"市场逻辑"的理念和具体措施的话语斗争,也在时时刻刻地鼓励和支持着其他公众的批判实践。

在本章,我们看到戴安·拉维奇是如何通过出版书籍、创建博客以及在媒体和网络平台上针对标准化教育改革中的"私有化"倾向抑或称"市场逻辑"展开话语斗争的。她在自身教育立场的转型过程中曾独自一人艰难前行,虽然遭受过同事的斥责、排挤甚至是威胁,但最终几乎是凭借一己之力对标准化教育改革发起了致命一击,同时也凭借自己的批判实践,对公众和团体组织起到鼓舞和支持作用。

虽然我们认为,公众人物未必是公众这个大群体中的典型代表,毕竟具体到某个特定的个人,并非都能够成为备受瞩目的公众人物,但是就本书而言,

① NPE. Message from Diane Ravitch about Opt Out[EB/OL]. https://vimeo.com/161182196. 2016-04-01.
② Mercedes Schneider's EduBlog. Diane Ravitch's March 9th Speech in Long Island[EB/OL]. https://deutsch29.wordpress.com/2015/03/12/diane-ravitchs-march-9th-speech-in-long-island/. 2015-03-12.
③ 例如:The Erin Brockovich of Long Island's Opt Out Movement:Jeanette Deutermann;Long Island:Opt Out Candidates Sweep Elections!;Long Island Person of the Year:Jeanette Deutermann,Opt Out Mom;Leader of Long Island Opt Out Explains Why She Opts Out:It is About Her Children,etc.

必须承认的是,公众人物同样是公众参与的主体。更重要的是,拉维奇的个人实践活动为公众的参与起到示范性作用,她以身体力行的方式告诉公众,个体如何能够凭借公共领域,用实际行动参与到教育改革的过程当中。

在拉维奇的话语斗争当中,我们看到她对于多种公共领域形式的充分利用。这可能只是一个巧合,但也在某种程度上说明,美国公共领域的成熟与强大足以支撑个人参与教育改革的实践活动。不仅如此,我们还可以看到,公共领域的作用对于一个人的信念和立场的转变也有着非常重要的作用。试想,倘若没有那场拉维奇和黛博拉在《教育周刊》官网博客上持续多年的博客论战,恐怕拉维奇也无法彻底地对自己此前对标准化教育改革的大力鼓吹和推动进行深入反思。

再就拉维奇个人的人生经历来看,尤其她作为曾经的联邦教育部官员,在很长一段时间里大力支持教育标准的制订,如今转而向曾经的事业和教育信条发起猛烈的攻击,这不仅需要强大的勇气,更需要一颗亘古不变的教育良心。所以,我们可以看到,拉维奇的批判始终着眼于标准化教育改革过程中"市场逻辑"的渗入,从更为深刻的层面对这场教育改革进行釜底抽薪式的打击。即便这场改革是美国教育近年来的大势所趋,并得到了美国联邦政府的许可和支持,但是早已看透新自由主义本质的拉维奇并未因此而有所避讳。也许这一点对于当今的公众人物而言更加具有现实意义和针对性,倘若无法在纷繁复杂的社会万象当中保持冷静、理智以及必要的风骨与气度,何谈公众之代表甚至是自身的"公众本色"呢?

总而言之,即便是暂时的只身一人,也可以通过公共领域参与到教育改革当中,哪怕是微小的力量,也有可能凝聚更多的关注;公众人物也应当在行使自身作为公众个体的义务的同时成为公众和社会团体的精神领袖,敢于批判不合理的教育制度,敢于引领其他公众参与其中。而这些,在拉维奇身上展现得淋漓尽致。

Education Reform for
the 21st Century Skills:
China and World

第六章

美国 K - 12 标准化
教育改革的转向

尽管在奥巴马时期,标准化教育改革的推行力度空前之大,但是公共舆论的怨声载道、社会运动的愈演愈烈以及公众个人不懈的话语斗争,迫使联邦政府不得不开始从宏观决策层面对这场改革进行反思和修正。奥巴马在其即将卸任之时推行专门的"测试行动计划"(Testing Action Plan),对标准化测试进行限制,并且重新修订《初等和中等教育法案》,授权《每个学生成功法案》,标志着联邦政府开始对标准化教育改革进行认真反思。同时,很多州和地区在推进共同核心标准的过程中也因为公众的批判而暂停、推迟甚至最终退出这项计划。而在 2016 年美国大选之后,特朗普也表现出反思标准化教育改革的态度,并提名新任教育部长候选人,试图终结共同核心标准。这些变化都表明了一个不争的事实,即公众的批判起到了作用,美国的标准化教育改革因此发生了转向。

第一节 "测试行动计划"重新规范标准化测试

从前文中可以看到,"选择退出"运动因反对标准化测试而起,逐步拓展到对整个标准化教育改革的批判和保卫公共教育,是一场由公众组织发起的影响重大的社会运动。正因如此,各方面对这场运动也给予了评价和回应,并且在联邦和各州教育部门注意到"选择退出"运动中反映出的公众意见之后,也从政策层面采取了相应的措施进行改革。

一、"选择退出"运动的社会效应

在最开始的时候,"选择退出"运动并没有引起官方的注意。美国前教育部长阿恩·邓肯在 2013 年的一次公开讲话中曾经将对共同核心标准和相关标准化测试的反抗看作"郊区白人母亲"（white suburban moms）对自己孩子聪明程度的怀疑，对学校的不信任。实际上，邓肯只是将家长们反抗的声音看作是他们争取自身利益的附属之物。家长真正关切的只是巩固其自身的社会地位，而不是对孩子所受教育质量的关心。然而，他万万没有想到这场运动居然在两三年的时间里变得如此轰轰烈烈。他更想不到的是，随着运动的展开，家长们的关切已经不仅仅是共同核心标准和标准化测试。纵观全美，家长们以正式和非正式的方式组织起来，共同面对公共教育问题，无论是具体的内容还是受到政府和公司企业过多干涉的内在逻辑。也正是在"选择退出"运动的参与过程中，越来越多的公众开始意识到，如今对于家庭和社区来说，参与教育决策的机会越来越有限，这就造成教育法案被州政府和联邦政府中心化的结果。此外，即便是家庭被纳入教育决策的参与者，但是在最终的决策者看来，他们也只是"公共教育的消费者"（public education consumer）。这就大大限制了家庭的参与，也忽视了地方社区在教育决策中的作用。①

在公共舆论当中，"选择退出"运动也受到广泛关注，引发了争议。比如在2013—2014 年，当第一轮基于共同核心标准的测试进行之时，"选择退出"运动非常激烈。就在纽约州即将进行测试的前一天，也就是 2014 年 3 月 31 日，《纽约时报》展开了一场题为"家长应当选择退出学校测试吗？"（Should Parents Opt Out of School Testing）的讨论。编辑在导言中指出，很多家长在抱怨自己的孩子所承担的压力，认为这场测试是不公平的，学校的课程也被备考裹挟，他们要求联合起来抵制考试。甚至是作为共和党议员的罗博·阿斯多利诺（Rob Astorino）——他同时也是一位三个孩子的父亲，也公开宣称将"选择退出"标准化测试。之后，编辑又从正反双方选择了一些有代表性的观点，从标准化测试的有效性、师生压力等方面呈现争论。②

半个月之后，《纽约时报》专栏作家大卫·布鲁克斯（David Brooks）发表了《当马戏上演的时候》（*When the Circus Descends*）一文。他在文中将反抗共

---

① Michael P. Evans & Andrew Saultz. The Opt-Out Movement Is Gaining Momentum[N], Education Week, 2015 - 06 - 09.

② Ruth Fremson. Should Parents Opt Out of School Testing[N]. The New York Times, 2014 - 03 - 31.

同核心标准和标准化测试的声音比喻成一场"马戏"表演，并批评了这些反抗声音的错误。① 在这篇报道见刊之后，随即引起了公众的关注和讨论，更有读者写信给《纽约时报》，表达自己的观点。2014 年 4 月 22 日，《纽约时报》摘选了几封针对这篇文章进行回应的读者来信。这些信件的作者包括大学教师、教育学专业在读学生、智库工作人员以及学区管理人员，他们从各自不同的立场和角度就相关问题展开了讨论。支持者认为，随着课程和教学成为关注的焦点，问责和选择的时代已经到来。通过强调课程、标准和教师的教学，我们最终会看到学生的进步。而批评者则指出布鲁克斯所谓的"马戏"实则是"明智的公众意见"。美国标准化教育改革已经走过十几年的路程，但是根据全国教育评价的数据来看，高中生的学业水平并没有得到提升。此外，有人指出，奥巴马时期慈善机构和联邦政府曾承诺投入 50 亿美元用于推行标准化教育改革的种种措施，包括统一的学业标准和标准化测试的编制，希望以此提升公共教育的质量，但是这些钱都被私立学校以及营利组织和非营利组织占有了。②

"选择退出"运动由于其影响范围和力度日益增加，最终吸引来自政界、教育决策者的关注。2015 年 9 月，白板咨询公司（Whiteboard Advisors）的一项调查显示，有 47% 的教育决策者和相关的政府人员相信，"选择退出"运动将很有可能让很多州修改教育法案。被调查者中不乏现任和往届的国家教育部领导人、国会议员以及教育智库的工作人员。70% 的人认为，越来越多的学生拒绝参加考试将会迫使州教育部门反思现有的测试方案，以及如何使用这些测试的结果去评价教育工作者和学校。63% 的人认为，2016 年将会有更多的学生参与到这场运动当中。62% 的人认为，"选择退出"运动已经对现有评价体系提出巨大的挑战。③

"选择退出"运动所在的各州政府也及时表明了官方的看法。尽管阿肯色州和田纳西州试图阻止"选择退出"测试现象的发生，但是犹他州和佛罗里达州却允许家长以任何形式的理由拒绝参加测试。此外，新泽西州也同意学校

---

① David Brooks. When the Circus Descends[N]. The New York Times, 2014-04-18.

② The New York Times. The Debate Over the Common Core[N]. The New York Times, 2014-04-23.

③ Emmanuel Felton. Experts Predict the Opt-out Movement will Get Some of What It Wants[EB/OL]. http://hechingerreport.org/experts-predict-the-opt-out-movement-will-get-some-of-what-it-wants/. 2015-09-25.

提供其他替代统一测试的方式应对"选择退出"运动。印第安纳州则建议,家
长可以在测试期间让孩子们在家学习(home-school),而不用参加考试。还有
不少以佐治亚州为代表的地区,尚未对此作出明确的法律规范,但是其中有不
少立法者都在试图保护参与"选择退出"运动的权利。鉴于此,美国国会也采
取了折中的措施,给予每个州更为宽松的权利,同意各州以自己的标准决定如
何使用考试成绩对学校绩效进行评价。① 即便是在奥巴马推行的"测试行动计
划"和签署的《每个孩子成功法案》尚未实施之时,各州已经针对引起民众激
愤中的标准化测试采取了措施。很多州开始减少学生的测试数量,以及缩减
学生花费在考试上的准备时间。

二、"测试行动计划"的实施成效

正是受到以"选择退出"运动为标志的公众反抗的影响,奥巴马政府决定
从联邦政府层面作出应对,要求重新调整标准化测试的实施办法。"我从很多
家长那里听说,他们担心过多的测试正在让他们的孩子失去学习一些终身受
益的重要课程的机会;我也从很多教师那里听说,他们承担了太多为考试而教
学的压力,这些压力剥夺了他们的工作乐趣,也剥夺了学生们的学习乐趣。我
希望对此进行修正。"②这是 2016 年 10 月奥巴马任期将满之时发出的感慨,这
段话也被写入当年联邦政府颁布的《测验行动计划:州与学区概况》(Testing
Action Plan:State and District Profiles)报告当中。

就在一年前,2015 年 10 月,奥巴马曾在讲话中指出,学生们在课堂中花费
太多的时间用于考试,这些考试有很多是不必要的。学习并不仅仅意味着填
写正确的答案,我们要和各州、各学区、教师和家长共同合作,确保不要再迷恋
测试。白宫的相关机构也承认联邦政府干涉过度,致使很多本该用于教学和
培养创新能力的宝贵时间浪费在备考上。为了控制过多的测试,联邦政府建
议将学生在学校用于标准化测试的备考时间限制在 2% 以内。为此,奥巴马签

---

① Opt-Out Movement Accelerates Amid Common Core Testing[EB/OL]. http://www.huffingtonpost.com/2015/04/
17/common-core-opt-out-testi_n_7090910.html. 2015 - 04 - 17.

② DOE. Testing Action Plan:State and District Profiles[EB/OL]. https://www.ed.gov/documents/press-releases/
testing-action-plan-profiles.pdf. 2016.

署了"测试行动计划",旨在通过向州和学区提供一些如何减少高风险测验的
建议来支持高质量的教和学,最终使所有美国儿童都获得公平的、高质量的教
育。① 而在晚些时候,刚刚上任不久的新任教育部部长金也公布了一份相关的
指导意见,旨在帮助各州和各学区使用《初等和中等教育法案》下的联邦资助
减少测试带来的负担,以及有效提升测试的质量。②

教师联合会主席兰迪将此计划的出台看作是一场公众的胜利,他说道,
"家长、学生和教师,你们的声音是重要的,并且已经得到倾听"。③ 除了从舆
论和社会运动当中能够较为直观地反映出公众的意见之外,盖洛普民意测验
也发现绝大多数美国人认为测试太多,而且被过分强调。④ 不仅如此,美国大城
市学校理事会(the Council of the Great City Schools,简称 CGCS) 在 2014 年所
做的一项大规模评价实践调查同样发现:平均每个学生在幼儿园至十二年级
(K-12) 的整个学习过程中被强制要求参加测验的次数是 112.3 次;八年级学
生的平均强制测试所占的时间大约占到上课时间的 2.34%;测试占用了教与
学的宝贵时间;一些测试相互之间缺乏衔接,尤其是与大学入学或就业的标准
关系不大,常常无法评价学生是否掌握学科内容知识;一些学区举行的测试过
于繁杂;等等。⑤ 因而可以认为,"测试行动计划"的出台,意味着家长、教师以
及其他公众的声音和反抗运动被联邦政府注意到,并影响了政府。

伴随着"测试行动计划"的实施,各州和各学区的教育部门也逐步采取具
体的措施针对本州的标准化测试进行改革。比如俄克拉何马州东北部城市
塔尔萨(Tulsa)就通过降低部分测试举行频率的办法减少了近一半的"学区
强制性"(district-mandated)标准化测试的时间。其中,相关的具体测试项目
因年级不同而各有差异,最明显的变化发生在三年级和五年级。此前,三年
级学生需要花费 1 240 分钟用于参加学区强制性的测试,而如今这个时间被

①④　AASA Releases Statement on the U.S. Department of Education's "Testing Action Plan" Targeted News Service
[EB/OL]. https://www.ed.gov/news/press-releases/fact-sheet-testing-action-plan. 2015.

②　U.S. Department of Education Press Office. King Announces Guidance to States to Help Reduce Testing[EB/OL].
http://www.ed.gov/news/press-releases/king-announces-guidance-states-help-reduce-testing. 2016-02-02.

③　Kate Zernike. Obama Administration Calls for Limits on Testing in Schools[N]. The New York Times, 2015-
10-25.

⑤　CGCS. Student Testing in America's Great City Schools: An Inventory and Preliminary Analysis[EB/OL]. http://
www.cgcs.org/cms/lib/DC00001581/Centricity/Domain/87/Testing Report.pdf.2015.

缩短到 660 分钟;五年级的学生参与测试的时间则是从此前的 1 270 分钟减少到 690 分钟。① 在伊利诺伊州,教育主管部门首先选择了三个学区(乌尔班纳学区、西奥罗拉学区和本森威尔学区)进行了与标准化测试相关的数据的搜集,并据此提出有针对性的改革建议:对于本森威尔学区而言,建议减少当前二至八年级学生在阅读和数学学科上花费的测试时间,并将每学年节省下来的将近 12 个小时的时间用于教师在学生学习方面的指导;而在乌尔班纳学区,则是降低了阅读和数学学科的测试基准线,同时要求每年减少 270 分钟的测试时间。②

由此可见,以"测试行动计划"的颁布为标志,从联邦政府到各州各学区已经开始针对标准化测试作出一定程度上的调整。而这些调整无疑是在"选择退出"运动此类的社会运动以及与此相关的公共舆论的迫使之下才得以产生的。的确,在当前针对标准化测试的改革过程中,家长和学校董事成员的声音越来越得到重视。正如本森威尔学区的助理督学凯·杜根(Kay Dugan)所言:"学校董事成员和家长的参与,对于标准化测试的改革来说是非常必要的。"③

第二节 《每个学生成功法案》对 K-12 标准化教育改革的全面反思

一、从联邦到地方:教育权利的再度转移

就在"测试行动计划"出台不久之后,2015 年 12 月 10 日,奥巴马在他即将卸任之际又签署了《每个学生成功法案》。这项法案的颁布意味着美国 21 世纪以来继《不让一个孩子掉队法案》和《力争上游法案》之后再一次对于 20 世纪 60 年代中期的《初等和中等教育法案》作出了修订和补充,同时这部新法案也是对此前两部法案作出的修订和补充。因此,有评论称,《每个学生成功法案》的颁布代表了"25 年来联邦对于各州控制权的最大转移",并标志着"一个

①②③ U.S. Department of Education. Testing Action Plan: State and District Profiles[EB/OL]. https://www.ed.gov/documents/press-releases/testing-action-plan-profiles.pdf. 2016.

时代的终结,即联邦政府咄咄逼人似的控制公立学校成绩的时代的终结,从而将控制权归还于各州和地方学区"。① 甚至可以认为,这部法案实际上是从教育权利、标准化测试、国家统一的教育标准和问责制等方面对标准化教育改革进行的全面反思。

其实,在过去的 7 年中,奥巴马政府一直致力于改变《不让一个孩子掉队法案》当中"以一应百"的理念,赋予学校更多的灵活性。奥巴马在签署《每个学生成功法案》时总结了自 2008 年以来全国中小学改革的成效:(1)几乎各州都采纳了更高的学科标准,使得在校学生与国际同龄学生相比更有竞争力,并且使得这些学生在高中毕业后能够更好地升入高校以及就业。(2)高中毕业生的百分比创纪录地达到 81%,而且有色人种学生的毕业率也达到历史最高。(3)为提高学前教育质量,联邦投入数十亿美元,以帮助最年轻的学习者取得成功。(4)提前完成了此前培养 10 万名杰出 STEM 教师的半程目标。(5)为 2 000 万学生提供了高速网络。②

《每个学生成功法案》的签署得到国会的通过以及两党的强烈支持,将有助于进一步提高学校教育的质量。具体而言,这份法案在如下几个方面作出努力:(1)该法案将确保每个州设置高标准,使得每个学生顺利从高中毕业,并且为进入高校和就业作好准备。(2)通过问责的方式确保每个州为落后的学校和学生提供改进的支持,尤其是那些处于后 5% 的学校、持有高辍学率的高中以及那些少数裔学困生所在的学校。(3)赋予每个州和地方的决策权,使得各州和地方能够各自基于现实的证据设置提升学校教育质量的教育系统,而非像《不让一个孩子掉队法案》那样要求执行"一刀切"的方案。(4)在维持年度评价的同时,减少平时繁重的、不必要的无效测试,确保标准化测试不成为师生的负担。(5)为更多的儿童提供高质量的学前教育,让他们有机会在最初接受教育时有一个良好的开端。(6)建立新的资源系统对将要实行的措施进行检验并且复制确证有效的策略,以便给学生提供更多的机会,提升

---

① Julie Hirschfeld Davis. President Obama Signs into Law a Rewrite of No Child Left Behind[N]. The New York Times, 2015 - 12 - 10.

② U.S Department of Education. Every Student Succeeds Act[EB/OL]. http://edworkforce.house.gov/uploadedfiles/every_student_succeeds_act_-_conference_report.pdf. 2015 - 12 - 10.

他们的学业成就。①

在奥巴马看来,每个学生都应当接受世界级的教育。联邦教育部强调,必须让学生掌握批判性思考的能力、适应能力、合作能力、问题解决能力和创新能力,这些能力都超越了此前各个学校所设立的基本要求。近些年来,美国在提升学生学业成绩方面都取得了历史性的进步,包括达到有史以来最高的高中生毕业率和最低的辍学率,也缩小了不同种族学生之间学业成就和毕业率的差距。那些承诺以身示范的州和学区——包括田纳西州、肯塔基州、哥伦比亚特区和科罗拉多州等——在提升学生学业成就方面已经取得很大的成效。

尽管如奥巴马所言,美国教育在标准化教育改革的进程中取得了成效,但是《每个学生成功法案》的颁布实际上标志着联邦政府和教育部承认了改革过程中暴露出来的一些饱受批判的偏误,并决心就此作出修正。《纽约时报》在当年的 12 月 2 日发表评论文章称,这项法案对《不让一个孩子掉队法案》进行了彻底修改,标志着联邦政府对公立学校控制时代的结束,归还了各州和各学区的权利。国会以 359 对 64 票的悬殊比例废止了《不让一个孩子掉队法案》的教育方针,让每个州和每个学区都能够自设目标,并且自行决定通过何种方式对学校进行评价以及如何处理未达标的学校。② 这样一来,教育的权利再一次从联邦真正回归到地方。伴随着教育权利的转移,来自全国统一的教育标准、标准化测试和问责制的压力也开始缓解。

二、新法案对 K－12 标准化教育改革措施的进一步调整

《每个学生成功法案》颁布之后不久便吸引了来自各方人士的评论,分析其相对于此前《不让一个孩子掉队法案》而言的重要意义和进步之处。国会议员拉马尔·亚历山大(Lamar Alexander)认为,新法案使得各州、各学区、教师和家长能自行决定如何提升学生的学业成就。她还称此法案的颁布是一项

---

① U.S Department of Education. Every Student Succeeds Act[EB/OL]. http://edworkforce.house.gov/uploadedfiles/every_student_succeeds_act_-_conference_report.pdf. 2015－12－10.

② Emmarie Huetteman & Motoko Rich. House Restores Local Education Control in Revising No Child Left Behind[N]. The New York Times, 2015－12－02.

"保守的胜利"（conservative victory），虽然没有废除教育部的存在，但是大大削弱了该部门对于州和学区的控制作用。明尼苏达共和党成员同时也是白宫教育部议员的约翰·克林（John Kline）认为，"《不让一个孩子掉队法案》的本意是好的，但是却基于了一个错误的假设，即联邦政府知道在校学生需要怎样做才能取得成功"。就连奥巴马自己也说，这项法案体现了最初由林顿·约翰逊总统签署的《初等和中等教育法案》，这项法案被视作经济机会核心的教育是一项公民的权利。虽然《不让一个孩子掉队法案》作为本世纪初《初等和中等教育法案》的新版本有着良好的意旨，但是实际上有很多不足，其中最重要的一点就是过于强调花大量的时间用于测试。①

确实，从该法案中我们不难看出，虽然继续保留了标准化测试，但是提出了修改测试的手段。要从仅仅强调通过标准化测试提高学校教育质量的方式转变为使用多元化的手段评价学生的学习和进步，并使用其他的学生评价指标对学校进行问责。此外，该法案还延续了"测试行动计划"当中对于减少课堂在标准化测试备考上所花费时间的要求。

实际上，这部法案不仅仅是对布什政府《不让一个孩子掉队法案》的裁决，同时也意味着美国 30 年来的标准化教育改革在奥巴马时代的式微。除了明确提到的标准化测试之外，有分析称，尽管联邦政府仍然希望各州继续实施共同核心标准，但是并不再作强制性要求。实际上，新的法案要求联邦教育部对共同核心标准的采纳和实施保持中立态度，不得涉足影响各州的自主权，也不得通过各种手段鼓励、刺激各州对于统一标准以及与此相关的评价的采纳。②正如此前在反抗共同核心标准的声音中表达出的民怨那样，联邦政府对于教育控制力度的加大违背了各州教育的自主权。尽管联邦立法当中也有禁止政府引导、监管或者控制学校课程、教学项目、教材的规定，但是共同核心标准及其相关的标准化测试和问责制正在一步步将学校课程和教学规范到国家统一

---

① Alyson Klein. President Signs ESEA Rewrite, Giving States, Districts Bigger Say on Policy[EB/OL]. http://blogs.edweek.org/edweek/campaign-k－12/2015/12/president_barack_obama_signs_e.html?cmp=eml-enl-eu-news1-RM. 2015－12－10.

② Gregory Korte. The Every Student Succeeds Act vs. No Child Left Behind：What's Changed?［EB/OL］. http://www.usatoday.com/story/news/politics/2015/12/10/every-student-succeeds-act-vs-no-child-left-behind-whats-changed/77088780/. 2015－12－10.

的模式当中。正如美国教育部前任副总法律顾问罗伯特·S.艾特尔（Robert
S. Eitel）和总法律顾问肯特·D.塔尔伯特（Kent D. Talbert）所言："这些标准
和评价最后会引导全国大部分州的中小学课程，这是一种冒险，因为各州在管
理教学项目上的职能会减弱，并且会滋生新的问题，那就是联邦政府是否会越
过法定赋予的职能边界……"①

就在《每个学生成功法案》颁布之后，各州也相继采取了措施对该法案给
予回应，并表明了态度。在对共同核心标准以及标准化测试反抗最为激烈的
纽约，专门负责监管共同核心标准的工作组称，新的法案将带来很多变化，包
括削弱测试成绩和教师评价之间的关系以及减少考试数量和时间。该工作组
还表示，将根据教师和家长的意见制订一系列新的州立课程标准。而监管公
共教育的州教育董事会（Regents Board）也在 2015 年 12 月 15 日进行投票，要
求终止将学生的考试成绩用于对教师进行评价，并且宣布于 2016 年 2 月对这
项终止令进行最终的投票。来自东汉普顿学区（East Hampton School District）
教师协会的副会长克劳德（Claude Beudert）和该学区温斯考特校董事会成员
凯莉（Kelly Anderson）将纽约州的这项决议看作是数万家长反对孩子参加考
试的"选择退出"运动的结果，并且认为这项决议标志着一个正确的方向。凯
莉建议终止令应当永久地延续下去，而不仅仅是一时的措施。她认为，如果测
试仅仅考察的是有限的几门学科的话，那么将这种测试的成绩与教师个人的
评价相结合的方法永远是不准确的。此外，该学区的学监罗伊斯（Lois Favre）
也表示，此前的课程、考试以及与此相一致性的评价造成了很多问题，我们应
当从这些束缚中解放出来，以便鼓励教师为学生做正确的事情，而非为考试去
做所谓正确的事情……希望这项终止令能够让我们关注真正重要的事情——
我们的学生。②

总而言之，奥巴马时期不断深化的标准化教育改革措施触犯了公众的底
线，而公众的批判使《每个学生成功法案》最终得以成形，进而对于改革中的弊
病提出了修正的建议。因此可以认为，《每个学生成功法案》标志着美国开始

① 靳丹晨.美国共同核心州立标准及其批判[D].上海：华东师范大学，2013.
② Christine Sampson. Common Core Halted -Teachers Cautiously Hopeful about More State Control[EB/OL]. http://easthamptonstar.com/Education/20151224/Common-Core-Halted. 2015-12-24.

通过联邦立法的形式对标准化教育改革进行全面的反思,意味着美国的标准化教育改革开始发生转向。在奥巴马政府提议"测试行动计划"之后,公众的批判再一次被联邦政府所重视,并对教育法案产生了影响。然而,更值得一提的是,这一转向并未随着奥巴马的卸任而昙花一现,特朗普在竞选过程中对于共同核心标准的态度意味着美国标准化教育改革的转向仍在继续。

第三节　特朗普执政与共同核心标准的未知命运

一、特朗普"废除共同核心标准"的竞选宣言

在历次的总统大选中,无论隶属于哪一党派,每位候选人都会将教育问题作为一个重要的议题。虽然就更直接的目的而言,总统竞选中的言论更多的是政治斗争意义上的需要,但是不可否认,在 2016 年的竞选过程中,共和党确实注意到公众对标准化教育改革,尤其是共同核心标准的颁布实施所表现出来的联邦干预力量的不满。因此,在拉拢人心、争夺选票的过程中,共和党的候选人每当谈论到教育问题时,都把批判共同核心标准作为一笔重要的筹码,甚至宣称自己如若当选将会废止这项改革措施。

2015 年初,特朗普在接受一个广播节目的采访时宣布自己将要参加 2016 年总统大选的决定。当主持人问他对于共同核心标准的看法时,特朗普谈道:"我认为教育应当完全是地方性的。华盛顿的一帮人为艾奥瓦州和其他地方的人们设定课程和相关的标准是非常荒谬的。他们不希望被华盛顿的那群人看低,也不希望被告知要学习什么东西。"①

一年之后,当特朗普为选举工作而进行宣传的时候,他在自己的 Facebook 上的一段视频中评论了美国教育的状况。他宣称,"共同核心标准就是场灾难,我们不能再任其延续下去",以此作为他的竞选广告(Campaign Ad)。他进而表示:"我是教育的忠实信徒,但是教育必须是一件地方性事务。我们不

---

① Larry O'Connor. If Donald Trump Runs for President, This Interview May Come Back to Haunt Him[EB/OL]. http://ijr.com/2015/02/258713-donald-trump-runs-president-interview-may-come-back-haunt/. 2015 - 02 - 25.

能在华盛顿通过官僚化的手段告诉你们如何去管理孩子们的教育。因此,共同核心标准是一场彻头彻尾的灾难。"①两个月之后,在共和党首次辩论当中,特朗普再度将共同核心标准摆在台面上进行批评,表达了废止相关推进措施的决心。他在回应如何降低联邦开销时强调,停止联邦财政在共同核心标准上的投入是一个重要的手段。不仅如此,特朗普在之后的竞选当中还将废止共同核心标准作为有力武器攻击其强劲的竞争对手——来自民主党的杰布·布什(Jeb Bush)的。甚至在他和最后一位竞争对手希拉里·克林顿(Hillary Clinton)的对决当中,二人对待共同核心标准命运的态度也截然相反。

无独有偶,在共和党内部的竞争当中,作为候选人之一的泰德·克鲁斯(Ted Cruz)也曾说道:"如果我当选总统,将会要求美国教育部——这个机构本该被废除——立刻废止共同核心标准。我会将教育权利归还给各州和地方政府,并最终归还给家长们——那些孩子们最亲近的人。"而另外一位候选人马克·卢比奥(Marco Rubio)也同样表达废止共同核心标准的决心:"我将立刻签发废止的命令,要求联邦机构停止所有推进或者鼓励共同核心标准的行为。我承诺将确保联邦的教育经费不再与强制性的政策法令捆绑在一起,严禁联邦政府对各州和地方学区进行干涉和强制。"②由此可见,反对共同核心标准符合了大部分共和党支持者的心愿,是候选人俘获民心的一个切入点。换句话说,公众的愿望实际上已经影响到美国总统大选。

2016 年底特朗普上任不久,便提名贝特西·德沃斯(Betsy DeVos)作为新一届的教育部长。有人称,这标志着特朗普将要针对共同核心标准发起有力的攻击。③ 这位前密歇根州的共和党主席表示,她强烈反对饱受争议的共同核心标准。她声称,废止共同核心标准"意味着将孩子们放在第一位……要让各州制订它们自己的教育标准,并最终让共同核心标准穷途末路"。④ 如此一来,特朗普的竞选宣言在他就任之后转化为了实实在在的改革举措,这让在很多

---

① 详见:https://www.facebook.com/DonaldTrump/videos/10156570856100725/.

② Valerie Strauss. Donald Trump is Wrong about Common Core — But He's Not the Only Candidate Who is[N]. The Washington Post,2016-03-04.

③ Emma Brown. Trump picks billionaire Betsy DeVos, school voucher advocate, as Education Secretary[N]. The Washington Post,2016-11-23.

④ Gabby Morrongiello. DeVos Vows to End Common Core at Michigan Rally with Trump[EB/OL]. http://www.washingtonexaminer.com/devos-vows-to-end-common-core-at-michigan-rally-with-trump/article/2609326. 2016-12-09.

州已经被抨击的千疮百孔的共同核心标准再次遭受打击。

二、各州退出共同核心标准的端倪

倘若从地方层面来看,特朗普和贝特西对于共同核心标准的态度可能早晚会成为现实。如果我们将时间倒回一些就可以发现,一部分州和地区正在逐渐退出、暂停或者推迟实施共同核心标准。比如早在 2013 年的时候,印第安纳州通过州一级的立法暂停了共同核心标准的实施。一年之后,由共和党掌控的立法机构要求州教育署起草新的学业基准。2014 年 3 月,该州第一个正式宣布退出共同核心标准。在对共同核心标准的命运进行裁决的过程中,印第安纳州的保守主义分子起到重要的作用,他们斥责该标准是一项"自上而下"接管地方学校的计划。就这一点而言,他们无疑与批判共同核心标准的公众站在了一起。正如该州共和党领导人迈克·潘西(Mike Pence)所发表的评论那样:"我相信,一定还将有更多的州会参考我们的做法,设定自己的教育标准取代共同核心标准。我们依靠的是教育工作者、公众和家长,我们设定的标准符合我们公众的需要。"①除了印第安纳州之外,佛罗里达州也于 2014 年宣布使用新制订的"佛罗里达标准"(Florida Standards)取代共同核心标准。该州教育署总监帕姆·斯图亚特(Pam Stewart)称,从我们自身角度出发制订佛罗里达州的标准是非常重要的,相较于共同核心标准而言,我们的新标准作出了近 100 处修改。② 而态度更加坚决的弗吉尼亚州则直接没有采纳共同核心标准。该州州长鲍勃·麦克唐纳(Bob McDonnell)表示:"我不想依据联邦的官僚制度判断我们是否为学校制订出正确的计划。底线就是,我们不需要联邦政府通过共同核心标准告诉我们如何在弗吉尼亚州管理学校。我们使用自己的体系,这个体系很好,是经过实践检验的。"③

① Gary Fineout. Indiana Becomes First State to Drop Common Core[EB/OL]. http://wane.com/2014/03/24/pence-approves-withdrawal-from-common-core/. 2014 - 03 - 24.
② Ben Velderman. Florida State Officials Drop "Common Core" in Favor of "Florida Standards"[EB/OL]. http://eagnews.org/florida-state-officials-drop-common-core-in-favor-of-florida-standards/. 2014 - 1 - 23.
③ Lindsey M. Burke. Why There's a Backlash against Common Core[EB/OL]. http://www.nationalreview.com/article/344897. 2013 - 04 - 08.

在此之后,面对公众的强烈呼声,亚利桑那州教育署也开始考虑共同核心标准在本州的存废问题。在 2014 年的竞选当中,州教学总监的候选人之一戴安·道格拉斯(Diane Douglas)曾以呼吁退出共同核心标准为自己赢得民意、获取选票。不仅如此,她在上任之后提交的教育改革议案中还包括减少标准化测试的计划。一年之后,她终于说服教育署为共同核心标准的命运进行投票。"教育署已经表示,我们能够照看好亚利桑那州的孩子们,这是亚利桑那州的人们值得骄傲的一天。"道格拉斯评论道,"这将向亚利桑那州的公众和整个国家传递一个明确的信息,亚利桑那州的人们足够智慧、积极,并且具有高度的凝聚力,能够为我们自己的孩子掌管我们自己的教育。"①而最终教育署的投票结果也以 6∶2 的比分宣判了共同核心标准在亚利桑那州终止实施。

不仅如此,马萨诸塞州于 2013 年宣布推迟两年再执行与共同核心标准相关的标准化测试,并且州法院又于 2016 年 8 月组织了投票,最终否决了继续执行共同核心标准的议案。南卡罗来纳州也在 2014 年正式批准实施共同核心标准仅仅一年之后,废除了这项改革措施。此外,亚拉巴马州、堪萨斯州、路易斯安那州、俄克拉何马州、宾夕法尼亚州等地区也曾在共同核心标准推进的过程中先后宣布过暂停或者推迟执行的决议。

如此看来,各州在争议中陆续采纳了共同核心标准,但是出于公众的压力又很快对这一改革措施进行反思和重新决议,以致如今共同核心标准在很多州和地区的推进中受到强烈的阻滞甚至是拒斥。对于共同核心标准这项标准化教育改革的标志性措施在美国未来的命运,我们拭目以待。

---

① ABC15. Arizona Board of Education Votes to Reject Common Core Standards[EB/OL]. http://www.abc15.com/news/region-phoenix-metro/central-phoenix/arizona-board-of-education-votes-to-repeal-common-core-standards. 2015-10-26.

Education Reform for
the 21st Century Skills:
China and World

第七章

美国公众参与教育改革的
经验与启示

无论是公众喧嚣而成的公共舆论，还是草根团体组织的反抗运动，抑或是个人发起的激烈论战，美国标准化教育改革的转向无疑说明了奥巴马时期公众的批判取得了一定的效果。美国公众正是在积极参与教育改革的过程中表达自己的利益诉求，实践自身的公民角色。美国学者查尔斯·朱布林（Charles Jublin）将公众参与公共生活看作获得公民身份的必需，在他看来，"一个人只有通过参与才能成为公民，他不仅仅需要参加每年一度的投票，还必须履行日常的公民权利和义务"。就公众对于作为一种权利和义务的参与实践的"日常履行"而言，杜威提到"公共领域"的作用。他认为："如果只是交流和传播的一种功能，而不是形式主义的抽象物的话，那么从基层的教育机构到国家的政治决策，公共领域的自由和活力始终是一个社会成就的最高尺度。"①奥巴马时期美国公众对标准化教育改革的批判实践，体现了美国公众参与公共生活的意识和能力，以及美国公共领域的强大作用。研究这场公众参与并影响教育改革的实践，能够为我国的教育现实提供有益的启示。

第一节　检视美国教育改革中的公众参与

一、美国教育改革中的"公共人"尚未衰落

正如本书开篇所言，当前美国公众参与社会公共生活、参与教育改革的状况正在萎缩。其实不仅是教育领域，放眼整个社会的状况，正如"现代性的危机"一次次地警告公共生活正在萎缩，美国学者理查德·桑内特所谓的"公共人的衰落"也一直在警钟长鸣：公众对于公共生活的疏离日益严重。

---

① Leon Fink. Progressive Intellectuals and the Dilemmas of Democratic Commitment [M]. Cambridge：Harvard University Press，1999：17.

很多学者都认为,美国进入 20 世纪特别是在罗斯福新政以后,随着政府介入社会和经济事务的领域越来越多,介入程度越来越深,原本丰富的公共生活陷入困境,公众的政治参与热情不断下滑。① 即便是在新自由主义理念风靡之后,这种情况也并没有因此好转,甚至愈加严重。而罗伯特·帕特南(Robert D. Putnam)也曾利用"社会资本"的概念,推论出公众参与公共生活的壁垒有增无减,其结果则是每个人"似乎不再愿意把闲暇时间用于同邻居一起喝咖啡聊天,一起走进俱乐部去从事集体行动,而是宁愿一个人在家看电视,或者独自去打保龄球"。②

不仅是当代的桑内特抑和帕特南注意到美国"公共人"衰落的现象,早在几个世纪之前的托克维尔也对此产生过担忧。在《论美国的民主》当中,托克维尔将公众参与看作美国民主的表现。然而他在论述美国的民主时,又时常将"个人主义"看作与"民主"相伴而行的概念,并对两者之间的辩证关系表现出较为矛盾和复杂的态度。在他看来,"个人主义"的含义是"对自我的强烈自信,或者对自己的实力和智慧的信赖"和"全体公民为追求他们自己的财富与个性而进行的斗争"。③ 但他同时也认为,"个人主义是一种只顾自己而又心安理得的情感,它使每个公民与其同胞大众隔离,同亲属和朋友疏远",而且"个人主义是民主主义的产物,并随着身份平等的扩大而发展"。④ 他既承认个人主义与民主精神和民主实践之间相辅相成的关系,同时也认为作为民主主义产物的个人主义存在着让"公共人"远离公共生活的可能。

除了托克维尔,美国作家惠特曼(Walt Whitman)也注意到"民主"与"个人主义"之间的辩证关系。他在被誉为"美国民主的圣经"的《民主的图景》(*Democratic Vistas*)这部作品当中提到,民主理念本身就是基于一个内在的二元对立而存在的:一方面,民主制度源于"现代的个人主义思想",源于每个人都能"成为内向性的、独立的个体"的理想;另一方面,民主制度的成功又依赖于同样重要的个体之间的"团结",依赖于个人与个人之间广泛的"联系"

① 理查德·桑内特.公共人的衰落[M].李继宏,译.上海:上海译文出版社,2008.
② 罗伯特·帕特南.独自打保龄——美国社区的衰落与复兴[M].刘波,等译.北京:北京大学出版社,2011:1-2.
③ Toqueville,Alexix de. Democracy in America[M]. Partrick Rebshaw: Wordsworth Classic of World Literature,1998.
④ 托克维尔.论美国的民主[M].董果良,译.北京:商务印书馆,2004:625-626.

（connectedness）和"亲密感"（adhesiveness）①。

不过，针对个人主义可能造成的危险，托克维尔并没有表现出过度悲观的情绪。他也没有因此认为个人主义必然会极端地走向偏执，造成霸权或者人与人之间的疏离。他在《论美国的民主》当中详实地记录了一种全民参与、公开批判的民主形式，并对美国自由结社的民情习惯大加赞扬。人们以平等的身份为基础，在共同目标的指引下自愿地结合在一起，托克维尔认为这在很大程度上限制了现代民主社会个人主义的膨胀，使人们愿意走出自身狭隘的私人领域，与他人相联系。个人因结合而获得更强大的权力，这些权力就形成类似于前现代社会地方贵族的"中间阶层"。在贵族不再可能存在的时代，这种新的中间阶层对于一个社会的自由空间极为珍贵。而这里的"中间阶层"也可以被理解为哈贝马斯所谓的"市民社会"抑或是"公共领域"。因此，我们可以认为，美国社会历来存在着某种意义上的"公共领域"，也正是凭借此，美国的政治决策和各种公共生活往往经由公众的广泛互动而展开进行。

同样地，尽管如今有关"公共人衰落"的论断已经风靡，但是美国哥伦比亚大学的知名新闻传播学者、社会历史学家迈克尔·舒德森（Michael Schudson）教授并不认同这一判断。他在其极富野心的著作《好公民：美国公共生活史》（*The Good Citizen a History of American Civic Life*）中向有关美国"公共人"和"公共生活"的批判提出挑战。舒德森认为，发生改变的仅仅是公众参与公共生活的形式。首先，美国政府在社会和经济事务中介入越来越深，这其实是社会和经济发展的要求，但并不能说明美国的公民自治和政治参与传统由此受到威胁。其次，到了新自由主义时期，虽然市场的参与力度大大提升，但是美国公共讨论的质量也在提高，这使得力量更加强大的政府、企业、利益集团受到前所未有的约束。② 由此可见，他对美国公众参与公共生活的能力和条件依然保持着乐观的态度。甚至就公众参与的空间而言，公共领域的形式相对于以前更加丰富多元，为公众参与的实践提供了更加宽广的途径。

于是，在奥巴马时期针对标准化教育改革进行公开批判的公众借助公共

① Walt Whitman. Democratic Vistas[M]. Iowa City: University of Iowa Press, 2009: 17, 26 - 27, 38, 47.
② 迈克尔·舒德森.好公民：美国公共生活史[M].郑一卉，译.北京：北京大学出版社,2014.

领域这一空间,形成了公共舆论、社会运动甚至是个人也有机会通过公共领域的强大的力量参与到批判斗争当中。我们不仅没有感到公众正在因为"个人主义"相互疏离,对教育改革只是服从或者保持沉默,反而看到公众团结在一起表达着自己的教育诉求,通过各种形式的具体实践最终迫使标准化教育改革发生转向。

长期以来,尽管总会有人抱怨美国公众在公共生活中的参与常常会制造混乱,而且最终取得的结果也未必理想。然而从当代流行的参与式的、强调程序公正的政治哲学理念来看,这种全民积极互动的实践恰恰符合这一标准。与此同时,无论是早期资产阶级的咖啡馆、剧场、行会,还是如今的各类媒体和网络平台,也都无时无刻不在为美国的公众参与提供演绎的舞台。正因如此,我们可以进一步地作出论断,尽管很多人对于现代性危机造成的"公共疏离感"有着各种各样的忧思,本书似乎也无法从根本上对这一判断予以否定,但是至少就教育改革领域而言,"公共人"并没有衰落。

二、公众参与的可能:批判意识、论辩能力的养成与公共领域的建构

既然在美国教育改革的领域中,"公共人"并未消失,那么美国公众参与的实践究竟是如何可能的呢? 针对这一问题,美国学者凯文·马特森(Kevin Mattson)借鉴了"黑幕揭发运动"中的知识分子提出的"民主公众"这样一个概念进行了解释。他认为,只有当公民聚集在一起对影响他们生活的地方性和全国性问题进行商议并作出公共判断的时候,"民主公众"才会形成。通过这样的公共讨论,公民能够掌握那些发展"民主公众"必需的能力:听、劝、辩论、妥协并寻找共同点。而这些能力的习得过程,正是公民自我教育以作出明智决策的过程。[①] 我国学者肖华锋也指出,塑造"民主公众",关键取决于两大要素:一是公民素质;二是公民"公共性"讨论的机会。[②] 因此,就本书来看,之所

① Kevin Mattson. Creating a Democratic Public:The Struggle for Urban Participatory Democracy During the Progressive Era[M]. University Park:Pennsylvania State University Press,1998:5.
② 肖华锋.美国黑幕揭发运动:大众化杂志、进步知识分子与公众舆论[J].历史研究,2004(8):172.

以在奥巴马时期公众的批判能够让标准化教育改革发生转向，"民主公众"在其中起到关键的作用。一方面是由于美国公众具有足够的参与公共生活的能力，另一方面则是因为美国社会强大的公共领域为公众的批判提供了必要的空间。

1. 西方教育对批判意识和论辩能力的重视

公众参与的实践与积极的批判意识和论辩能力密不可分。在本研究中，公共舆论的形成、草根运动的爆发以及个人的话语斗争都是通过言语论辩、说服或者是呼吁的形式对标准化教育改革展开的批判并最终致使这场教育改革发生转向的。之所以能够如此，在很大程度上与美国公众大多具备这两种基本素养息息相关。其实，不仅仅是美国，在西方的传统当中，批判意识与论辩能力一直在学校教育和日常生活当中占据着重要的地位。

早在古希腊、古罗马时期，辩论术就是公民教育的一项重要内容，苏格拉底的"产婆术"、西塞罗的《论雄辩家》以及昆体良的《雄辩术原理》就是最好的印证。不难发现，在辩论术的培养过程中，一方面强调个人的语言表达能力，另一方面则是要求时刻保持批判和怀疑的态度。作为一种教育方式的"产婆术"就是在多次反问诘难当中不断地打破对于一个概念的定义，并逐渐形成更为清晰的认识；而将能言善辩的演说家作为一种培养目标也同样对批判地就个人观点进行理性的话语辩护提出极高的要求。

中世纪虽然在宗教文化中更加强调服从和信仰，但是在将"为精英分子提供服务社会需要的知识和能力"作为教育目标的大学，"以论辩为主的教学方法使学生各个变得能言善辩。学生们正是依靠这种本事在布道、法庭听政和政府讨论中崭露头角"。① 而在人文主义催生下的文艺复兴运动中，多少也可以看作是被埋葬了太久的批判意识抵抗绝对地服从和信仰的一次大规模爆发。

此后，德国著名教育家洪堡将"习明纳"（Seminar，一种专题讨论式的教学方式）带入柏林大学，为的就是培养学生的独立人格和批判性思维。从教学方

---

① 瓦尔特·吕埃格，主编.欧洲大学史：第一卷·中世纪大学[M].张斌贤，等译.保定：河北大学出版社，2008：31.

法而言,在习明纳的讨论中非常强调辩论和演讲,教授虽然也提出问题作为讨论的主题,但决不预设一个结论,而是由参加习明纳的学生收集事实、提出假设,然后各自从事实或理论的角度进行公开的论证以及相互之间的质疑和辩护。也就是说,习明纳讨论的前提是真理尚不存在,要通过教授和学生在讨论中的畅所欲言去完善真理。

1870年,留学柏林大学的历史学家亨利·亚当斯(Henry Adams)将"习明纳"带回美国,引进哈佛大学。创立于1876年的约翰斯·霍普金斯大学为鼓励高深学术研究,也引进德国大学的习明纳制度。因而,有人称约翰斯·霍普金斯大学是设在美国的柏林大学。① 脱胎于欧洲文化母体的美国也就此传承了强调批判意识和论辩能力的教育精粹。

丹尼尔·布尔斯廷(Daniel J. Boorstin)在《美国人:民主的历程》这本书中引用南北战争时期著名的一句民间格言——"演说是自由之父"。这是因为"事物的构成注定了雄辩术应当是自由的最后依靠和支柱,有了它,自由便得以生存、发展和消亡。摧残并削弱雄辩术有利于暴君。这是他们保障安全的唯一办法。因此培养演说能力是自由国家的责任。"②这句流传在美国南北战争前夕有关于公共生活的格言,暗示了辩论和演说是美国公共生活和政治生活的重要内容,借此对国家政治进行批判则是避免暴政的有效途径。

再就当代美国的教育而言,批判精神和论辩能力依然极为受到重视,尤其是高等教育。美国在1991年出台的《国家教育目标报告》(The National Education Goals Report)中要求各类学校"应培养大量具有较高批判性思维能力、能有效交流、会解决问题的学生",③并将培养学生对学术领域和现实生活问题的批判性思考能力作为教育的重要目标。而美国学者彼得·费希万(Peter A. Facione)等人也曾经共同提出:"在整个美国和其他许多地方,大学教育的基本目标之一就是教会学生批判性思维。对美国大学各个学科教员的研究表明,他们一致同意,作为教师的最重要的目标之一是提高学生的

① 王林义,杜智萍.德国习明纳与现代大学教学[J].外国教育研究,2006(7):78.
② 丹尼尔·布尔斯廷.美国人:民主的历程[M].谢廷光,译.上海:上海译文出版社,2009.
③ National Education Goals Panel. The National Education Goals Report[EB/OL]. https://www.ed.gov/pubs/goals/report/goalsrpt.txt, 1991.

推理能力。"①

因此,美国高校中的一些专业纷纷开设以此为目标的课程或者训练项目。比如,斯坦福商学院设有以训练学生批判性思维为目标的课程——"批判分析思维"(Critical Analytical Thinking,简称 CAT)。在这门课程中,教师的课堂教学主要依赖于学生前期准备,因此学生在每周上课前必须充分准备上课的材料、作业、课堂活动。课程虽然需要学生按照规定进行主题写作,但更强调口头交流(见表 7‑1)。

表 7‑1   2010 年秋季学期斯坦福商学院 CAT 课程计划②

周次	日 期	主题——学习目标
1	9/23	谷歌退出中国的问题陈述和演绎论证
2	9/30	谁毁灭了电动车? 进一步推论和有效的结构性论证
3	10/07	异常值的运用和误用的证据
4	10/14	整合个人经验和外部证据的职业建议
5	10/21	20 年间(1987—2007 年)毒性和种族的相关性与原因,强化论证
6	10/28	中期检查,无研讨和论文
7	11/04	使用批判性和分析思维有说服力地表达相反观点
8	11/10	通过合作、综合课程内容展开小组辩论

此外,美国哲学协会也曾发表过题为《高等教育中哲学课程的作用》(*Statement on the Role of Philosophy Programs in Higher Education*)的文章,提出在高等教育中如果要教会学生采取质疑的态度,哲学可以使学生更加积极和独立地提问。许多哲学课程,尤其是入门级以上的课程会强调此类能力的重要性,其中包括形成、阐明和捍卫自己的观点。③

不仅是高等教育,美国中小学阶段的教育同样重视批判思维和论辩能力

① 彼得·费希万,诺琳·费希万,爱格尼丝·蒂瓦里,费利克斯·尤恩.作为普遍人类现象的批判性思维——中国和美国的视角[J].北京大学学报(哲学社会科学版),2009(1): 55‑62.
② Stanford Graduate School of Business. CAT at the GSB Overview Guide and Example Assignments[EB/OL]. http://www.hbs.edu/rethinking-the-mba/docs/stanford-gsb-critical-analytical-thinking-at-stanford-gsb‑2011.pdf, 2010.
③ American Philosophical Association. Statement on the Role of Philosophy Programs in Higher Education [EB/OL]. http://www.apaonline.org/?page=role_of_phil&hhSearchTerms=%22critical+and+thinking%22. 2015‑06‑23.

的培养。比如美国在 21 世纪之初针对中小学教育内容提出的"21 世纪能力",在"学习与创新能力"板块中就着重强调"批判性思维和问题解决能力""交流与合作能力"以及"创造性和创新能力"。而在各州的中小学教材当中,比如《公民》①《文学》②《历史》③等,也都专门要求进行"批判性思维练习"(critical thinking exercise)。特别值得一提的是,在专题板块"美国政府"④当中设有"面对问题:围绕对今天的美国人至关重要的问题展开辩论"(Face the issues:Debateson crucial issues facing Americans today)一项内容,其话题包括:国家的未来、宪法第二修正案、公共土地、公开辩论、电子投票、医疗改革、分立政府、行政权力、税收、美国防卫、死刑、爱国者法案、体育中的平等、外交政策、最低工资标准、教育经费等等。要求学生针对这些实际问题进行批判性思考,并通过论辩的方式说服其他同学,维护自己的观点。由此可见,时至今日,批判意识和论辩能力的培养在美国的各级教育中仍然是非常重要的内容,是美国公众参与公共生活的基本素养。

2.美国公共领域的构建及发展

托克维尔曾在他的著作中对美国早期的准公共领域进行了生动的描述,在他看来,建立社团是当时公众参与公共生活的重要方式。具体而言,社团成立后,人们就不再是孤独的个人,"而是一个远处的人也可以知道和行动将被人们效仿的力量","这个力量能够发表意见,人们也会倾听他们的意见"。⑤如果想在此基础之上更进一步地精确定位美国的"公共领域"于何时何处开始形成和发展,恐怕就是一件非常困难的事情了。好在就本书而言,我们只需要确定一点,即同欧洲一样,早期的美国同样有专门的公共生活空间。

19 世纪末 20 世纪初,美国的城市化运动伴随着工业狂飙式的发展和移民潮的进程席卷全国。在这股浪潮中,公共领域也发生了转变。尽管诚如哈贝

① Center for Civic Education. We the People:The Citizen and The Constitution[M]. Calabusas:Center for Civic Education, 1999.
② Wilhelm, J.D.Literature(course 5)[M]. Columbus:The McGraw- Hill Companies, Inc., 2009.
③ Spielvogel, J.J.World History:Journey Across Time -The Early Ages[M]. Columbus:The McGraw- Hill Companies, Inc., 2005.
④ McClenaghan, W.A.American Government[M].New Jersey:Pearson Prentice Hall, 2005.
⑤ 托克维尔.论美国的民主[M].董果良,译.北京:商务印书馆,2004:639.

马斯所言:"资产阶级的公共领域在 19 世纪末发生了转型,产生了公共领域与
私人领域相互融合的趋势,资产阶级的自由公共空间日益向大众社会的福利
国家转型。"①美国的公共领域在这一时期也受到私人领域和国家主义的压迫,
但是在城市公共空间的整饬和改革的外衣下,围绕市民社会、各阶级和集团、
共同体之间的关系形成的网络和空间形成新型的"规划的公共领域"。② 虽然
此前典型的酒吧、剧场、沙龙等传统公共领域类型在"清理运动"(Clean Living
Movement)中失去了往日的辉煌,然而被重新规划了的公共空间仍然是城市
居民发出声音、表达意愿的重要地点。移民、产业工人、被解放的黑人以及西
部农场主构成了城市化进程中的公众,并在城市空间当中为了各自的权利展
开了一系列的斗争,包括工人罢工、禁酒运动、反托拉斯运动以及黑人和妇女
争取解放的运动。

　　不仅是城市实体空间,这一时期爆发的"黑幕揭发运动"促成了大众媒体
的兴起,这场运动既可以说是当代美国公共领域走向成熟的标志,也可以说是
其强大功能充分发挥的一次展现。正如上文所言,20 世纪前后美国出现大跃
进式的发展,然而城市化和移民潮也同样导致大量社会问题的产生,比如人口
膨胀、贫富分化加深、政府官员的腐败以及垄断特权的产生等等。于是,大学
教授、媒体编辑和记者、环保主义者、牧师甚至部分政府官员,几乎各行各业都
积极撰文揭露当时的社会黑幕。伴随着这一时期美国杂志在定价、内容风格
方面的大众化趋势,美国公众拥有了一个公开讨论社会问题的民主而透明的
公共领域。经由这些大众化形式的媒介工具,公众不仅了解了更多有关当时
社会的阴暗面,也充分参与到问题批判和决策的过程当中,因而"黑幕揭发运
动"影响到美国社会的发展。尤其是在立法方面,"黑幕揭发运动"可谓居功
至伟。受它的影响,市、州和国家的社会立法汹涌而至,几乎席卷公众感兴趣
的一切生活方式和一切活动方式。这些改革性法案有:宪法《第十六修正案》
《第十七修正案》(1913 年)、《纯净食品和药物管理法》(1906 年)、《肉食检查
法》(1906 年)、打击放任自流式经济的《赫伯恩法》(1906 年)、《报纸公示法》
(1912 年)《联邦储备法》(1914 年)、《克莱顿反托拉斯法》(1914 年)、《联邦贸

---

① 尤尔根·哈贝马斯.公共领域的结构转型[M].曹卫东,译.上海:学林出版社,1999:170.
② 杨长云.公众的声音:美国新城市化嬗变中的市民社会与城市公共空间[M].厦门:厦门大学出版社,2010:214.

易委员会法》(1914年)以及各州各市涉及以下方面改革的诸多法律：妇女选举权、创制权、复决权、罢免权、选民直接投票的预选、减少选任人数、比例代表制、住房、教育、劳工、社会保险和社会福利等等。① 不仅如此，"黑幕揭发运动"还成为1960年代兴起的"调查性新闻事业"（investigative journalism）的先声，后者派生出美国当代主流新闻形式之一的"调查性报道"（investigative reporting），1985年普利策新闻奖增设调查性报道奖，则赋予这种威力强大的舆论监督样式以合法地位。可以认为，正是通过这些多元且功能强大的公共领域形式，各方公众才得以对美国的政治、经济、文化、医疗、教育、外交等方面事务产生了有力的影响。

当然，公共领域在教育改革当中也起到非常重要的作用。就本书而言，报刊、书籍、Facebook、Twitter和博客等平台都成为公众个人或者群体联合在一起参与标准化教育改革的重要工具。此外，在美国有着悠久传统的听证会制度实际上也是一种非常重要的公共领域形式。通过现场的发言和论辩让各方观点得到表达，并及时被相关部门了解。而美国标准化教育改革中争议不断的共同核心标准也曾不止一次被搬上过听证会的审判台。

2013年元月，加利福尼亚州就曾在州教育局办公室举行听证会，目的在于把家长和教师汇聚在一起，倾听他们对于共同核心标准的不满，以及对于数学学科标准改革的意见。此次听证会除了当场听取与会人员的声音之外，还在会前通过网上公告搜集了很多未能到场的公众的观点。② 而新罕布什尔州也曾于2014年2月举行过一场听证会，有60多位家长、教师和学监进行发言，目的是就实施共同核心标准的开销进行分析，并试图从财政的角度进行抗议。③ 之后，该州又于2015年元月再次举办州听证会，与会的家长教师和社会代表就联邦政府通过实施共同核心标准而控制各州教育管理的情况展开辩论，并

① 李军.美国社会历史百科全书[M].西安：陕西人民出版社，1992：246-247.
② Tom Torlakson. Recommended Modifications to the Common Core State Standards for Mathematics with California Additions and Model Courses for Higher Mathematics [EB/OL]. http：//www. cde. ca. gov /ci /ma /cf /ccssmpublichearing.asp. 2013-08-02.
③ Union Leader Statehouse Bureau. Common Core Debate Fires Up Crowd[EB/OL]. http：//www.unionleader.com/article/20140206/NEWS04/140209356&template=mobileart. 2014-02-06.

决议通过立法的形式反抗这种行为。① 在纽约州，该州的共同核心标准任务组
（Common Core Task Force）也曾于 2015 年 11 月在全州的 5 个会场同时举行
了听证会，其中在拉瓜迪亚社区学院（LaGuardia Community College）有 100 多
人参与其中，就共同核心标准的修改问题展开了辩论。② 2016 年初，纽约州教
育总监玛莉·艾丽娅（Mary Elia）又在一场有关财政问题的听证会上，花费了
整整 4 个小时的时间听取了有关共同核心标准和"选择退出"运动的讨论。③

　　由此可见，美国长期存在着成熟强大的公共领域，伴随着美国社会转型和
发展的历史，也见证着美国教育的变革，当然也为公众参与教育改革的实践提
供了良好的平台。而就美国标准化教育改革的转型而言，正是因为公共领域
的存在，才使得公众参与的实践成为可能，公众的批判才得以产生影响。

三、公众参与的限度：对"多数人暴政"的反思

　　当然，公众的批判意识、论辩能力和公共领域强大功能的发挥并不是没有
限度的，换言之，公众参与的实践需要被控制在一个理性的范围之内。前面在
通过美国的民主传统进行解读时，我们试图借助托克维尔的《论美国的民主》
作为分析的佐证和阐发的依据。可以看到在他那里，"民主"与"个人主义"是
一对关系暧昧的概念。虽然托克维尔并没有对个人主义的潜在隐患而过于惶
恐，但是我们仍然需要重视他从个人主义角度进行的反思，因为这在某种程度
上可能导致民主的异化，以至于公众参与也因此误入歧途。

　　托克维尔在就民主问题发出"现代专制主义"的感慨时指出，"实际上，平
等可产生两种倾向：一种倾向是使人们径自独立，并且可能使人们立即陷入
无政府状态；另一种倾向是使人们沿着一条漫长的、隐而不现的、但确实存在

① By Mike Cronin. Common Core Standards Debated in State Senate Hearing[EB/OL]. http://www.wmur.com/news/common-core-standards-debated-in-state-senate-hearing/30823546. 2015－01－20.
② Ben Chapman, Lisal Colangelo. Parents, Teachers Divided at First Hearing of Gov. Cuomo's Common Core Task Force[EB/OL]. http://www.nydailynews.com/new-york/education/hearing-common-core-task-force-held-article－1.2426524. 2015－11－06.
③ Karen Dewitt. Budget Hearing Focuses on Common Core Testing[EB/OL]. http://news.wbfo.org/post/budget-hearing-focuses-common-core-testing#stream/0. 2016－01－28.

的道路走上被奴役的状态"。① 他在论述自己的思想时,常常将"平等"和"民主"作为同义词使用,因而也进一步提出,人们在民主中所要恐惧的不是无政府状态,即权威的崩溃与政治的解体,而是专制主义,即所有权力集中于民主的象征物之手。② 对于美国民主的这种弊端,托克维尔甚至指责为"多数人暴政"。

不仅是托克维尔,列奥·施特劳斯(Leo Strauss)也注意到民主背后物极必反的陷阱,他将托克维尔担心的民主时代的通病直接称作"民主的问题"。他说:"唯物主义、平庸化、同情心、爱好私生活及离群索居,这些源于或其力量来自条件平等和个人主义的特征,构成了托克维尔民主学说的核心。一种制度,其中这些特征的作用得不到抑制,不鼓励发挥人的更优秀的才能,社会貌似存在的公共美德却荡然无存——这样一种制度有理由使人怀疑促成这种制度的天意的善性。"③

另外,对这种民主异化的担忧,西方世界自古以来就存在。色诺芬(Xenophon)在《苏格拉底回忆录》里记载了这样一段对话:一个年幼无知的孩子问他的监护人伯里克利(Pericles):"什么是法律?"当时政治影响如日中天的伯里克利回答:"凡是人民决定和颁布的东西都是法律。"小孩不解地追问:"难道当人民像暴君一样践踏少数人的观点时,他们的决定仍然算是法律吗?"伯里克利回答:"当然。"小孩据此得出结论:"民主实际上就是另一种形式的暴政。"同样地,启蒙运动时期的代表人物孟德斯鸠也并不拥护民主政体。他指出,在民主政体下,平等精神会走向极端。由此产生的一个个小暴君与单一暴君一样可怕。而且,很快自由就会消失,单一暴君就会出现,人民就会丧失一切。

实际上,对于民主异化成"多数人暴政"的担心至今仍旧存在,并成为讨论民主问题时的一个重要议题,乃至于 2012 年流行于西方世界的一部学术畅销书《国家为什么会失败》仍然在试图寻找一种平衡,一方面强调政府需要一定

---

① 托克维尔.论美国的民主[M].董果良,译.北京:商务印书馆,2004:838.
② Jamest Sehleifer. The Making of Tocqueville's Democracy in America[M]. Chapel Hill, North: The University of North Carolina Press,1980:187.
③ 列奥·施特劳斯,约瑟夫·克罗波西,主编.政治哲学史[M].李天然,等译.石家庄:河北人民出版社,2010:888.

的集权,另一方面强调多元政治和媒体自由。换言之,政治权力必须有效能,同时政治权力必须受制约。我国学者包刚升虽然认为"多数人暴政"只是民主的最坏情形,但是他也指出:"不少发展中国家容易走向两个极端:一个极端是国家或政府无力统治,难以控制严重的社会冲突,无法构建有效的政治秩序;另一个极端是国家或政府权力过分集中,无视社会的诉求与呼声,缺乏起码的政治约束与制衡。如果走向这两个极端,国家的公共生活将会是一场悲剧。"他进而指出:"更务实的政治智慧在于寻求某种平衡:一方面,国家要有力量,但这种力量不至于强大到足以压制社会和侵害自由;另一方面国家的政治权力要受到制衡,但又不要使其无力采取必要的行动。很多国家的教训是,要么是政治权力过大而完全失控,要么是政治权力由于过度竞争或过度制衡而丧失起码的效能。如何在参与和效能、分权和集权、民主和有效政府之间寻求平衡的确是一个重要课题。"①

而对于公众参与问题来说也是如此,其中同样存在着异化的危险。由此看来,我们不得不对公众参与的界限加以反思,慎重对待公众参与实践的边界。就美国而言,20 世纪六七十年代的学生运动最终导致大规模的流血事件,2011 年爆发的"占领华尔街"运动以及特朗普 2016 年大选获胜之后的一系列游行示威,都让我们着实感受到反思民主和公众参与实践的必要性。同样地,我们也有必要对教育改革中的公众参与进行反思。公众在表达自身教育诉求的时候,是否应当选择更为理性、和平的方式呢?

在美国大力推进标准化测试的过程中,公众联合在一起发起了"选择退出"运动,公众的杰出代表、曾经大力支持标准化教育改革的戴安·拉维奇也全力支持这场运动。诚然这场运动是针对标准化教育改革中的一些缺陷而展开的,但是在公众表达教育诉求的同时,我们也看到正常的教育秩序受到威胁。特别是从 UOO 两度占领美国教育部的行为来看,甚至可以称作是一场"教育暴动"。因此,有人呼吁"美国家长们不应当让他们的孩子'选择退出'标准化测试",②也有批判声表示"'选择退出'标准化测试

---

① 包升刚.多数人暴政只是民主的最坏情形[EB/OL]. http://news.ifeng.com/opinion/gaojian/special/bgs/.2016－04－20.

② Allison Schrager. American Parents Shouldn't "Opt Out" Their Kids from Standardized Tests[EB/OL]. https://qz.com/195745/american-parents-shouldnt-opt-out-their-kids-from-standardized-tests/. 2014－04－04.

并非答案"。① 然而,这场运动似乎并没有因此而有缓和的趋势。在 2015 年的共同评估测试结束之后,有人便预测,称如果美国联邦政府和各地教育部门不重新审视标准化测试,可能爆发更大规模的"选择退出"运动。② 而 2016 年的状况实际上也已经证实这种预测。如果冲突不能尽快得到有效和解,对于美国的公共教育来说,究竟是福是祸呢?

第二节 推进我国公众参与教育改革的可能策略: 基于传统与现实的反思

诚如引言中对于"公共领域"这一概念所作的分析,我们在公众参与的过程中看到开放的空间、多元的主体和批判的话语这些特征性要素。正是透过公共领域的这些要素,我们看到美国公众批判标准化教育改革的精彩场面,感受到美国公众的批判意识和论辩能力。无论是公共舆论还是草根运动,抑或是个人的公开论战,都从不同的角度,以不同的方式影响着标准化教育改革的走向。基于美国的经验,笔者认为,可以从培育公众参与的实践素养和构建公众参与的实践场域两个方面,促进公众参与教育改革的有效性。

一、培育公众参与的实践素养: 从古代书院"公其非是于学校" 的使命,到当代学校对批判意识和论辩能力的重新关注

实际上,培养批判精神和论辩能力在我国古代学校教育中有着独特的地位,无论是讲学还是研讨,往往都会采用论辩方式。春秋时期的百家争鸣造就了一大批杰出的思想家和学派,而宋元时期书院的兴起使得这种学术争鸣的氛围再掀高潮。很多著名书院会不定期地邀请不同学术流派的大师进行讲学,由此便产生了讲会制度,书院也因而成为当时学者们讲论和传播自己学说

---

① Alexis Beauclair. Opting Out of Standardized Tests Isn't the Answer[N]. The New York Times, 2015 – 08 – 12.
② Emmanuel Felton. Experts Predict the Opt-out Movement Will Get Some of What It Wants[EB/OL]. http://hechingerreport.org/experts-predict-the-opt-out-movement-will-get-some-of-what-it-wants/. 2015 – 09 – 25.

思想的重要基地。

不仅如此，古代学校在传道授业之外，还承担着资政议事的功能，就社会现实和治国方针进行思考或者建议。比如汉代太学在最开始的时候就不仅仅是高等学府，同时也是士人学者和学生商议国事的场所。针对外戚与宦官交替把持朝政导致政治的黑暗和社会的动荡，太学师生贬抑篡权窃国的外戚宦官，褒扬不畏权势忧国忧民的清官廉吏，逐渐形成了所谓的"清议"。这种从东汉的太学开始形成的清议传统在之后的书院中有了更加明显的表现，乃至到了明代演变成我国古代书院"公其非是于学校"的政治功能和育才方式。

正如有学者提到的，明朝末期在中国近代思想的萌芽和形成之中，是一个极重要的时期，可以说是开了中国近代思想的先河，顾炎武、王船山和黄宗羲分别以古代的方式提出了类似近代民主的想法。明朝时期名声大噪的东林书院同样是通过讲会制度行使参政议政功能的代表，是学校集讲学和议政于一身的典范。也正是因为多重功能的兼备，以东林书院为代表的这一时期的学校在培养学生参政议政的批判意识和论辩能力方面起到了重要作用。

这所兴盛于明代的东林书院始建于北宋时期，曾是程颢、程颐嫡传高弟、知名学者杨时长期讲学的地方。明朝年间，东林学者顾宪成等人重兴修复，并在此聚众讲学。他们倡导"读书、讲学、爱国"的精神，引起全国学者普遍响应，成为江南地区人文荟萃之区和议论国事的主要舆论中心。东林书院将讲学活动和政治斗争紧密结合起来的特点集中体现在顾宪成题写的一副著名对联上，"风声雨声读书声声声入耳，家事国事天下事事事关心"。

明末清初的黄宗羲虽然并没有亲自参与过东林书院的教学活动，但是对东林书院的教学方式和忧国忧民的公共意识大加赞赏。他在限制皇权的思考过程中，创造性地提出重新理解和建构"学校"的问题。在我国古代乃至今天的"学校"一般都被理解为是培养人才的场所，但东汉太学和明代书院留下的抗议传统，令黄宗羲感到有必要将"学校"重新定位，使之成为制约皇权的公共舆论空间。黄宗羲在民主、自由思想的指引下，主张"公其非是于学校"。在他看来，学校不仅是传播文化的机构，还应是参与议政、监督政府的场所。教师的职能不仅仅是"传道授业解惑",而应把讲学、议政融合进行。这样可以促使师生乃至全体民众积极参与政治,只有这样,才能充分发挥民众参与政治的作用。他说:"学校所以养士也,然古之圣王,其意不仅此也,必使治天下之具皆出于学校,而后设学校之意始备。"①(《明夷待访录·学校》)

明代学校不仅是一种培育公众参与社会政治活动和公共生活的能力的场所,它甚至还被看作我国近代公共领域的雏形。黄宗羲在中国思想史上第一个提出将儒家政治学说中的"民心"即社会舆论通过"学校"这一公共空间加以落实,而且明确指出"学校"的会议是政治合法性的唯一来源:"天子之所是未必是,天子之所非未必非,天子亦遂不敢自为非是,而公其非是于学校。"②(《明夷待访录·学校》)明代的"学校"虽然没有现代议会的选举、罢免官员的参政权利,却有公共领域的讨论国事、提供政治合法性的议政功能。可以说,黄宗羲的确是中国历史上提出公共领域思想的第一人,他甚至对我国在清朝末年的社会变局中建立公共领域的影响也是直接和巨大的。

虽然我国古代的书院曾在一定时期内承担着"公其非是于学校"的功能,在培养学生批判性思维和论辩能力乃至公共意识等方面独具特色,然而更多的时候,尤其是对如今的学校教育而言,书院似乎更强调知识记忆的狭隘功能。这也造成公众批判精神不足,公开为自己的利益和观点进行辩护的能力较弱,愿意且能够公开商谈公共事务者缺乏。

21世纪以来,我国在PISA测试中屡次夺冠,展现了我国基础教育质量的领先优势。然而,很多学者对此颇有微词。尤其是就PISA测试的内容本身而言,能够反映出的大多是学生的知识记忆能力,鲜有对批判性思维能力的评价。也正是看到这种反差,吴刚教授基于PISA测试的数据及其性质指出:"上海学生的优异成绩,主要得益于中国教育中'学而时习之''举一反三'和'博闻强志'的文化传统。这种传统非常有利于包括'记忆''理解'和'应用'在内的低阶思维的发展,由之而来的操练也有利于提高答题效率,这也是儒家文化圈中其他国家同样表现不俗的原因。但这种传统不利于高阶思维发展以及批判性思维的形成,而PISA测试本身也无法考察批判性思维,所以我们的基础

①② 黄宗羲.黄宗羲全集(第1册)[M].杭州:浙江古籍出版社,1985:10.

教育更应思考如何在高阶思维和批判性思维上取得突破，以提升整个民族的创新力。"①彭正梅教授也指出，PISA 测试的胜利并不是我们教育方式的胜利，不是我们教育的胜利。我们过度学习了，但是却没有走向创造性思考，反而一直是在学习的较低层次徘徊。培养创造性的紧迫性，已成为举国上下的共识和焦虑。②

在长期强调应试教育的现实当中，我国的中小学生乃至大学生渐渐失去了批判的精神和能力，这在钱学森临终之际的抱憾而问中深刻地反映出来。的确，在我国当代的学校教育中，有关批判能力以及通过话语论辩进行观点论证的能力的培养非常缺乏，这不仅造成我国在科技发展方面创造力不足，也导致我国公众在公共生活参与方面的无能为力。因此，如果希望公众在教育改革中的积极参与成为现实，就必须使得作为公众参与的必备素养——批判精神和论辩能力——成为学校教育的重要内容。

可能正是注意到这方面能力的重要性，2016 年 9 月颁布的"中国学生发展核心素养"将"批判质疑"作为"实践创新"素养的内容之一。具体而言，要求培养学生"具有好奇心和想象力，敢于质疑；善于提出新观点、新方法、新设想，并进行理性分析，作出独立判断等。"不仅如此，"核心素养"还提出"社会责任"，对学生在公益事务和社会活动当中的参与能力提出了要求。然而，任重而道远，虽然教育培养的目标已经重新明确了方向，但是公众参与的实践素养的培育还需要在今后的教育实践中进一步落实，以此造就能够积极参与公共生活的合格公民。

二、构建公众参与的实践场域：从近代公共领域的兴起到当代教育公共领域的拓展

在美国公众参与教育改革的过程中，除了公众表现出来的批判精神和论辩能力之外，形式多样且功能强大的公共领域是公众参与得以实现的重要场

---

① 吴刚.上海的 PISA 测试全球第一的奥秘何在——基于中国教育文化传统的视角[J].探索与争鸣,2014(1)：68－73.
② 彭正梅.寻求教学的"圣杯"——论哈蒂《可见的学习》及教育学的实证倾向[J].教育发展研究,2015(6)：1－9.

域。无论是个人还是团体，他们的批判都是通过报纸、网络、书籍乃至公共场所等公共领域形式得以实现并发挥作用的。实际上，我国的公共领域已从近代以来逐渐发展，就其功能而言，至今仍在不断完善的过程中。

当前，我国学者已形成一种普遍共识，近代中国公共领域出现的时间大致是在甲午海战失败到戊戌变法之间。许纪霖先生认为，上海最早具备形成公共领域的充分条件，1896 年成立的《时务报》便是上海公共领域形成的起点。如果说当时的强学会和格致书院是士大夫评论时政、施加压力的活动场所，那么《时务报》则是发表看法、制造舆论的传播媒介。在清朝末年，也随即形成以报纸、学会和学校作为基本结构的公共领域空间。① 民国之后，由于学会受到党派的裹挟以及学校学科化和专业化的建制，学会和学校逐渐失去公共领域的特征，而报纸和杂志在公共领域中承担的角色任务越来越重。借助《申报》《新闻报》《苏报》《大公报》和《东方杂志》等报纸杂志，公共舆论得以形成，对当时的乱世时局进行批判和建言。

不仅如此，清末民初还出现了一大批与教育相关的报纸和杂志，构成了专门针对教育改革的公共领域。清末教育改革中废科举、派遣留学生、兴学堂的三大改革措施，有效地促进了以学校、学会、报纸为主要形态的近代中国公共空间的扩张；新学制的颁布和实施，通过现代教育体制、教育模式、教学内容的确立，为趋新知识分子从事公共批判和监督奠定了新的知识基础，造就了公众和公共舆论品质。② 在这一时期，除了上述综合性杂志有过对于教育问题的探讨——比如在科举制度废除之后，自 1905 年开始，《东方杂志》刊载了一系列评论文章，包括《论废科举后补救之法》《论停科举后宜专办小学》《学校贡举私议》等文章讨论了废除科举后所出现的教育问题的解决办法，③《教育世界》《教育杂志》《中华教育界》《新教育》《教育与职业》等一批重要的教育报纸和杂志也如同雨后春笋般出现，不仅介绍了大量西方教育思想和制度，也为国内公众讨论教育问题提供了平台。

时至今日，我国的公共领域在教育改革中仍然具有重要的作用，支持公众

① 许纪霖.近代中国的公共领域形态功能与自我理解——以上海为例[J].史林,2003(2)：77-89.
② 戚少枫,郝延军.清末教育改革与社会公共领域的扩张[J].陕西师范大学学报(哲学社会科学版),2006(4)：123-128.
③ 彭慧艳.舆论视野下的教育改革[D].合肥：安徽大学,2013.

对教育问题的讨论、批判和建议。其中，借助报纸和网络议论教育事件进而形成舆论空间的公众参与方式最为典型，影响力也最大。特别是近年来出现并迅速普及的网络平台、微博、微信、QQ 等社交软件，已经成为公众表达教育诉求的重要工具。其中，新浪微博每天更新的"微博热搜榜"以每分钟一次的频率更新当前最受关注的社会热点，其中就不乏教育现象和教育问题。比如，2016 年有关"幼儿园教师虐待"这一话题就经常在新浪微博中被提到，各地"虐童"事件也被不断曝光。公众正是通过微博平台逐渐关注到这一教育问题，并且发表评论。除了谴责之外，很多网友从学前教育教师的培养、幼儿园开办的资格审查以及教育部门的监督管理等方面提出建议。而对于如今更加流行的微信来说，已经推出专门的教育类公众号向公众传递教育热点新闻，并为公众的讨论提供场所。一些高校和教育研究机构都会创建专题性的微信公众号关注教育现实，发表评论。

尽管网络时代的到来在一定程度上促使公共生活空间转型，然而传统的出版物在当今仍然是一种重要的公共领域形式，特别是一些专家学者会通过书籍出版的方式评析我国的教育现实。比如曾毕业于北京大学和耶鲁大学、现任教于波士顿萨福克大学的薛涌长期为海内外报刊撰写评论文章，被国外媒体认为是中文世界最有影响力的意见领袖。他的新浪博客有 2 000 多万的访问量，吸引了大量读者，是国内主要的思想文化类博客。他出版的著作包括《坏民主》《怎样做大国》《右翼帝国的生成》《直话直说的政治》《仇富》等书，用通俗易懂的语言嬉笑怒骂社会现实和民生冷暖。其中，他的两本教育评论《北大行思：从娇子到栋梁》和《北大批判：中国高等教育有病》反思了中国高等教育的诸多问题。

现任俄勒冈大学教育学院的华裔教授赵勇于 2014 年在美国出版了《谁害怕大坏龙：为什么中国拥有全世界最好（以及最坏）的教育体制》（*Who's Afraid of the Big Bad Dragon? Why China Has the Best（and Worst）Education System in the World*）一书，向在美国社会、政界、教育界持续了几十年的有关教育改革的激烈辩论提出了一个振聋发聩的观点。他认为，美国政府和教育界对中国学生在国际考试中的优异成绩的羡慕是不了解中国教育实情的盲目羡慕，而力图促使美国教育学习模仿中国教育则无异于缘木求鱼。此书出版之后,戴安·拉维奇在美国知识界很有影响力的《纽约书评》杂志发表了长篇书评,她写道,奥巴马总统、教育部校长邓肯、美国国会议员和各州的州长和议员都应当读一读赵勇的这本书。在这本书中,虽然赵勇的美中教育对比研究的着眼点主要是批评美国,但他也对中国长期存在的应试教育问题提出了尖锐的看法。[①] 也正因如此,赵勇的观点在国内同样引起轩然大波。

当然,公共领域形式不仅仅是一系列的网络平台和畅销书,我国应当进一步丰富公众参与教育改革的途径,构建起更强大的公众参与场域。比如,此前提到的在美国流行的听证会实际上也是一种非常值得借鉴的公共领域形式。这种形式可以通过现场的发言和论辩让各方观点得到表达,并能够及时被相关部门了解。类似地,比如露天的广场以及室内的剧院、沙龙等场所,也都是可以利用的公共领域形式。

总而言之,公共领域是公众参与教育改革和其他公共生活的场域。就我国当前现实而言,虽然多种形式的公共领域已经成为公众参与教育改革的平台,承担起了公众参与实践的载体功能,但是仍然有进一步拓展的空间。无论是传统的出版物,还是现代化的网络平台,抑或是针锋相对的听证会等,都有其各自的特点和功能,只有全面开发和利用这些公共领域的形式,才能够更好地让更多的公众有机会发出声音,表达教育诉求。

实际上,我国公众参与教育改革的状况与此前相比已经有很大改观。越来越多的公众开始通过自身的言行参与到教育事务当中,主动表达针对教育事件的评论以及教育诉求。但是这种参与度和影响力还有待进一步的提升,尤其是在当前制度层面已经有了保障的情况下,我们更需要从公众自身的角度来思考如何进一步实现公众在教育改革中的有效参与并能够取得更为理想的成效。回顾历史,我们有着公众参与社会政治活动和公共生活的传统;放眼国际,他者的经验向我们证实,充分的批判意识、论辩能力和成熟的公共领域是公众积极参与并影响教育改革的关键。在针对古今中外的比较分析和反思之后,我们有充分的理由相信,我国公众参与教育改革的成效得到提升指日可待。

---

① 环球时报. 美媒:中国教育模式在学美国,可美为何要学习中国呢[EB/OL]. http://oversea.huanqiu.com/article/2015-10/7811547.html. 2015-10-22.

第三节　教育部门应对公众参与行为的应有举措

通过反思美国的经验与教训以及我国的传统与现实,我们可以思考一系列推进我国公众参与教育改革的可能策略。然而,我们必须意识到,公众的有效参与必须经由教育部门的回应才能实现,只有当相关部门对公众的教育诉求加以关注,才能够对教育改革起到积极的影响作用。为此,教育部门应当重视公众的教育诉求,及时地予以倾听和回应。同时,教育管理部门还应当加强引导和监管,避免公众参与行为的异化和失范。

一、完善舆情收集和分析机制,及时回应公众的教育诉求

就一般意义而言,教育舆情是指在一定的社会空间内,作为主体的公众针对有关教育的事务产生和持有的社会政治态度。显然,教育舆情的产生离不开公众的积极参与,是公众意见的集中体现。借助各种公共领域形式,公众表达不同的观点和诉求,而当这些观点和诉求汇集起来的时候,普遍性的教育舆情才得以形成。

有学者认为,自 2003 年的"非典"以来,公众舆情才逐渐成为我国各级政策决策者重要的决策依据。而在教育领域,《国家中长期教育改革和发展规划纲要(2010—2020 年)》在决策过程中对公众意见的吸纳,成为我国教育政策关注教育舆情的典范。[①]《规划纲要》在制订过程中,曾经两次向社会公众征求意见。仅在第一轮征求意见进行的一个月时间内,就收到人民群众的意见和建议 5 337 条,其中教育部门户网站收到帖子 2 835 条,电子邮件 2 254 封,信件 248 封,仅 2009 年 1 月 8 日和 12 日两天网络的发帖量就达到 962 条(封)。[②] 正是此次大规模舆情收集和分析实验的成功,我国开始关注这方面

① 张天雪,张冉.教育舆情研究:从兴起到有效的路径探索[J].清华大学教育研究,2011(5):102－107.
② 教育部.《规划纲要》已经收到 5 337 条意见和建议[EB/OL].http://www.china.com.cn/news/2009-02/06/content_17237936.htm.2009－02－06.

工作的常规化和制度化,教育舆情的收集和分析已经成为我国教育研究和教育管理过程中的重要任务,并愈加受到重视。

2011年全国教育科学规划首次将"教育舆情分析"作为课题指南。在一些学者看来,教育舆情分析是就社会公众对共同关心的教育政策、事件、现象和问题公开表达的言论和意见等信息进行汇集、分析并作出科学判断的过程。[①] 还有学者指出,教育正在经历从管理到治理的转型,教育舆情分析具有危机管理、舆论引导、政府决策、政府形象维护等重要的现实价值。互联网时代的到来,给教育治理带来了新的挑战,同时危机处置与科学决策迫切需要教育舆情分析强大的助力。[②] 这就意味着,公众对教育事件的关注经由公共领域的发酵之后可以形成舆论的力量。而在这之后,还必须通过相关部门对于舆情的收集和分析才能够了解公众对于教育的诉求和看法,进而才能够影响到教育决策。其实在本书的案例当中我们也可以看到,奥巴马时期公众对标准化教育改革的批判之所以能起到实质性的影响作用,一方面是因为公众的积极参与,另一方面则是美国从联邦教育部到地方教育管理部门能够及时地收集和倾听公众的意见,从而在教育决策中作出回应。

不仅是对一些重大教育政策的制订和变革而言,通常情况下,相关学者和机构对于教育舆情的系统分析,也可以反映我国公众对当前教育现状的意见和建议。从近几年的现实情况来看,诸如"免费师范生"制度、"高考减招"现象、地方性教育改革的成败经验和教训等一系列较为持久的重要教育问题始终都是舆论所讨论的焦点,这也促成了相关教育政策的出台或者导致原有政策的变革。此外,诸如"篡改高考志愿""开除患癌教师""2015PISA成绩"等教育事件也被公众关注,并形成了颇具规模的舆论。

因此,随着公共舆论表达途径越来越多,收集、分析和公布教育舆情的专门机构也陆续成立。比如,"中国教育舆情"是全国范围内规模最大、最具权威性的教育舆情数据提供与分析的专业组织之一,其工作范围包括:(1)对每日教育舆情信息收集、整理、分类及汇总;(2)撰写舆情综述,收集网民热议点;(3)收集媒体报道数据,形成周度、月度、年度的舆情事件热度排行;(4)针对

---

① 蒋建华.教育舆论分析的价值与思路[J].教育研究,2011(4):20-23.
② 张天雪,张冉.教育舆情研究:从兴起到有效的路径探索[J].清华大学教育研究,2011(5):102-107.

突发教育舆情事件进行数据分析、舆情传播分析等。其他的此类机构还包括"教育舆情网""中国教育舆情周报"等机构。这些机构通过针对主要媒体和网络平台的话语和数据分析，能够很好地反映教育舆情的话题和公众的基本态度，较为集中地向教育管理部门提供公众的教育意见和诉求，为教育决策提供参考。

比如 2016 年底，有关校园欺凌的报道热炒一时，各方公众也纷纷参与到这个话题的讨论当中。一时间，该话题在教育舆情机构的热点排名榜上急速蹿升。其中，"教育舆情网"连续几天对于此话题的相关舆论观点进行

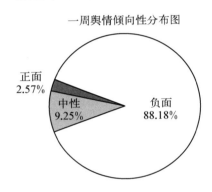

图 7-1 "中关村二小"话题
一周舆情统计图

了梳理和评论。"中国教育舆情周报"则通过中国教育舆情监测系统的分析发布公告称，12 月 11—18 日这一周，关于"中关村二小"的话题舆论发酵，成为舆情热点。围绕该事件所形成的舆情正面信息占 2.57%，负面信息占 88.18%，中性信息 9.25%（见图 7-1）。[①] 经由舆论作用的影响，北京市教委负责人在接受"中国教育舆情"的采访时，明确表示要针对校园欺凌现象采取必要的防范措施。[②]

虽然在现实当中，我们已经看到教育舆情对于教育事业和教育改革的影响作用，但是正如有学者所提出的那样，我国教育舆情的收集和分析工作才刚刚起步，专门的研究机构不多，教育主管部门尚无法全面知晓公众对教育的意见和诉求，因而也无法作出及时的决策回应。这就要求我们应当进一步加强和完善教育舆情的收集和分析机制，建立相关的机构和研究部门。对教育决策机构而言，则应当时刻关注来自公众的教育舆情，掌握公众的教育意见和诉求，并作出有针对性的回应。

---

① 中国教育舆情周报. 欺凌与玩笑边界在哪里？[EB/OL]. http://www.edu.cn/html/t/ceyqweekly/vol201649/index_keyword1.shtml.2016-12-18.

② 中国教育舆情.北京中关村二小回应"欺凌事件"[EB/OL]. http://www.cedupo.com/nd.jsp?id=1006&_np=107_343.2016-12-13.

二、加强引导与规范，在鼓励公众参与的同时警惕过度参与现象

诺贝特·埃利亚斯（Norbert Elias）曾经说过："一个免于冲突的社会或许看似理性的巅峰，但这个社会也如墓园一般，死气沉沉，极度冷酷无情，单调乏味至极——不仅如此，这还是一个没有任何动力的社会。"[①]正因如此，来自公众不同意见的批判才可能更好地为教育决策者提供反思的资源，也正是在这种不断反思中，教育事业才能够得到长足的进步。所以，倘若希望公众能够充分地参与教育改革并起到积极的成效，教育部门就应当以一种包容的胸怀去对待逆耳之言。唯有让公众感到自身的参与处于一种安全的环境，他们才愿意且敢于表达自己的观点和诉求以及采取有效的行动。

然而，也正如前文在检视美国标准化教育改革中的公众参与时所提到的，如果这种包容突破了一定的限度，公众的参与行为则可能异化为"多数人暴政"。因此，教育主管部门在鼓励公众参与的同时还必须注意到限度的问题。就像美国公众为了抗议标准化测试而举行的"选择退出"运动一样，虽然他们的诉求有合理之处，但是过激的"罢考"和"占领美国教育部"等行为不仅影响到学校的正常工作、社会的稳定秩序，也影响到学生自己的学习。同样地，这种过度参与对于我国而言也并非危言耸听，物极必反的现象已经发生。

2014年，全国一些地方的教师屡次通过罢课方式为自己争夺权利的新闻被接连曝出，引起了较大的反响，并且也迫使相关部门采取应对措施，保障教师的基本权利。

一些学者和相关的政府部门作出及时回应。比如，就湖北孝感高级中学教师罢课事件，北京师范大学国培京师教育科学研究院的刘季宏发表评论说，此次风波的核心在于，"这些没有编制的老师在上岗时，是否有地方上关于编制安排的文件"。他还指出："目前我国城市教师资源并不紧缺，问题在于分配不均。"21世纪教育研究院副院长熊丙奇也认为，如果学校有承诺，则应当兑现。他还进一步就教师编制制度本身所存在的问题发表了看法。他认为，教

---

① 德诺贝特·埃利亚斯.文明的进程[M].王佩莉，袁志英，译.上海：上海译文出版社，2009：88.

师编制是行政干预办学的一种手段。在编制之下，"老师的待遇不再平等，人为分为体制内和体制外，这对老师不公平"。① 河南固始县教师罢工事件发生之后，当地人民政府也迅速通过官方微博作出承诺，表示会全面落实有关文件规定，并通过正当渠道满足教师提出合理诉求。②

然而，随着新闻媒体报道教师因各种理由罢课的现象，很多人也开始从最初对教师群体的同情转向对他们这种剑走偏锋的现象进行反思。针对教师罢课这样一种极端事件，有人质疑，把事情闹大就能解决问题吗？③ 也有人辩证地指出，教师们"赢了权益却输了尊严"。④ 还有人批评称，不管是为了学生的利益还是个人的利益都是不合适的。有什么诉求可以向学校反映，学校如果不受理，也可以向教育主管部门反映，通过正常的途径解决问题，而不能以"集体罢课"的方式来裹挟学校和学生。而且学校是教书育人的地方，教师的一言一行无不影响着学生。教师集体罢课，不仅有失教师的良知，更给学生做出了不好的示范。⑤

当然，除了罢课、罢考的现象之外，一些夸大其词的事件报道和部分公众只图一时口头之快而发表的不负责任的言论，也很有可能形成错误的舆论导向。比如，长期以来一直触及家长神经的"义务教育招生入学"问题总是能够引来各方公众的议论。2016 年初教育部发文，明确义务教育招生入学要执行"多校划片"，这是对此前多年严格按照户籍学区入学政策的明显回调。此前的入学政策表面上不许择校，不让用钱、用权择校，但用房择校其实也就是用钱择校，显然并不公平，甚至强化阶层的划分，带来房地产市场的扭曲。然而不少家长却纷纷感叹"学区房白买了"，抱怨"这是又一轮的折腾"。⑥ 甚至还有人在网络社交平台上称，该政策会滋生新一轮的腐败现象，看似公平的随机

---

① 财新网.湖北中学教师罢课求编制，曝体制困境［EB/OL］. http://china.caixin.com/2014-09-10/100726966.html。2014-09-10.

② 观察者网综合.河南教师罢课讨工资·网友：多地老师罢课政府应检讨［EB/OL］.http://www.guancha.cn/broken-news/2014_12_23_304221.shtml.2014-12-23.

③ 西陆网.济南教师罢课：把事情闹大就能解决问题吗？［EB/OL］. http://junshi.xilu.com/news/shandongjinanjiaoshibake.html. 2015-01-14.

④ 光明网.教师集体罢课：赢了权益却输了尊严［EB/OL］. http://guancha.gmw.cn/2014-12/18/content_14216461.htm. 2014-12-18.

⑤ 胡建兵. 老师可以维权但不宜"罢课"［EB/OL］. http://focus.cnhubei.com/original/201511/t3454058.shtml. 2015-11-18.

⑥ 陈志文.教育不要被专家和舆论所裹挟［N］.中国青年报,2016-03-02.

分配学校必然隐藏着行政权力的滥用牟利。① 然而,他们却忽视了教育部门的良苦用心,这项政策的目的就是为了消减学区房的优势,以及由此造成的不公平,治理家长过分追捧学区房,中介大肆炒作学区房的乱象。正因如此,有人指出,在教育治理的过程中,教育部门需要有更大的勇气与担当。

因此,在对待公众的参与行为时,教育部门既需要给予公众表达教育意见和诉求足够的自由空间,同时又要做好引导和规范的工作,避免公众参与行为的失范异化。特别是对于如今这样一个信息繁杂的时代来说,公众甄别教育信息的能力是有限的,难免出现偏狭的理解,进而发表过激的言论或采取极端的行动,试图对教育的现实进行反抗。这时,教育部门就需要进行正确的引导与规范,在保障公众的意见和诉求得以表达的同时,避免误会的加深以及矛盾的激化,在宽容和警惕之间保持一种平衡。

综上所述,公众参与的成效要真正落实到教育现实中,必须依赖教育部门的积极作为。一方面,对于公众的教育意见和诉求要及时地关注、收集和分析,在教育决策的过程中加以充分考虑,并作出有效回应;另一方面,教育部门在鼓励和促进公众参与的同时,也必须警惕过度参与可能造成的弊端。只有正确地引导公众通过合法的途径理性参与,才能真正解决教育领域的问题和矛盾,保持教育改革和教育事业稳定、和谐地发展。

---

① 天涯论坛.教育部多校划片,出于什么考虑?[EB/OL]. http://bbs.tianya.cn/post-free－5391188－1.shtml.2016－02－24.

Education Reform for
the 21st Century Skills:
China and World

结　语

行文至此,不难看出,美国的 K－12 标准化教育改革经历了一场纷繁复杂的斗争。尽管本书关注的只是奥巴马时期参与其中的一部分公众代表,也仅仅考察了批判的一方是如何影响这场改革的进程的,但是毋庸置疑,还有很多其他的参与实践曾经、正在或将要发生。其中既有很少提到的个人和团体的批判实践,也有很多 K－12 标准化教育改革拥护者的支持和声援,他们同样影响着这场改革的发展与进程。

还有一点需要澄清的是,本书虽然只从反对者的立场进行局部探索,但是如果就 K－12 标准化教育改革的支持者而言,倘若从他们的参与实践作另一番考察,想必也一定能够从这场改革逐步推进的角度佐证公众参与的力量。因此,本书无意以偏概全地妄加评论标准化教育改革本身,更不会草率地判断标准化教育改革的最终命运,而只是关注教育改革中公众参与的具体实践。

一、两点系统性结论

从研究的内容和达成的目标来看,本书可能没有构建更加深刻的理论体系,没有找到更加完善的政策规范,也没有总结出更加合理的参与模式,但是可以呈现出一幅生动精彩的公众参与的实践图景。就此而言,本书最重要的意义在于将公众参与教育改革这个主题置于具体的现实背景中进行叙事,借以提供一个现实的范本。如果说能够从中得到什么见解和观点的话,只能说是见仁见智,甚至会分别从总结经验抑或吸取教训的角度走向两个截然相反的极端。不过,基于本书使用的公共领域这一视角进行分析,还是可以总结出两点系统性结论。

1. 公众通过公共领域参与教育改革需要足够的批判意识和论辩能力

首先,从"公共领域"这个概念来看,它意味着一个独立的、公开的、充满批判性的实践空间,以话语的斗争为主要的形式,并最终形成一致性的观点或者行动。因此,从这个角度而言,批判意识和论辩能力是公众参与必备的素养。其次,从本书中美国公众参与 K‒12 标准化教育改革的实践来看,公众主要通过批判性的话语和行动方式产生影响。无论是公共舆论的形成、草根组织的反抗运动还是个人的话语斗争,都是建立在这两个重要的素养之上的。此外,如果再进一步思考美国公众参与教育改革能够产生有效影响的原因,还可以发现,批判意识和论辩能力是美国公民教育中非常重要的培养目标,这就意味着美国的教育甚至是整个国家都将公众参与能力看作成为合格公民的必备条件。因此,本书认为,政策规范的保证和有效参与程序的建构固然重要,但是具体到教育改革的参与者而言,批判意识和论辩能力是参与实践成为可能的最重要保证。

2. 成熟的公共领域是公众参与教育改革必备的现实基础

虽然此前的学者已经或多或少地提到公共领域的作用,甚至也会提出构建公共领域的重要性,但是鲜有专门以此为分析视角来展现公众参与实践的研究。而本书叙述的现实案例则充分展现了公共领域作为公众参与的实践空间的重要功能,无论是媒体、网络社交平台抑或是公共出版物等,都是公共领域的具体形式,都是公众参与得以实现的重要场域。正是由于公共领域功能的充分发挥,美国公众的批判意识和论辩能力才得以展现,对 K‒12 标准化教育改革的批判实践及其影响效果才成为可能。因此,本书认为,构建成熟的公共领域,丰富其具体形式,并保证其功能的充分实现,能够有效促成公众在教育改革过程中的参与实践。

二、两点有益建议

除此之外,我们还可以进一步从教育部门的角度进行思考,为如何应对公众的参与实践并使其对教育决策起到实质性的推进作用提供有益的建议。

1. 教育部门要完善舆情收集和分析机制,及时回应公众的教育诉求

无论是通过媒体形成的公共舆论、公众组织的社会运动,还是部分个

人或者群体进行的论战,都是在表达来自公众的教育意见和诉求。这种诉求只有得到教育部门的关注,才有可能在相关的决策过程中反映出来。正是因为美国公众通过公共领域进行的批判言行受到联邦和地方教育部门的关注和重视,迫使它们对 K－12 标准化教育改革的一系列措施进行反思,才最终影响到这场改革运动的进展。我国需要进一步建立专门化和制度化的教育舆情收集和分析的研究机构和工作部门,及时关注公众对教育的意见和诉求,教育决策部门也应当有针对性地对现实中的教育舆情予以回应。

  2. 教育部门要理性对待公众参与教育改革的形式和结果,警惕过度参与的异化现象

  对美国公众批判 K－12 标准化教育改革的实践进行辩证的反思可以发现,公众参与的实践素养的培育和作为参与实践空间的公共领域的完善固然是值得学习借鉴的地方,但是对国家和各级政府推行的教育改革盲目的批判以及采用非理性的参与方式进行阻挠,则是需要避免的。公众在教育改革中的参与必须是合理合法的,需要在一定范围内,以一种理性的方式进行,否则,公共舆论会因为乌合之众而产生错误导向,公众的抗议也会演变成阻碍正常公共生活和社会秩序的违规或非法行为,而个人不负责任的言论也会加深误会,甚至造成冲突。因此,本书认为,合理合法的限度是我国在引导和鼓励公众参与教育改革时必须进行规范的。

  实际上,在考察和检视了美国 K－12 标准化教育改革中的公众参与实践之后,我们越发感觉到公众参与对我国的教育改革而言并不是一个陌生的话题。尽管迄今为止,我们似乎很难在我国当下的教育现实中看到有如此大规模的公众参与实践,也很难明显地感受到公众对教育改革的直接影响效果,然而,在我们周遭并不缺乏以教育为话题的讨论,即便是只言片语,也足以证明我国公众对教育问题的关注。而在前文的回顾和反思中,无论从传统而言,还是就当下现状而论,公众参与教育改革的实践在我国从来就有,而且在今后会有更进一步的趋势。我们要做的是进一步完善我国公众参与在教育改革中良性功能的发挥。从这个角度而言,尽管我们仍然需要反思我国公众参与教育

改革的现状,从本书提到的发生在美国的这场公众参与实践中汲取有益的经验,然而我们无须妄自菲薄。与其说美国的经验是一堂实践课,倒不如说通过理性的反思和系统的比较,我们也从中获得了更多的自信。

Education Reform for
the 21st Century Skills:
China and World

余　论

美国标准化教育改革之后
——迈向 21 世纪能力

诚然，美国的教育改革从来就不缺乏批判性，正如美国学者克里巴德所认为的，美国教育的演变进程就是各利益群体为争夺课程控制权而上演的一系列斗争。然而，不仅仅是课程控制权，因为这可能更多的是在官方领域和学界范畴才熟知的话语概念，对于更广泛的社会公众而言，他们更看重的则是"美国的教育质量究竟如何？""美国的教育体系能否培养出使大多数人满意的美国人？"等诸如此类的问题。就美国近 30 年的标准化教育改革而言，它仍然是在回答这些对美国教育史而言亘古不变的难题，试图提升基础教育的质量。然而就目前的情况来看，这次以标准化为导向的尝试与其说效果微乎其微，不如说它在某种程度上制造了更多的矛盾和争议。我们不妨将目光回到历史，来看一看近 200 年的美国 K-12 阶段教育究竟经历了什么样的问题，各种争论与改革究竟目的为何。更重要的是，通过这种梳理，也许我们能够更好地理解在标准化教育受到批判并发生转向之后，美国的教育究竟会走向何方。

一、从世俗性的转向到民主公民及其社会能力的培养

1. 学科知识抑或实用能力：美国当代中等教育改革滥觞

首先让我们把目光转回到 19 世纪末的全国教育协会（NEA），正是在该组织的动议之下，美国的教育研究和行政领域反思了当时公共学校的课程状况。在这一时期，教育的宗教性和世俗性仍是公立教育中激烈争论的核心问题。在"十人委员会"的报告中，当时的美国学者威廉·托利·哈里斯（William Torry Harris）基于黑格尔的哲学取向强调了儿童的精神发展，淡化了对于公立学校在承担宗教训练任务方面的要求。他认为，学术性学科使儿童熟悉自然属性和人类属性，从而使他们能够满足家庭、民间团体、国家和教会等机构的需要。虽然这份带有明显世俗化倾向的报告涵盖了中学教育改革的方方面面，包括中学的性质、教育宗旨、课程方案以及中小学学制和中学与大学的关

系等,但是其影响并没有像预期的那样对教育实践产生引人注目的影响。正如几十年后的一些学者所认为的,"这份文件在 1893 年非常重要,而今它主要是作为一种对中等教育史的过往贡献以及作为在教育上未被采纳的一些合理建议的库存而存在"。① 然而,一些学者却对这份报告大加赞赏,伯纳德·梅尔(Bernard Mehl)就将这份报告的发表视为 19 世纪末 20 世纪初美国中学变革中的重大事件,而"十人委员会"组建的功能主要在于"改善中学课程计划"以及"理清中学与学院的关系",但后来它所做的工作和解决的问题使得这份报告如此重要,虽然报告并未根本解决这些问题,但它奠定了以后几十年间中等教育改革探索的基础。②

虽然学界对于"十人委员会"及之后的"十五人委员会"的报告众说纷纭、褒贬不一,但是这些报告无疑对于美国的基础教育尤其是中等教育的发展起到重要的推动作用。实际上,美国公立中学的历史并不久远,从 1821 年第一所免费公立中学英语古典学校成立向后追溯半个世纪,公立中学并没有得到显著发展,直到 1874 年"卡拉玛祖案"(the Kalamazoo Case)的判决才真正对此起到推动作用。在此之后,中等教育在进行大规模扩张的同时也造成中等教育体系的乱象,比如辍学率居高不下,教育质量偏低,学制体系混乱,等等。这直接迫使查尔斯·埃利奥特(Charles Eliot)在 1890 年全国教育协会的演讲中明确指出,要改善美国的中等教育,必须做两件事情,第一是建立更多的中学,第二是使现有的中学形成共同的和更高的标准。③ "共同"和"高标准"的课程价值取向也在不久之后的两份报告中得到体现。即便是放之于今天的标准化教育改革看来,这种课程价值的诉求依然具有鲜活的生命力,这同时也反映出美国教育当中一些亘古不变的问题。即便是这种多少有些精英主义倾向的观点受到不少批判,但是对于美国当时的中等教育状况而言,通过课程的内容统一和标准提升的确是一条帮助中学摆脱困境的途径。

另外值得一提的是,正如之前所言,这一时期的报告和相关改革也将教育

---

① Thomas H. Briggs. The Committee of Ten[J]. Junior-Senior High School Clearing House, 1931(3): 135.
② Bernard Mehl. The High School at the Turn of the Century: A Study of the Changes in the aim and Programs of Public Secondary Education in the United States, 1890 - 1990[M]. Urbana: Universtiy of Illinois, 1954: 272.
③ Charles W. Eliot. The Gap between the Elementary Schools and the Colleges[C] // David B. Tyack. Turning Points in American Education History. Lexington: Xerox College Publishing, 1967: 374.

的目标转向世俗的需求，即关心教育如何满足生活需要的问题。正如约瑟夫·沃特拉斯（Joseph Watras）所言，这一时期的变化"使教师更易于考虑为儿童提供多种多样的新课程，引入更多的职业教育，调整教学以适应儿童的日常经验"。而这两份报告也成为教育改革的"催化剂"。"在短时间内，大多数教育改革家都认为学校应该满足儿童的需要。他们继而指出，因为儿童的需要与他们的生活相关，所以教师们可以确定那些需要是什么。他们认为教师应该帮助儿童学习以实现社会需要的方式来满足他们的愿望。"①关注这一点，正是因为从这一时期开始，有关人文主义课程和实用主义课程之间的博弈成为美国教育变革的一条主线。这一时期的辩论促成了之后的进步主义教育运动，以学科知识为核心的分科课程与以实用能力为核心的综合课程和实用课程成为学者乃至全社会讨论的问题。如果从 19 世纪末算起的话，这场拷问延续了一个多世纪之久。直至今日，这一问题也可以映射于美国有关 21 世纪能力与核心素养的课程构思当中。

2. 培养公民意识与社会能力：进步主义教育运动

"十人委员会"和"十五人委员会"的报告大致可以看作是美国当代基础教育改革的一个前奏，同时也揭开了知识与能力之争、学生需要与社会需要之争等问题的序幕。就美国于 20 世纪初进行的屡次教育改革而言，如何以学生为中心，让学生更好地适应社会发展的需要成为一个重要的努力方向。在进步主义教育运动当中，帕克的昆西教学法、约翰逊的有机教育学校、沃特的葛雷制、帕克赫斯特的道尔顿制、华虚朋的文纳特卡制都是诸如此类的教育理论和实验。这些理论和实验，纷纷强调知识的实践功用，学生主动习得知识的过程。我们能够看到，在这一时期的改革内容当中，一些内容能够与当下美国推行的 21 世纪能力对接。

值得一提的是，在杜威那里，出于教育与民主的关系，他格外强调培养具有民主实践能力的公民的信念与理想。在杜威那里，民主是一种积极的、不断演进的观念形式，他反对"把民主主义看成是某种固定的东西，看成在观念和

---

① 约瑟夫·沃特拉斯.20 世纪美国教育中的哲学冲突[M].王璞，於荣，译.合肥：安徽教育出版社,2011：24－25.

外部表现上都是固定的东西"。① 杜威指出:"民主的政治形式仅仅是人类的智慧在一个历史的特殊时期内设计的一些最好的方法。但他们是以这样的一个观念作为根据的,即没有一个人或有限的一群人是十分聪敏和十分良善的,以致无须别人的同意就去统治别人。这句话的积极意义是,凡为社会制度所影响的一切人们都必须共同参与在创造和管理这些制度之中。"② 正是因为民主的形式和内涵并不是一成不变而是不断改造的,因此就需要每个公民自愿的参与和协商。民主的目的要求通过民主的方式来实现。"除非民主的思想与行为的习惯变成了人民素质的一部分,否则,政治上的民主是不可靠的。它不能孤立地存在,它要求必须在一切社会关系中都出现民主的方法来支持它。"③在杜威看来,民主的方法就是应用协商、说服、交流、理智协作的方法,而教育是把这种民主的方法植入人心的重要手段。教育是民主的首要工具,因此,杜威特别强调教育应当培养和训练学生的反省思维习惯,发展他们群体交际的能力,特别是说理、辩论、协商与妥协等。这样,民主理想、公民教育与思维培养之间就建立了关联,科学理性的反思批判性思维的培养也可以从杜威的著作《我们如何思维》当中可见一斑。这种民主、公民、批判性思维的逻辑,也在美国的教育中打上了深深的烙印。

与当时以杜威为代表的一批学者掀起的民主改革浪潮相映衬,社会改良与适应生活成为教育目标的着眼点。比如,哈罗德·拉格(Harold Rugg)指出,如果学生学会独立思考,那么当他们成为社会中的成人选民时,他们就能够参与社会改良。此外,他还指出,学生必须学习处理社会问题从而提高发现客观的解决问题的方法。④ 正是基于这些考虑,哈罗德·拉格建议学校课程应当围绕社会问题,设计一套统一且连续的社会研究课程。从哈罗德·拉格的课程构想当中可以看出,为了让学生更好地适应社会发展的要求,同时也为了通过一代新人的培养实现社会改良的愿景,批判性思维能力、问题解决能力、沟通与交流能力等素养成为课程改革关注的要素。因此,尽管出发点有所差异,但是杜威、哈罗德·拉格等人的教育思想都在朝着培养具有民主能力、社

---

① ② 约翰·杜威.人的问题[M].傅统先,等译.上海:上海人民出版社,1965:35.
③ 同上:51.
④ 约瑟夫·沃特拉斯.20 世纪美国教育中的哲学冲突[M].王璞,於荣,译.合肥:安徽教育出版社,2011:95-96.

会能力、生活能力的现代公民而努力,这些课程改革的举措都在向着传统的课程思维发起挑战。

在进步主义教育运动的推动之下,1918 年,全国教育协会下属的中等教育改组委员会颁布了报告《中等教育的基本原则》。报告指出:"民主制度里的教育,无论校内的还是校外的,都应该发展每个人的知识、兴趣、理想、习惯和能力,凭借这些他将找到自己的位置并利用这种位置使自己和社会向着更崇高的目的发展。"[①]之后,报告还提出中等教育的七大目标,为的是让所有青年适应完满而有价值的生活,其中包括:（1）培养学生成为优秀家庭成员;（2）养成职业能力;（3）胜任公民责任;（4）善于利用闲暇;（5）保持身心健康;（6）掌握学习和生活的基本方法;（7）具有优良道德品质。[②] 与此相配套的,报告还从学制、课程、教法、教学组织形式等各个环节,对理想的教育作出了全面设计。

不难看出,进步主义时期的美国教育改革的价值取向是构建一个民主的社会,这种具有社会改良理想的愿景主要是通过改革学校教育来实现的。具体而言,就是要通过民主的教育方式培养出具有参与民主实践的新一代美国人,他们具有强烈的公民意识、批判精神和公共实践能力,具有适应生活的职业能力和社交能力,这些不仅仅是当时教育培养人期望达到的目标,同样也可以用于今天对美国教育理想的诠释。

二、教育适应生活与学术中心课程的命运更迭

1. 进步主义教育思想的延续——"生活适应教育运动"

"二战"结束,为了调和战时教育目标在国家需要与个人需要方面比重失衡的状况,美国政府希望通过一种带有实用主义性质的教育形式满足学生的生活需要。尤其是针对此时国内社会大量失业和经济衰退的情境,战争带来的危机使人们意识到教育实际效用的重要性。于是,在这种情况下,生活适应

---

① 中等教育改组委员会.中等教育的基本原则[A].瞿葆奎.教育学文集・美国教育改革[C].北京:人民教育出版社:24.
② 同上:37.

教育应运而生。由于其强调实用性的特点,因而很多西方学者甚至将其看作"进步教育运动的最后一个阶段"。

1944 年,全国中学校长协会计划和执行委员会(NASSP's Planning and Executive Committees and its Implementation Commission)连续颁布了两份相关文件。在被称为"生活适应教育主要指南"的报告《为了所有美国青年的教育》(Education for All American Youth)中指出,作为公民,需要有公民责任和能力;作为家庭成员,需要了解家庭关系;所有人都生活在美国文化中,需要了解这种文化的基本要素;所有人都需要保持身心健康;作为工作者,需要面向职业领域,习得有用能力;具备合理思考的能力;具备正确的价值观。[①] 而之后发布的《美国青年规划》(Planning for American Youth)拓展了前一份文件的观点,进而提出"十大青少年必要需求":(1)所有青年都需要发展有效职业能力,并养成积极参与经济生活的态度;(2)所有青少年需要发展和保持健康的身体;(3)所有青年都需要理解并履行民主社会公民的权利和义务;(4)所有青年都需要了解家庭对个人和社会的重要性以及有助于塑造成功家庭生活的条件;(5)所有青年都需要知道如何理性消费;(6)所有青年都需要理解科学的方法,科学对人类生活的影响,以及关于世界和人类本质的主要科学事实;(7)在文学、艺术、音乐和自然等各个方面培养青年的审美情趣;(8)充分、合理利用闲暇时间;(9)养成正确价值观和洞察力,尊重他人,并能够与他人一同生活和工作;(10)所有青年都需要发展理性思考的能力,能够清晰表达自己的想法,能够带着理解的心态去阅读和倾听。[②]

从这两份文件提出的要求当中可以看出,学生的自身发展与实用性能力的养成是生活适应教育运动的精髓。这不仅区别于战时无条件满足国家需求的价值倾向,也与美国教育史上曾一度流行的学术化和精英化的教育目标截然不同。因此,生活适应教育希望培养的是民主的社会公民、能够独立生活的个体以及合格的从业者。正如教育学教授伊萨克·L.坎德尔(Isaac L. Kandel)所认为的那样,生活适应教育意味着人类必须预见到生活中可能遇到

---

① Victor M. Houston, Charles W. Sanford, J. Lloyd Trump. Guide to the Study of the Curriculum in the Secondary Schools of Illinois[M]. Springfield, Illinois: Office of the Superintendent of Public Instruction, 1948: 12.

② National Association of Secondary School Principals. Planning for American Youth: An Educational Program for Youth of Secondary School Age[R]. Washington, D. C.: National Association of Secondary School Principals, 1944: 43.

的所有突发事件。这些偶然事件包括约会、婚姻、子女抚养、工作经验、职业以及构成报纸头条新闻的所有社会问题。①

实践当中,在伊利诺伊州境内展开"伊利诺伊中学课程计划"和在密西根巴特里克市所进行的被称作"基本生活"的中学课程改革计划最具有代表性。前者围绕着生活、有效人格、健康、个人财务管理、闲暇娱乐、婚姻、家务、育儿等问题展开课程设计②;后者则是一种"问题中心"课程,其教学内容的安排是围绕着"问题的解决"展开的,包括人类的发展、两性关系、团队关系、家庭关系等日常生活中面临的基本关系与问题,进而升华为学术认知、讨论礼仪、举止、着装、军事训练、心理健康,乃至社群主义与民主,等等③。

从"二战"后的教育目的和课程内容中能够很容易发现,为了弥补战时教育应急遗留的问题,生活能力成为这一时期教育关注的核心,"面向所有人"和"适应生活"成为教育的理想和追求。其中,很多教育内容和教学方式都带有强烈的进步主义特征。不过,出于某种原因,这种教育内容矫枉过正地走向另一个极端,突出生活适应力的同时却走入平庸化的境地,在一定程度上忽视了理性与学术能力的培养。而在紧随其后到来的社会甚至是国家危机当中,正是理性与学术性的缺失成为美国社会对于教育诟病的原因。

2. 寻求实现学术卓越的核心课程:从"八年研究"到《1958 国防教育法》

虽然在"二战"结束之后,为了缓解战后重建的社会矛盾,具有进步主义教育性质的生活适应教育运动有过短暂的复兴,但是其结果只能是回光返照式的来去匆匆。正如上文所言,就其"反智主义""功利主义"的批判迫使其终究难以生存。然而有关课程忽视学术性这一现象的批判并不是抨击生活适应教育运动时才开始的。进入 20 世纪 30 年代之后,进步主义教育运动便开始走

---

① Kandel, I. L. The Impact of War Upon American Education [M]. Chapel Hill: The University of North Carolina Press, 1948: 103.

② Kenneth B. Henderson. Principal Findings of the Follow-up Study of the Illinois Secondary School Curriculum Program [R]. Circular Series A, No. 51, ISSCP Bulletin No. 17, Springfield, Illinois: Office of the Superintendent of Public Instruction, 1951: 4.

③ Hubert M. Evans. Cooperative Research and Curriculum Improvement: Progress Report of an Experimental Education Project, Battle Creek, Michigan Schools and the Horace Mann-Lincoln Institute of School Experimentation [J]. Teacher College Record, 1950: 426, 438, 440.

向落寞,从未间断过的与此相关的批判声音也终于催生两个流派的课程之争——进步主义与要素主义,两个流派的之间的争论始于"八年研究",而"八年研究"也促成两者之间争议的清算与了断,诚如劳伦斯·A.克雷明所言,"八年研究"为进步主义教育协会带来了成功,同时也加速了这一组织的灭亡。①20 多年来,从某种程度上而言,进步主义学者们普遍忽视系统知识的掌握,取而代之强调学生的兴趣、实践经验和选择,而要素主义则更加重视学术性课程的重要性。"八年研究"调查的结果促使中学教育既能很好地完成其传统职责,为大学输送合格的人才,又能促进学生多方面的发展,因而在一定程度上实现了两个流派理念之间的和解。

对于"八年研究"的成果,还有一点值得一提,那就是泰勒的课程原理应运而生。他在《课程与教学的基本原理》中,总结了自己在"八年研究"中的成果。该书于 1981 年被美国的《卡潘》(*Kappan*)杂志评为自 1906 年以来对学校课程领域影响最大的两本著作之一,现已成为"现代课程理论的经典著作,是试图理解这个领域的后继著作的人必读书"。与此同时,核心课程的概念也应运而生。然而,尽管如此,批评家们还是纷纷指出,"八年研究"的报告并没有提出任何特定的课程模式,只是鼓励教师去思考他们可以怎样满足学生个人的需要,并以此促进学生个人潜力的实现和鼓励他们有效地参与到民主社会之中。再就泰勒的课程原理而言,批判的声音认为,研究者开发了课程评估与编制系统,使得教育工作者能够设计出有效的课程而不管课程包含什么内容。由此可以看出,虽然"八年研究"孕育出"课程开发"以及"核心课程"的概念,但是学生应当具备哪些关键的知识和能力,以及学习教育应当提供哪些关键性的课程内容依然没有得到明确的答案。

之后,有关课程学术性受到忽视的问题仍然饱受非议。比如,美国历史学家阿瑟·贝斯特(Arthur Bsetor)指出,教育者混淆了主要活动和次要活动。比如,所有讨论个人问题的课程,如提高某个人的表现或者选择当牙医这样的课程都是必修课,而像历史、经济和社会学这些学术性课程都是以选修课的形式

① Cremin, Lawrence A. The Transformation of the Schools: Progressivism in American Education, 1876－1957[M]. NY: Alfred A. Knopf, 1964: 258－259.

出现的。① 他还针对教育适应生活的观点指出，学术性课程能激发人的思想，挖掘人的潜力。当生活适应的教育者把学术性课程当作选修课，并把学生个人的问题作为中心时，他们已经混淆了主次。② 同时，他还批评了教育服务于社会需要的观点。在他看来，只有学校让每个公民都学习文学、艺术和哲学并完全地发挥了他们的潜力的时候，学校才是为民主服务的。③

贝斯特的发问在当时也引起很多学界人士和教育机构的关注，从莫衷一是的教育目标和纷繁复杂的教育内容当中提取出一套关键性的核心课程，逼迫改革的再一次发生。很快，苏联成功发射卫星促成了这一教育改革的到来。仅仅一年后，《1958 年国防教育法》得以颁布。其中，詹姆斯·科南特（James Bryant Conant）起到关键性作用。实际上，科南特早已在美国教育改革的进程中有所作为。比如，早在 1940 年的时候，科南特作为哈佛大学的校长就参加过教育政策委员会。而科南特个人的专业背景也为此次教育改革的课程转向起到重要的推动作用。他作为以为受过严格训练的研究型化学家，在"二战"期间担任了美国科学研究与发展办公室主任。同时，他还是曼哈顿项目的领导者之一，该项目的目标是研制原子弹。可能是由于这种背景使然，科南特决意从课程结构与内容方面发起改革，提出学术性的核心课程。不仅仅是科南特，约翰·弗朗西斯·拉蒂默（John Francis Latimer）教授借助苏联发射人造卫星的契机，又重新论述了他有关"十人委员会"报告的观点。他再次大加赞赏报告中有关所有学生都应该自由地在艺术和科学方面接受广泛的、普通的教育的观点，同时抨击了 20 年代之后，教育被看作一个培养社会和公民意识的过程，结果扩大了非学术性学科，教育的实用性被过分夸大了。④ 苏联成功发射了人造卫星，这也证明了"十人委员会"的观点，即学术性课程是最实用的。⑤

在感受到国家危机和教育困境的切肤之痛后，《国防教育法》提出偏向学术性的课程计划，最明显的标志就是自然科学、数学和现代外语（即"新三

---

① Bestor, Arthur. Educational Wastelands: The Retreat from Learning in Our Public Schools[M]. Urbana: Universtity of Illinois Press, 1985: 81-89.
② 同上: 18-23.
③ 同上: 25-35.
④ Latimer, John Francis. What's Happened to Our High Schools? [M]. Washington, DC: Public Affairs Press, 1958: 114-120.
⑤ 同上: 121-132.

艺")的教学被视为最核心的课程内容。不仅仅是教育部,其他的政府部门也展开了积极配合。比如,美国卫生、教育和福利部决定,将在 1960 年的年度财政当中向学校拨付《国防教育法》第三条规定的基金约 5000 万美元,用以增加教学设施与重新建造教室,以便更好地进行科学、数学与外语的教学。再比如,国家科学基金会也宣称,1952—1960 年,该部门拨款约 1 350 万美元用以改善课程内容。不仅如此,一些科学学会也逐渐关注起相关课程和教材的建设工作,其中就包括美国生物科学学会(AIBS)以及由美国数学协会(AMS)和美国数学联合会(MAA)等组织组建的学校数学研究小组(SMSG)等等。也正是在《国防教育法》的推动之下,全国教育协会教育政策委员会于 1961 年通过《美国教育的中心目标》这份报告,明确提出"进行智力训练是公立中学的基本职能"。与此同时,在布鲁纳的推动之下,美国制订了天才儿童教育计划,掀起了结构课程改革运动。因此,直至 20 世纪 60 年代中期,美国的基础教育一直在围绕着提升课程的学术性进行着变革。

三、基于标准重视结果:应对教育全球化的挑战

自"八年研究"以来,美国基础教育改革出现学术性转向,但这种英才取向的教育理念引起部分民权主义者的警觉。因此,在 20 世纪 60 年代,随着民权运动之势力渗透到教育领域,学生的受教育权利成为一个新的热点话题。这一方面要求基础教育的普及面要涵盖所有的学生,包括低收入群体、少数族裔、残疾人等等,另一方面也要求教育内容能够充分适应所有学生的需要,即不仅仅面向天才儿童和精英。1964 年,联邦政府颁布的《民权法案》规定,在接受联邦资助的教育计划中,任何人不得因其种族、肤色或者国籍而受到歧视。1965 年至今,影响力持续半个多世纪的《初等和中等教育法案》提出,为所有处境不利的儿童提供特殊的补偿教育与财政资助。[①] 1975 年,为保障特殊教育有效实施,美国国会又通过《教育所有儿童法案》,旨在为残疾儿童教育提供法律和财政上的保证。进入 70 年代,美国基础教育又将目光从之前的天才儿童

---

① 美国教育部.1965 年初等和中等教育法[C]//瞿葆奎.教育学文集·美国教育改革.北京:人民教育出版社,1992:271.

身上转向更多的普通儿童身上,兴起旨在提高针对一般儿童教育质量的"回到基础学科运动"。随即,针对教师的问责、保障学生达到最低限度的能力测试在美国各地普遍兴起,而纪律严苛、注重传统教法的基础学校也开始出现。

因此,在这一时期,美国基础教育实际上围绕着民主与卓越这两个概念展开了博弈。尤其是与此前十几年的学术性课程和培养天才的教育目标相比照,民主与公平的理念成为教育改革方向的价值尺度,自上而下地对不同经济、文化与社会背景的儿童实施普遍性的教育、促进整体教育结果的公平成为基础教育改革政策的基本导向。正如《国家处于危机之中:教育改革势在必行》所指出的:"学校教育要维护平等和保证质量这个双重目的,这对于我们的经济和社会来说具有深远的实践意义,无论在理论上还是在实践上,我们都不能允许是一个目的屈从于另一个目的。如果那样做,就是拒绝给予青年人按照自己的抱负和能力去学习和生活的机会。那样做还将导致我们的社会中要么迁就普遍平庸的教育,要么造成不民主的英才主义。"①

实际上,从某种程度上而言,《国家处于危机之中:教育改革势在必行》既直截了当地点明了民主与卓越的问题,同时也将这一问题悬置了起来。这是因为一方面,后来学者在考察 20 世纪 80 年代之后的美国教育改革时,常常无法回避使用这两个概念,而且这一问题也确实在之后美国的教育实践当中一直备受关注;另一方面,我们也能看见,美国的教育政策在有效和解这一问题时多少显得力不从心,而这种力不从心来自国内外社会形势的变革和舆论的压力。

随着 20 世纪 80 年代之后新自由主义在美国教育领域的影响,基于标准的教育的改革迅速扩张,其目标主要是为了提升美国中小学生不尽如人意的学业成绩和缩小不同学生之间的成绩差距。教育学者和政府部门比较了美国与在国际学业测验成绩测验中成绩靠前的国家以及 80 年代经济发展超过美国的那些国家,从反思美国过去教育改革的经验教训中,发现和推断出导致美国教育投资成倍增加而学生的学业成绩一直不见好转的主要原因。其中很重要的一点就是,美国始终在实用性和学术性以及平等与卓越的角力当中没有

---

① 美国教育质量委员会.国家处于危机之中:教育改革势在必行(1983)[C]//国家教育发展研究中心.发达国家教育改革的动向与趋势(第一集).北京:人民教育出版社,1986:8.

能够达到其期待的目标,在无奈的妥协之下,美国缺乏对学生明确的高期望。即便到了 20 世纪 90 年代初,美国的教育系统中还没有关于学生在核心学术科目方面"应该知道什么和能够做什么"的明确的、世界级水平的规定。进一步言之,美国的课程内容千差万别,缺乏共同的核心;教育系统的各个环节互不协调;缺乏关注学习结果的绩效责任等等。[①] 这种反思也最终开启了美国标准化教育改革的道路。

进入 90 年代再到今天,国际评价的数据不得不让美国再一次为本国的教育水平深感忧虑。1995 年,美国在 19 个国家的高等教育成就排名中位列第 2 位,然而到了 2013 年,几乎同样是这些国家,美国的排名却下滑至第 11 位。[②] 经济合作与发展组织的官员称,"在当今的工业化国家中,美国是唯一一个即将入职的一代人所受到的高等教育质量不及即将离职的一代人的国家"。[③] 同样地,基础教育的状况也不容乐观。尽管《不让一个孩子掉队法案》费尽心思实施标准化测试,并设定"适当年度进步标准",但与此形成鲜明对比的是,美国学生数学学业成就的国际比较从 2000 年的第 18 位下降到 2009 年的第 31 位,而且科学和阅读水平也呈现出同样的下降趋势。

出于对国际竞争和经济发展的影响的考虑,这些数据引起联邦政府的重视。2009 年,奥巴马政府设定了全国性的目标,要求到 2020 年,全国要有 60% 的人获得大学文凭,这样才能使得美国重新在发达国家中占有领导地位。然而,从目前的状况来看,美国距离这一目标还差得很远。最近的统计表明,25 岁及以上的美国学生有 37.7% 最终获得副学士学位。而让美国距此目标如此之大的一个原因则是,不同人种和民族学生之间的学业成就差距太大。少数族裔在美国人口中所占的比重越来越大,然而其接受高等教育的状况不容乐观。在 25 岁及以上的少数族裔中,最多只有 59% 的亚洲人、42% 的白人、27% 的黑人以及 20% 的西班牙人能够得到副学士学位。[④] 不同的教育成就的背后

---

① 陈霞.美国"基于标准的教育改革":内涵与特征[J].外国中小学教育,2003(12):11-15.

② OECD. Education at a glance 2014 interim report:OECD indicators. http://www.oecd.org/edu/eag-interim-report.htm. 2014.

③ Schleicher, A. U.S education is getting left behind. http://www.huffintonpost.com/andreas-schleicher/us-education_b_2268873.html. 2012.

④ National Center for Education Statistics, U.S DE. Digest of Education Statistics. http://www.nces.ed.gov/programs/digest/d14/tables/dt14_104.40.asp?current=yes. 2015.

反映出不同的教育质量。"白人往往能进入那些高质量的、资金充沛的四年制大学,而黑人和西班牙人则只能去那些拥挤的、资源匮乏并且开放的两年制和四年制大学。"①如果再看看学生进入大学之后的表现,情况也不乐观。在四年制的大学中,至少会有 28%—40% 的学生会重修一门课;而在两年制大学中,这个数值则会超过 50%。② 因此,只有 60% 的学生能够在八年时间里拿到学士学位,只有 18% 的学生在四年的时间里能够拿到副学士学位就不足为奇了。如果再算上非全日制学生的话,情况就更加糟糕了。③

不得不说,这种学业成就普遍偏低、学生之间成就差距巨大的状况很大一部分原因要归结到基础教育的不完善,很多高中毕业生没有为大学阶段的学业作好准备(ill-prepared for college-level work)。纽约州立大学教导主任南希(Nancy Zimpher)就说过:"千疮百孔的教育体系给我们带来了巨大的挑战。就一个国家而言,我们必须把各个阶段的教育联系起来才行。"④在联邦政府层面,奥巴马决定改变此前布什政府在州层面制订教育标准并进行测试的做法,呼吁制订"世界标准"(world-class standards)。⑤ 在此之后,教育部部长阿恩·邓肯(Arne Duncan)又在"世界标准"的基础之上提出"国际标准"(International Benchmark Standards)的设想。正因如此,美国近些年来从基础出发,进行了一系列的改革,为实现国家教育目标,不断完善基础教育体系。

经过十几年的教育改革,美国 K-12 阶段教育在标准化道路上已经有了颇多具体措施,无论是以共同核心标准为代表的课程标准在各州的推行,还是通过标准化测试及其问责对于各州教育质量的监督,皆是如此。然而公布的数据却显示出令人失望的现实。2013 年,有超过 80% 的高中生顺利毕业。这个数字相对过去有所提高,但是仍然达不到州和国家既定的目标。此外,公布的数据还显示出不同学生之间的成就差异巨大。比如,来自低收入家庭的学生的毕业率相比于高中收入家庭的学生要低 15%;西班牙和拉丁裔学生的毕

① National Center for Education Statistics, U.S DE. Digest of Education Statistics. http://www.nces.ed.gov/programs/digest/d14/tables/dt14_104.40.asp?current=yes. 2015.
②③ National Conference of State Legislatures. Reforming remedial education. http://www.ncsl.org/issues-research/educ/improving-college-completion-reforming-remedial.aspx. 2013.
④ Zimpher, N Systemness: Unpaching the value of higher education system. NY: SUNY Press. 2013.
⑤ President Obama's Remarks to the Hispanic Chamber of Commerce. http://www.nytimes.com/2009/03/10/us/politics/10text-obama.html?r=1.2009-03-10/2009-04-13.

业率是 75%,非洲裔学生只有 71%,而白人学生则是 87%,亚裔学生是 89%。残疾学生的情况更糟糕,"虽然大多数州的毕业率能够保持在 85% 左右,但是对于残疾学生来说,毕业率只有 70%"。除了高中毕业率,国家标准测试的结果同样令人担忧。标准化测试和统计数据结果让我们能够在地区、州和国家层面比较学生的学业进步,其中,只有 34% 的四年级学生在阅读和数学方面表现为"优异"。与此同时,也正如之前作者所提及的,标准化教育改革的弊端正如其突飞猛进的速度那样正在不断地暴露出来。即便是奥巴马在卸任之际签署了《每一个学生成功法案》,试图对美国的教育中的各种观点加以平衡,然而效果究竟如何,还需要用时间和实践去考量。美国的教育究竟要走向何方?

四、融合与重建:美国教育迈向 21 世纪能力的新趋势

实际上,通过上述概览式的回溯和梳理不难发现,自 19 世纪末以来,美国教育无论经历了怎样的调整甚至是动荡,其目标都是在适应生活的取向和学术卓越的取向这两个方面进行博弈,而在内容上则表现为能力与知识的博弈。如此看来,美国的教育终究也没有逃离整个人类教育史共同的难题。不过,如果从乐观的角度而言,尽管美国教育在 200 多年中出现过种种似乎无益的反复甚至是无聊的重复,但是这背后仍然能够体现出美国教育一直希望保留的一种平衡的逻辑,这种逻辑也体现在每次变革对于任何一方偏执一端进行的调整和修正当中。

然而,美国教育的争论还可以从其他很多角度来理解。这里面不仅有教育理论的博弈,更渗透着政治权利的斗争,公共利益的权衡,等等。其中既包括因进步主义、实用主义与永恒主义、要素主义之间的理念分歧而造成的教育内容的徘徊,也有从自由主义到保守主义再到新自由主义政治斗争过程中教育目标的钟摆式波动,还有来自国家、市场和公众在教育诉求方面利益权衡过程中,教育改革价值取向的不断转移。甚至可以说,美国教育改革的历史就是一个政府、学界、市场、社会组织、公众内部之中和相互之间论战的过程。不过无论站在何种立场之上,提升教育质量,通过教育改善个人生活和实现社会进步的目标是各个时期各个团体所共同追求的。因此,美国的教育改革历程既

是一场喧嚣的论战，同时也是各方共同寻求"培养什么样的人"和"如何培养人"的一场艰辛探索。

回到具体的教育视角，就美国教育乃至整个人类教育面临的共同难题而言，生活能力与基本的学科知识本身是无法隔离开来进行重要性的比较的，面对实际中的具体问题时更是如此。特别是在如今这样一个开放、多元、信息全球化的时代，试图将人的知识与能力的指向归属进行划分，既不可能也没必要。必须认识到，人的知识与能力是一个完整的体系结构，我们要做的是在这样一个完整的体系结构中寻找核心的支点，以此重建教育的目标与使命。所谓"核心素养"以及"21 世纪能力"的概念在 21 世纪以来得到美国乃至全世界的普遍认可，这看似是一种新的理念，其实可以在美国教育历史的每一次改革中看到其身影。美国教育的传统对于标准化的课程内容和测试缺乏好感，相反，美国的教育始终坚持对核心能力与核心素养的寻求。在今天看来，所谓 21 世纪能力，也没有脱离这种传统教育目标的框架体系。无论是强调实用能力还是学科知识，美国都希望通过教育勾画出一种理想的现代公民。

不仅是美国，为了确保个体在 21 世纪取得成功，提升国家和个体的全球竞争力，世界教育转向一种以 21 世纪能力（21st century skills）为核心的改革运动。一些主要国际组织及国家和地区都在调整基础教育发展战略，转向一种能力导向的人才培养改革运动，借以提升和保持本国在全球竞争中的优势地位。换句话说，"21 世纪能力"已成为国际基础教育人才培养模式改革的核心目标。① 然而，虽然以"能力"（skills）作为标签，但实际上这是一种核心知识与在此基础上建立起来的关键能力的整合。就美国提出的"21 世纪能力"而言，实际上是从之前的知识性和基础性的 3R（Reading, wRiting, aRithmetic, 即读写算）运动转向 21 世纪的能力性和高阶性的 4C 运动。3R 曾作为基础能力，为大量劳动力提供了应对劳动力市场的装备，但现在和未来的学生需要一套新的基础能力，即批判性思维和问题解决能力、沟通能力、合作能力以及创造力和创新能力（critical thinking and problem solving, communication, collaboration,

---

① 彭正梅，等.培养具有全球竞争力的中国人：基础教育人才培养模式的国际比较[J].全球教育展望，2016（8）：67-79.

creativity and innovation,简称 4C)。①

美国的这场 21 世纪能力运动最初由 2002 年成立的"21 世纪学习合作组织"(Partnership for 21st Century Learning,原名为 Partnership for 21st Century Skills,简称 P21)发起,P21 联合美国教育部、顶尖企业和社会团体组织,试图将 21 世纪能力整合进美国中小学课程教学。如今,"21 世纪能力"在美国教育政策讨论中被反复提及,自上而下遍及从美国教育系统的最高领导层到一线教师。② 美国不计其数的学校、社区和有思想的领导者正在推进 21 世纪能力的实施。

P21 认为,学生要进入 21 世纪的劳动力市场,必须掌握最必要、最关键的能力。2009 年,P21 修订了"21 世纪学习框架"(Framework for 21st Century Learning),提出学生需要掌握的 21 世纪知识与能力。"21 世纪学习框架"指出,21 世纪的教育不仅包括内容知识,即由阅读、外语、艺术、数学、经济、科学、地理、历史、政府与公民组成的核心学科,同时注重适应现代社会的主题,如全球化意识、经济/金融/商业/创业素养、健康素养和环境保护素养等。除此之外,学生必备的能力包括:(1)学习与创新能力,即 4C 能力;(2)信息、媒体与技术能力,即信息素养、媒体素养和 ICT 素养;(3)职业和生活能力,即灵活性与适应能力、主动性与自我导向、社交与跨文化交流能力、高效的生产力、责任感、领导力等。在这三大领域的 21 世纪能力中,4C 能力是核心。③ 从这些学科、能力中不难看出,这些表述在美国 K - 12 阶段教育改革的历程中始终存在。无论是在杜威以及一大批进步主义和呼吁民主的教育学者那里,还是在"二战"后的"适应生活"教育运动当中,实用能力都成为塑造具备生存和生产能力的合格公民的基础;而在强调学术与学科性的教育学者那里,基本的学科知识则成为根基与核心。

当然,针对当代美国有关"21 世纪能力"的倡导,最重要的原因还是对能

---

① 邓莉,彭正梅.美国学校如何落实 21 世纪技能——21 世纪学习示范学校研究[J].外国教育研究,2017(9):51 - 71.

② Stephen Sawchuk. Backers of "21st-Century Skills" Take Flak[EB/OL]. http://www.edweek.org/ew/articles/2009/03/04/23pushback_ep.h28.html?_ga=2.262972556.1448258841.1497840310- 451289347.1497840310.

③ Partnership for 21st Century Learning. Framework for 21st century Learning[EB/OL]. http://www.p21.org/our-work/p21-framework.

力培养的再次强调，是针对以学科划分为依据的强调核心课程的教育体系提出的，因此也被一些人称作"从 3R 到 4C 的教育改革运动"。① 2015 年底颁布的《每一个学生成功法案》中对此也有所体现，要求"把培养学生的 4C 能力作为教育的基本目标，呼吁教授高阶思维能力，使其面向所有学生，强调各州重新设计教育体系来反映 21 世纪学习，期望各州采纳具有挑战性的学术标准和学习目标来发展所有学生的高阶思维能力"。② 当然，不仅仅是 4C 能力，核心学科仍然是美国教育当前强调的内容，特别是美国 21 世纪以来不断加强 STEM 教育，试图通过 STEM 教育培养 STEM 人才，以增强国家竞争力。《每一个学生成功法案》中也进一步强调通过 STEM 教育为学生提供全面教育的机会。③ 特朗普上台之后，他在 2017 年 9 月签署的《总统备忘录》中，指导教育部将高质量的 STEM 和计算机科学教育作为教育部的优先事项。④ 由此，我们有理由相信，美国在未来一段时期将在 21 世纪能力所包含的"核心学科+关键能力"的框架下实行其教育改革。想必这也是在有关标准化教育改革的争辩与批判之后，美国教育基于传统与现实的考量选择的一条新道路。

① 邓莉,彭正梅.美国学校如何落实 21 世纪能力——21 世纪学习示范学校研究[J].外国教育研究,2017(9)：51 - 71.
② Cook-Harvey, C.M., Darling-Hammond, L., Lam, L., Mercer, C., & Roc, M. (2016). Equity and ESSA：Leveraging Educational Opportunity Through the Every Student Succeeds Act[R]. Palo Alto, CA：Learning Policy Institute：5.
③ U.S. Department of Education. Every Student Succeeds Act[R], 2015：485 - 488,474 - 476, 405 - 406.
④ The White House. President Trump Signs Memorandum for STEM Education Funding[EB/OL]. https：//www.whitehouse.gov/blog/2017/09/26/president-trump-signs-memorandum-stem-education-funding. 2017.

参考文献

一、中文类

(一) 书籍

[1] 阿历克西・德・托克维尔.论美国的民主[M].董果良,译.北京:商务印书馆,2004.

[2] 本雅明・莱温.教育改革——从启动到成果[M].项贤明,洪成文,译.北京:教育科学出版社,2004.

[3] 陈露茜."学校大辩论":20世纪80年代美国公共教育政策中的意识形态冲突[M].北京:教育科学出版社,2014.

[4] 戴安・拉维奇.美国学校体制的生与死——论考试和择校对教育的侵蚀[M].北京:北京大学出版社,2014.

[5] 丹尼尔・布尔斯廷.美国人:民主的历程[M].谢廷光,译.上海:上海译文出版社,2009.

[6] 但昭彬.话语与权力:中国近现代教育宗旨的话语分析[M].济南:山东教育出版社,2008.

[7] 费孝通.美国与美国人[M].北京:三联书店,1985.

[8] 顾明远,主编.教育大辞典(第一卷)[M].上海:上海教育出版社,1990.

[9] 汉娜・阿伦特.人的条件[M].竺乾威,等译.上海:上海人民出版社,1999.

[10] 兰道・卡伦.教育哲学指南[M].彭正梅,等译.上海:华东师范大学出版社,2011.

[11] 李钢.话语・文本:国家教育政策分析[M].北京:社会科学文献出版社,2009.

[12] 李军.美国社会历史百科全书[M].西安:陕西人民出版社,1992.

[13] 理查德・A.波斯纳.公共知识分子:衰落之研究[M].徐昕,译.北京:中国政法大学出版社,2002.

[14] 理查德・桑内特.公共人的衰落[M].李继宏,译.上海:上海译文出版社,2008.

[15] 列奥・施特劳斯,约瑟夫・克罗波西,主编.政治哲学史[M].李天然,等译.石家庄:河北人民出版社,2009.

[16] 林语堂.美国的精神[M].北京:群言出版社,2010.

[17] 罗伯特・帕特南.独自打保龄——美国社区的衰落与复兴[M].刘波,等译.北京:北京大学出版社,2011.

[18] 迈克尔·W.阿普尔.教育的"正确"之路:市场、标准、上帝和不平等[M].黄忠敬,等
译.上海:华东师范大学出版社,2008.

[19] 迈克尔·W.阿普尔.教育能够改变社会吗[M].王占奎,译.上海:华东师范大学出版
社,2014.

[20] 迈克尔·舒德森.好公民:美国公共生活史[M].郑一卉,译.北京:北京大学出版社,
2014.

[21] 南茜·弗雷泽.正义的中断——对"后社会主义"状况的批判性反思[M].上海:上海
人民出版社,2009.

[22] 诺贝特·埃利亚斯.文明的进程[M].王佩莉,袁志英,译.上海:上海译文出版社,
2009.

[23] 瞿葆奎.教育学文集:法国教育改革[M].北京:人民教育出版社,1993.

[24] 平塚益德.世界教育辞典[M].黄德诚,夏凤鸾,等译.长沙:湖南教育出版社,1989.

[25] 斯蒂芬·J.鲍尔.教育改革——批判和后结构主义的视角[M].侯定凯,译.上海:华东
师范大学出版社,2002.

[26] 瓦尔特·吕埃格,主编.欧洲大学史:第一卷·中世纪大学[M].张斌贤,等译.保定:
河北大学出版社,2008.

[27] 汪民安.文化研究关键词[M].南京:江苏人民出版社,2007.

[28] 文雯.中国教育政策的形成与变迁——1978—2007 的教育政策话语分析[M].武汉:
湖北教育出版社,2013.

[29] 杨长云.公众的声音:美国新城市化嬗变中的市民社会与城市公共空间[M].厦门:
厦门大学出版社,2010.

[30] 尤尔根·哈贝马斯.公共领域的结构转型[M].曹卫东,译.上海:学林出版社,1999.

[31] 张灵芝.话语分析与中国高等教育变迁[M].北京:清华大学出版社,2015.

(二) 论文

[32] 陈其明,刘秀荣.教育研究何以走向公共领域[J].上海教育科研,2010(6):33-35.

[33] 陈赟.学校管理的第三种势力:家长——关于家长在学校管理中作用的研究[J].全球
教育展望,2003(3):19-23.

[34] 程红艳,刘爱民,张凤.学生制度生活与学校公共领域的创生[J].教育研究与实验,
2013(1):17-21.

[35] 邓莉,彭正梅.美国学校如何落实 21 世纪技能——21 世纪学习示范学校研究[J].外
国教育研究,2017(9):51-71.

［36］杜越.联合国教科文组织与全球教育治理［J］.全球教育展望,2011(5)：60－64.

［37］傅添.论大学在现代公共领域中的作用［J］.清华大学教育研究,2013(6)：46－51.

［38］郭玉贵.企业界参与教育改革与发展：美国的经验与启示［J］.世界教育信息,2010
(4)：16－21.

［39］胡莉芳.大学评价：一个公共领域［J］.江苏高教,2009(2)：54－56.

［40］蒋建华,董金玉.高中新课程改革的报纸舆论导向分析［J］.教育科学研究,2013(8)：
35－39.

［41］蒋建华,阮峥.教育政策报道：谁在说、说什么、怎么说——基于"批评权"事件的报纸
舆论分析［J］.首都师范大学学报(社会科学版),2013(2)：121－126.

［42］蒋建华.教育舆论的分析策略［J］.中国教育学刊,2012(6)：85－87+91.

［43］蒋建华.教育舆论分析的价值与思路［J］.教育研究,2011(4)：20－23.

［44］靳丹晨.美国共同核心州立标准及其批判［D］.上海：华东师范大学,2013.

［45］阚阅,陶阳.向知识银行转型——从教育战略看世界银行的全球教育治理［J］.比较教
育研究,2013(4)：76－82.

［46］柯政.专家学者参与教育政策制订的多视角分析［J］.教育发展研究,2010(2)：
30－34.

［47］李钢,张力.公众书信反映教育政策问题的话语特征［J］.教育研究,2003(7)：37－46.

［48］李涛.教育公共治理：什么公众？ 什么治理？ ——结构转型与法理维度的探索［J］.全
球教育展望,2009(7)：45－50.

［49］李涛.论高考改革的"公共领域"［J］.高教发展与评估,2013(5)：32－37+102.

［50］林炊利.核心利益相关者参与公办高校内部决策的研究［D］.上海：华东师范大学,
2013.

［51］龙宝新.论教育改革的路径［J］.华东师范大学学报(教育科学版),2014(3)：31－37.

［52］马维娜.中国教育改革的知识社会学解读［J］.北京师范大学学报(社会科学版),2009
(2)：12－19.

［53］马忠虎.家长参与学校教育——美国家庭、学校合作的模式［J］.外国中小学教育,1996
(6)：33－37.

［54］彭慧艳.舆论视野下的教育改革［D］.合肥：安徽大学,2013.

［55］彭正梅.德国批判教育学述评［J］.外国教育研究,2002(10)：5－9.

［56］彭正梅.寻求教学的"圣杯"——论哈蒂《可见的学习》及教育学的实证倾向［J］.教育
发展研究,2015(6)：1－9.

[57] 彭正梅,等.培养具有全球竞争力的中国人：基础教育人才培养模式的国际比较[J].
全球教育展望,2016(8)：67－79.

[58] 骈茂林.公民参与：现代学校制度建设路径探讨[J].中国教育学刊,2012(4)：31－34.

[59] 戚少枫,郝延军.清末教育改革与社会公共领域的扩张[J].陕西师范大学学报(哲学
社会科学版),2006(4)：123－128.

[60] 邵志择.新闻媒介与公众舆论[J].新闻与传播研究,1999(4)：2－13.

[61] 申超.论欧盟教育治理的合法性危机[J].比较教育研究,2010(4)：32－35+40.

[62] 孙益.校园反叛：美国 20 世纪 60 年代的学生运动与高等教育[J].清华大学教育研
究,2006(4)：77－83.

[63] 唐小俊.论教育改革中的价值共识——基于公共哲学的视角[J].教育理论与实践,
2009(11)：21－24.

[64] 王博.清末民初教育期刊对教学变革的影响之研究(1901－1922)[D].长沙：湖南师
范大学,2013.

[65] 王海英.教育改革的公共领域[J].教育理论与实践,2008(6)：23－26.

[66] 王帅.家长参与学校管理现状的实证研究——以上海市 10 所普通小学为例[J].上海
教育科研,2012(2)：31－35.

[67] 吴刚.上海的 PISA 测试全球第一的奥秘何在——基于中国教育文化传统的视角[J].
探索与争鸣,2014(1)：68－73.

[68] 吴康宁.反思我国教育改革的舆论支持[J].湖南师范大学教育科学学报,2012(2)：
5－9.

[69] 肖华锋.美国黑幕揭发运动：大众化杂志、进步知识分子与公众舆论[J].历史研究,
2004(4)：164－174.

[70] 熊庆年,张珊珊.我国高等教育社会治理的过渡性特征[J].教育发展研究,2009(3)：
55－58+62.

[71] 许纪霖.近代中国的公共领域形态、功能与自我理解——以上海为例[J].史林,2003
(2)：77－89.

[72] 杨茂庆,何茜.全球化时代下比较教育学"公共空间"的建构[J].比较教育研究,2010
(5)：7－11.

[73] 杨天平,孙孝花.美国家长参与学校教育管理角色的嬗变[J].教育研究,2007(6)：
78－82.

[74] 叶飞.学校空间的"准公共领域"属性及其公民教育意蕴[J].教育科学,2013(2)：

11－16.

［75］衣华亮.教育政策执行偏离的主要影响因素：系统的观点［J］.现代教育管理,2010
（2）：22－25.

［76］余永庆.《中华教育界》与民国时期教育改革［D］.武汉：华中师范大学,2011.

［77］约翰·P.阿纳森.哈贝马斯谈全球主义、新自由主义和现代性［J］.沈红文,译.国外理
论动态,2002(1)：10－11.

［78］赵建国."公共知识分子"与媒介知识分子［J］.新闻界,2007(1)：45－46+28.

［79］张天雪,何菲.民众参与教育改革实践前提及发展路径［J］.中国教育学刊,2013（8）：
1－4.

［80］张天雪,张冉.教育舆情研究：从兴起到有效的路径探索［J］.清华大学教育研究,2011
（5）：102－107.

［81］周世厚.美国联邦高等教育决策中的利益集团政治研究［D］.长春：东北师范大学,
2010.

［82］褚宏启,贾继娥.教育治理中的多元主体及其作用互补［J］.教育发展研究,2014(19)：
1－7.

(三) 报纸

［83］陈炳辉.参与式民主的现代衰落与复兴［N］.中国社会科学院报,2009－04－21.

［84］陈志文.教育不要被专家和舆论所裹挟［N］.中国青年报,2016－03－02.

［85］贺春兰.让公众有序参与教育决策［N］.中国青年报,2008－12－22.

(四) 网络

［86］财新网.湖北中学教师罢课求编制,曝体制困境［EB／OL］. http：//china.caixin.com/
2014-09-10/100726966.html. 2014－09－10.

［87］观察者网综合.河南教师罢课讨工资·网友：多地老师罢课政府应检讨［EB／OL］.
http：//www.guancha.cn/broken-news/2014_12_23_304221.shtml.2014－12－23.

［88］光明网.教师集体罢课：赢了权益却输了尊严［EB／OL］. http：//guancha.gmw.cn/
2014－12/18/content_14216461.htm. 2014－12－18.

［89］国家中长期教育改革和发展规划纲要(2010－2020 年)［EB／OL］. http：//www.gov.
cn/jrzg/2010-07/29/content_1667143.htm

［90］胡建兵.老师可以维权但不宜"罢课"［EB／OL］. http：//focus.cnhubei.com/original/
201511/t3454058.shtml. 2015－11－18.

［91］环球时报.美媒：中国教育模式在学美国,可美为何要学习中国呢［EB／OL］. http：//

oversea. huanqiu. com/article/2015 - 10/7811547. html. 2015 - 10 - 22.

[92] 马克·格里夫.公共知识分子怎么了？［EB/OL］.

[93] 天涯论坛.教育部多校划片,出于什么考虑？［EB/OL］. http://bbs.tianya.cn/post-free -
5391188 - 1.shtml.2016 - 02 - 24.

[94] 西陆网.济南教师罢课：把事情闹大就能解决问题吗？［EB/OL］. http://junshi.xilu.
com/news/shandongjinanjiaoshibake. html. 2015 - 01 - 14.

[95] 俞可平.公民参与的几个理论问题［EB/OL］. http://theory.people.com.cn/GB/
41038/5192310.html. 2006 - 12 - 20.

[96] 袁贵仁.加快推进教育治理体系和治理能力现代化.［EB/OL］. http://www.gov.cn/
gzdt/2014-02/16/content_2605760.htm

[97] 中国教育舆情.北京中关村二小回应"欺凌事件"［EB/OL］. http://www.cedupo.
com/nd.jsp?id = 1006&_np = 107_343.2016 - 12 - 13.

[98] 中国教育舆情周报.欺凌与玩笑边界在哪里？［EB/OL］. http://www.edu.cn/html/t/
ceyqweekly/vol201649/index_keyword1.shtml.2016 - 12 - 18.

二、英文类

(一) 书籍

[1] Benhabib, Seyla. The Reluctant Modernism of Hannah Arendt［M］. Thousand Oaks：
Sage, 1996.

[2] Berman, P. Restructuring California Education：A Design for Public Education in the
Twenty-First Century［M］. Berkeley：California Business Roundtable, 1988.

[3] Binder, A. Contentious Curricula：Afrocentrism and Creationism in American Public
Schools［M］. Princeton：Princeton University Press, 2002.

[4] Boyce Brown. A Policy History of Standards-Based Education in America［M］. New
York：Peter Lang Inc., International Academic Publishers, 2015.

[5] Brian Pusser（Ed.）. Universities and the Public Sphere：Knowledge Creation and State
Building in the Era of Globalization［M］. New York：Routledge, 2013.

[6] Center for Civic Education. We the People：The Citizen and The Constitution［M］.
Calabusas：Center for Civic Education, 1999.

[7] Diane Ravitch. Great School Wars：A History of the New York City Public Schools［M］.
Baltimore：Johns Hopkins University Press, 2000.

［ 8 ］ Diane Ravitch. Reign of Error: The Hoax of the Privatization Movement and the Danger to America's Public Schools［M］. Boston: Vintage, 2013.

［ 9 ］ Diane Ravitch. The Death and Life of the Great American School System: How Testing and Choice are Undermining Education［M］. New York: Basic Books, 2011.

［10］ Donato, R. The Other Struggle for Equal Schools: Mexican Americans during the Civil Rights Movement［M］. New York: SUNT Press, 1997.

［11］ Ernest J. Zarra. The Wrong Direction for Today's School［M］. New Tork: Rowman & Littlefield, 2015.

［12］ Fitzgerald, Richard; Housley, William. Media, Policy and Interaction［M］. New York: Routledge, 2009.

［13］ Gert Biesta (Ed.). Civic Learning, Democratic Citizenship and the Public Sphere［M］. New York: Springer, 2014.

［14］ Henderson, Mapp. A New Wave of Evidence: The Impact of School, Family, and Community Connections on Student Achievement ［ M ］. Austin, TX: Southwest Educational Development Laboratory, 2002.

［15］ Jamest Sehleifer. The Making of Tocqueville's Democracy in America［M］. Chapel Hill, North: The University of North Carolina Press, 1980.

［16］ J. L. Epstein (Ed.). School, Family, and Community Partnerships: Your Handbook for Action［M］. California: Corwin Press Inc, 2001.

［17］ J. L. Epstein. School, Family, and Community Partnerships: Preparing Educators and Improving Schools［M］. Philadelphia: Westview Press, 2011.

［18］ John F. Jennings. Why National Standards and Tests? Politics and the Quest for Better Schools［M］. Thousand Oaks: Sage Publications, 1998.

［19］ Kevin Mattson. Creating a Democratic Public: The Struggle for Urban Participatory Democracy During the Progressive Era ［ M ］. University Park: Pennsylvania State University Press, 1998.

［20］ Kliebard, H.M. The Struggle for American Curriculum, 1893 - 1958［M］. New York: Routledge, 1986.

［21］ Leon Fink. Progressiv Intellectuals and the Dilemmas of Democratic Commitment［M］. Cambridge: Harvard University Press, 1999.

［22］ Masamichi Ueno. Democratic Education and the Public Sphere ［ M ］. New York:

Routledge, 2015.

[23] McClenaghan, W. A. American Government[M]. New Jersey: Pearson Prentice Hall, 2005.

[24] Michael Schudson. The Power of News[M]. Cambridge: Harvard University Press, 1996.

[25] Morna McDermott (Ed.). An Activist Handbook for the Education Revolution[M]. Charlotte, NC: Information age publishing, 2015.

[26] Owen Hughes. Public Management and Administration: An Introduction[M]. Macmillan Press LTD., NY: ST. Martin's Press, Inc., 1998.

[27] Peter Sacks. Standardized Minds: The High Price of America's Testing Culture and What We Can Do to Change It[M]. Boston: Da Capo Press, 2001.

[28] Rhodes, J. H. An Education in Politics, The Origin and Evolution of NCLB[M]. NY: Connell University, 2012.

[29] Richard Sennett. The Fall of Public Man[M]. Cambridge: Cambridge University Press, 1977.

[30] Roger L. Geiger. Research and Relevant Knowledge: American Research Universities Since World War II [M]. Oxford: Oxford University Press, 1993.

[31] Sarason, Seymour B. Parental Involvement and the Political Principle: Why the Existing Governance Structure of Schools Should Be Abolished [M]. Hoboken: Jossey-Bass, 1995.

[32] Shirley, Dennis. Community Organizing for Urban School Reform [M]. Austin: University of Texas Press, 1997.

[33] S. L. Dauber, J. L. Epstein. Parents' Attitudes and Practices of Involvement in Inner-city Elementary and Middle Schools. Families and School in a Pluralistic Society, Nancy Feyl Chavkin[M]. New York: State University of New York Press, 1993.

[34] Spielvogel, J. J. World History: Journey Across Time — The Early Ages [M]. Columbus: The McGraw- Hill Companies, Inc., 2005.

[35] Stephen J. Ball. Education plc: Understanding Private Sector Participation in Public Sector Education[M]. London: Routledge, 2007.

[36] Stephen J. Ball. Education Policy and Social Class: The Selected Works of Stephen J. Ball[M]. London: Routledge, 2005.

［37］Stephen J. Ball. The Education Debate［M］. Bristol：Policy Press, 2008.

［38］T. Whitaker, D. J. Fiore. Dealing with Difficult Parents：（and with Parents in Difficult Situations）［M］. New York：Routledge, 2001.

［39］Thomas L. Good,Jennifer S. Braden. The Great School Debate：Choice, Vouchers, and Charters［M］. New York：Routledge, 1999.

［40］Toch, Thomas. In the Name of Excellence：The Struggle to Reform the Nation's Schools, why it's failing, and what should be done［M］. New York：Oxford University Press. 1991.

［41］Toqueville, Alexix de. Democracy in America［M］. Partrick Rebshaw：Wordsworth Classic of World Literature, 1998.

［42］Walt Whitman. Democratic Vistas［M］. Iowa City：University of Iowa Press, 2009.

［43］Wilhelm, J. D. Literature（course 5）［M］. Columbus：The McGraw- Hill Companies, Inc., 2009.

［44］Woodruff D. Smith. Public Universities and the Public Sphere［M］. London：Palgrave Macmillan, 2011.

［45］Yuzo Mizoguchi. The Public and Private in Chinese History of Thought［M］. Tokyo：University of Tokyo Press, 2001.

(二) 论文

［46］Apple, M. W. Social Movements and Political Practice in Education［J］. Theory and Research in Education, 2007(3).

［47］Apple, M. W. What Effects do Social Movements Have on Curricular Reform? ［J］. Educational Policy, 2003(1).

［48］Barnard. Parent Involvement in Elementary School and Educational Attainment［J］. Child and Youth Services Review, 2004(3).

［49］G. Hornby, R. Lafaele. Barriers to Parental Involvement in Education：An Explanatory Model［J］. Educational Review, 2011(1).

［50］Gary L. Anderson, Liliana Montoro Donchik. Privatizing Schooling and Policy Making：The American Legislative Exchange Council and New Political and Discursive Strategies of Education Governance［J］. Education Policy, 2014(1).

［51］Gary L. Anderson. Toward Authentic Participation：Deconstructing the Discourses of Participatory Reforms in Education［J］. American Education Research Journal, 1998(2).

[52] Gregory M. Dempster. In Defense of Neoliberal Education Policy [J]. The Independent Review, 2013, summer.

[53] Henry A. Giroux. Bare Pedagogy and the Scourge of Neoliberalism: Rethinking Higher Education as a Democratic Public Sphere[J]. The Educational Forum, 2010(6).

[54] Henry A. Giroux. Neoliberalism, Corporate Culture and the Promise of Higher Education: The University as a Democratic Public Sphere [J]. Harvard Educational Review, 2002(4).

[55] Hill, Craft. Parent-school Involvement and School Performance: Mediated Pathways among Socioeconomically Comparable African American and Euro-American Families [J]. Journal of Educational Psychology, 2003(1).

[56] Hill, R. J. Pulling up Grassroots: A Study of the Right-wing "Popular" Adult Environmental Education Movement in the United States [J]. Studies in Continuing Education, 2002(3).

[57] Jack Jennings, Diane Stark Rentner. Ten Big Effects of the No Child Left Behind Act on Schools[J]. Phi Delta Kappan, 2006(11).

[58] J. L. Epstein, S. L. Dauber. School Programs and Teacher Practices of Parent Involvement in Inner-city Elementary and Middle Schools [J]. The Elementary School Journal, 1991(3).

[59] J. L. Epstein. Parent Involvement: What Research Says to Administrators[J]. Education and Urban Society, 1987(2).

[60] J. L. Epstein. Parents' Reactions to Teacher Practices of Parent Involvement [J]. The Elementary School Journal, 1986(3).

[61] Jonathan Supovitz. Twitter Gets Favorited in the Education Debate [J]. Phi Delta Kappan, 2015(9).

[62] Jacqueline Kennelly. "Acting Out" in the Public Sphere: Community Theatre and Citizenship Education[J]. Canadian Journal of Education, 2006(1).

[63] Michael W. Apple. Challenging One's Own Orthodoxy: Diane Ravitch and the Fate of American Schools[J]. Reviewing Policy, 2010(6).

[64] Nancy Fraser. Rethinking the Public Sphere: A Contribution to the Critique of Actually Existing Democracy[J]. Social Text, 1900(25/26).

[65] Pepi Leistyna. Corporate Testing: Standards, Profits, and the Demise of the Public

Sphere[J]. Teacher Education Quarterly, 2007, Spring.

[66] Rebecca A. Goldstein. Imaging the Frame: Media Representations of Teachers, Their Unions, NCLB, and Education Reform[J]. Education Policy, 2011(3).

[67] Fernando M. Reimers. Education for Improvement: Citizenship in the Global Public Sphere[J]. Harvard International Review, 2013(6).

[68] Sam Sellar, Bob Lingard. The OECD and the Expansion of PISA: New Global Modes of Governance in Education[J]. British Educational Research Journal, 2013(4).

[69] Stewart Ransnon. The Changing Governance of Education[J]. Educational management Administration & Leadership, 2008(2).

[70] Sue Thomas. Initial Investigations into Policy, Leadership and Governance Discourses in Educational Sites[J], Educating: Weaving Research into Practice, 2004(2).

[71] Trusty. Effects of Eighth-grade Parental Involvement on Late Adolescents' Educational Experiences[J]. Journal of Research and Development in Education, 1999(1).

[72] William H. Schmidt, Hsing Chi A. Wang and Curtis C. Mc Knight. Curriculum Coherence: An Examination of U.S. Mathematics and Science Content Standards from An International Perspective[J]. Journal of Curriculum Studies, 2005(5).

(三) 报纸

[73] Alexis Beauclair. Opting Out of Standardized Tests Isn't the Answer[N]. The New York Times, 2015 - 08 - 12.

[74] Alfie Kohn. Debunking the Case for National Standards[N]. Education Week, 2010 - 01 - 17.

[75] Alyson Klein. Critics Pan Obama Plan to Tie Title I to Standards[N]. Education Week, 2010 - 02 - 26.

[76] Andrew C. Porter. In Common Core, Little to Cheer About [N]. Education Week, 2011 - 08 - 10.

[77] Andrew Ujifusa. N. Y. Test-Score Plunge Adds Fuel to Common-Core Debate [N]. Education Week, 2013 - 08 - 21.

[78] Catherin Gewertz. Advocates Worry Implementation Could Derail Common Core[N]. Education Week, 2012 - 04 - 25.

[79] Catherin Gewertz. Common-Standards Implementation Slow Going, Study Finds [N]. Education Week, 2011 - 09 - 14.

［80］Catherin Gewertz. Teachers Say They Are Unprepared for Common Core［N］. Education Week, 2013 - 02 - 27.

［81］Catherine Gewertz. Critics Post "Manifesto" Opposing Shared Curriculum ［N］. Education Week, 2011 - 05 - 18.

［82］Catherine Gewertz. Leaders Call for Shared Curriculum Guidelines［N］. Educaiton Week, 2011 - 03 - 07.

［83］Catherine Gewertz. Multiple "Curriculum" Meanings Heighten Debate Over Standards ［N］. Education Week, 2011 - 03 - 30.

［84］Catherine Gewertz. Public Not Aware of Common Core［N］. Education Week, 2012 - 07 - 18.

［85］CEP. States' Progress and Challenges in Implementing Common Core State Standards ［N］. Education Week, 2011 - 01 - 11.

［86］Christine Newell. Going Online to Ease Common-Core Transition［N］. Education Week, 2012 - 09 - 12.

［87］Dane Linn, Alan Farstrup. Common Academic Standards: Is There Common Ground? ［N］. Education Week, 2009 - 09 - 29.

［88］David Brooks. When the Circus Descends［N］. New York Times, 2014 - 04 - 18.

［89］David Marshak. "Common Core" Leaders: Contempt for Teachers? ［N］. Education Week, 2009 - 10 - 28.

［90］Diana Jean Schemo. Vigilance and Memory: The Schools; For Some Students, Attacks Lose Their Grip［N］. New York Times, 2002 - 09 - 12.

［91］Diane Ravitch. Get Congress Out of the Classroom［N］. The New York Times, 2007 - 10 - 03.

［92］E.D. Hirsch. First, Do No Harm［N］. Education Week, 2010 - 01 - 14.

［93］Edgar H. Schuster. The Core Standards for Writing: Another Failure of Imagination? ［N］. Education Week, 2010 - 02 - 03.

［94］Emma Brown. Trump picks billionaire Betsy DeVos, school voucher advocate, as Education Secretary［N］. The Washington Post, 2016 - 11 - 23.

［95］Emmarie Huetteman & Motoko Rich. House Restores Local Education Control in Revising No Child Left Behind［N］. The New York Times, 2015 - 12 - 02.

［96］EPE Research Center/Education First. Preparing for Change: A National Perspective on Common Core State Standards Implementation Planning［N］. Education Week, 2012 - 01 - 18.

[97] Frazer Boergadine. Math Standards: Too Much What, Too Little How [N]. Education Week, 2010 − 08 − 11.

[98] Gary DeCoker. Beyond the Rhetoric of National Standards [N]. Education Week, 2010 − 05 − 18.

[99] Grant Wiggins. Common-Core Math Standards Don't Add Up [N]. Education Week, 2011 − 09 − 28.

[100] Henry Borenson. The Math Standards May Turn Off Some Students [N]. Education Week, 2010 − 05 − 19.

[101] Javier C. Hernandez. City Charter Schools Fear Having De Blasio for A Landlord [N]. The New York Times, 2013 − 08 − 06.

[102] Jeff Archer. The Story Behind the Stories [N]. Education Week, 2006 − 09 − 06.

[103] Joanne Yatvin, Amy Flax (Ed.). "Common Core" Initiative: Who'll Make Decisions? [N]. Education Week, 2009 − 07 − 15.

[104] Joanne Yatvin. A Flaw Approach to Reading in the Common-Core Standards [N]. Education Week, 2012 − 02 − 27.

[105] Joanne Yatvin. How to Improve Common Core: A Critic's View [N]. Education Week, 2013 − 09 − 23.

[106] John Ewing. Give the Standards Back to Teachers [N]. Education Week, 2012 − 08 − 02.

[107] John Troutman McCrann. Teaching the Common Core Requires Fine-Tuning School Policies [N]. Education Week, 2015 − 03 − 25.

[108] Julie Hirschfeld Davis. President Obama Signs into Law a Rewrite of No Child Left Behind [N]. The New York Times, 2015 − 12 − 10.

[109] Kate Zernike. Obama Administration Calls for Limits on Testing in Schools [N]. The New York Times, 2015 − 10 − 25.

[110] Kenny, Deborah. A Teacher Quality Manifesto [N]. The Wall Street Journal, 2010 − 09 − 22.

[111] Lynn Olson. Study Questions Reliability of Single-Year Test-Score Gains [N]. Education Week, 2001 − 05 − 23.

[112] Marion Brady. " The Procedure " and How It is Harming Education [N]. The Washington Post, 2014 − 01 − 12.

[113] Marion Brady. Eight problems with Common Core Standards [N]. The Washington Post, 2012 - 08 - 02.

[114] Marion Brady. One Way to Help Solve America's Major Curriculum Problem[N]. The Washington Post, 2014 - 02 - 24.

[115] Mark W. Bomster, Alfie Kohn & Gene Wilhoit. Perspectives on Common Standards [N]. Education Week, 2010 - 01 - 26.

[116] Mary Ann Zehr. Conflict of Interest Arises as Concern in Standards Push[N]. Education Week, 2009 - 11 - 2.

[117] Meredith Kolodner. Students, Teachers Sweating High-stakes Tests as Parents Rebel Against Constant Prep[N]. Daily News, 2011 - 05 - 03.

[118] Michael P. Evans & Andrew Saultz. The Opt-Out Movement Is Gaining Momentum[N]. Education Week, 2015 - 06 - 09.

[119] Michele McNeil. NGA, CCSSO Launch Common Standards Drive [N]. Education Week, 2009 - 04 - 16.

[120] Mike Schmoker. The Common Core Is Not Ready[N]. Education Week, 2014 - 09 - 24.

[121] NGA. Common Core State Standards Available for Commen [N]. Ecuation Week, 2009 - 09 - 21.

[122] Obama. President Obama's Remarks to the Hispanic Chamber of Commerce[N]. The New York Times, 2009 - 03 - 10.

[123] P. L. Thomas. Why Common Core Won't Work[N]. Education Week, 2010 - 08 - 11.

[124] Richard Beach & Frank W. Baker. Why Core Standards Must Embrace Media Literacy [N]. Education Week, 2011 - 06 - 21.

[125] Rick Dalton. Common-Core Momentum Is Still in Jeopardy [N]. Education Week, 2012 - 12 - 05.

[126] Ruth Fremson. Should Parents Opt Out of School Testing[N]. The New York Times, 2014 - 03 - 31.

[127] Sean Cavanagh. Subject Groups Seeking Voice on Standards [N]. Educaiton Week, 2009 - 06 - 17.

[128] Sean Cavanagh. Transparency of Common-Standards Process at Issue [N]. Ecuation Week, 2009 - 07 - 30.

［129］ Stephen Hirsh. Common-Core Work Must Include Teacher Development Common-Core Work Must Include Teacher Development［N］. Education Week, 2012 − 01 − 31.

［130］ Stephen Sawchuk. Common Standards Judged Better Than Most States［N］. Education Week, 2010 − 07 − 21.

［131］ Strauss, V. Unions Say They Will Back Teachers Who Refuse to Administer Mandated Standardized Tests to Students［N］. Washington Post, 2014 − 10 − 06.

［132］ T. Rees Shapiro. Nikhil Goyal, 17: The Future Education Secretary?［N］. The Washington Post, 2012 − 10 − 19.

［133］ Tom Loveless. Does the Common Core Matter?［N］. Education Week, 2012 − 04 − 13.

［134］ Valerie Strauss. A Big Problem with the Common Core that Keeps Getting Ignored［N］. The Washington Post, 2015 − 10 − 22.

［135］ Valerie Strauss. Donald Trump is Wrong about Common Core — But He's Not the Only Candidate Who is［N］. The Washington Post, 2016 − 03 − 04.

［136］ Valerie Strauss. Everything You Need to Know about Common Core — Ravitch［N］. The Washington Post, 2014 − 01 − 18.

［137］ Valerie Strauss. Her Son Began Hating School, What Happened When She Found Out Why［N］. The Washington Post, 2015 − 09 − 28.

［138］ Valerie Strauss. Texas Schools Chief Calls Testing Obsession A "Perversion"［N］. The Washington Post, 2012 − 02 − 05.

［139］ Vicki Phillips & Robert L. Hughes. Teacher Collaboration: The Essential Common-Core Ingredient［N］. Education Week, 2012 − 12 − 05.

［140］ Web Hutchins. Civics in the Common Core［N］. Education Week, 2013 − 07 − 07.

［141］ William Banko（Ed.）. Starting a Science Education［N］. Education Week, 2010 − 07 − 27.

［142］ William G. Wraga. Dangerous Blind Spots in the Common-Core［N］. Education Week, 2010 − 08 − 18.

［143］ Williamson M. Evers. The Common-Core Standards' Undemocratic Push［N］. Education Week, 2015 − 01 − 13.

(四) 网络

［144］ AASA Releases Statement on the U. S. Department of Education's "Testing Action Plan" Targeted News Service［EB/OL］. https://www.ed.gov/news/press-releases/

fact-sheet-testing-action-plan. 2015.

[145] Abby Rapoport. Diane Ravitch Talks School Reform, the Chicago Strike, and the "Testing Vampire"[EB/OL]. http：//prospect. org/article/diane-ravitch-talks-school-reform-chicago-strike-and-testing-vampire. 2012 – 10 – 01.

[146] ABC15. Arizona Board of Education Votes to Reject Common Core Standards[EB/OL]. http：//www. abc15. com/news/region-phoenix-metro/central-phoenix/arizona-board-of-education-votes-to-repeal-common-core-standards. 2015 – 10 – 26.

[147] Adam O'Neal. Weingarten：Common Core Rollout "toxic"[EB/OL]. http：//www. realclearpolitics.com/articles/2013/12/04/weingarten_common_core_rollout_toxic_120852.html#ixzz37eWVHoO0. 2013 – 12 – 04.

[148] Allison Schrager. American Parents Shouldn't "Opt Out" Their Kids from Standardized Tests[EB/OL]. https：//qz.com/195745/american-parents-shouldnt-opt-out-their-kids-from-standardized-tests/. 2014 – 04 – 04.

[149] Alyson Klein. President Signs ESEA Rewrite, Giving States, Districts Bigger Say on Policy[EB/OL]. http：//blogs. edweek. org/edweek/campaign-k – 12/2015/12/president_barack_obama_signs_e.html?cmp=eml-enl-eu-news1-RM. 2015 – 12 – 10.

[150] Amanda Morin. What Is High Stakes Testing?[EB/OL]. http：//www. about. com. 2011 – 06 – 20.

[151] Andrew Ujifusa. Education Department Asks 13 States to Address Low Test-Participation Rates[EB/OL]. http：//blogs.edweek.org/edweek/campaign-k – 12/2015/12/twelve_states_asked_to_address.html. 2015 – 12 – 23.

[152] Ben Chapman, Lisal Colangelo. Parents, Teachers Divided at First Hearing of Gov. Cuomo's Common Core Task Force[EB/OL]. http：//www. nydailynews. com/new-york/education/hearing-common-core-task-force-held-article-1.2426524. 2015 – 11 – 06.

[153] Ben Velderman. Florida State Officials Drop "Common Core" in Favor of "Florida Standards"[EB/OL]. http：//eagnews.org/florida-state-officials-drop-common-core-in-favor-of-florida-standards/. 2014 – 1 – 23.

[154] Bernstein K. So Why do Hedge Funds so Favor Charter School?[EB/OL]. http：//www.dailykos. com/story/2013/02/15/1187346/-so-why- do-hedge-funds-so-favor-charter-schools. 2013 – 02 – 15.

[155] Brown, A. At Occupy the DOE, A Push for Democratic, Not Corporate, Education

Reform[EB/OL]. http：//www. the-nation. com /article /173728 /occupy-doe-push-dempcratic-not-corporate-education-reform. 2013 - 04 - 09.

[156] CGCS. Student Testing in America's Great City Schools：An Inventory and Preliminary Analysis[EB/OL]. http：//www.cgcs.org/cms/lib/DC00001581/Centricity/Domain/87/Testing Report.pdf. 2015.

[157] Christina A. Cassidy. Opt-Out Movement Accelerates Amid Common Core Testing[EB/OL]. http：//www. huffingtonpost. com /2015 /04 /17 /common-core-opt-out-testi_n_7090910.html. 2015 - 04 - 17.

[158] Christine Sampson. Common Core Halted -Teachers Cautiously Hopeful about More State Control[EB/OL]. http：//easthamptonstar.com /Education /20151224 /Common-Core-Halted. 2015 - 12 - 24.

[159] Claude Solnik. Five Opt Out Leaders Back on Facebook, Two More Banned[EB/OL]. http：//libn. com /2016 /04 /19 /five-opt-out-leaders-back-on-facebook-two-more-banned/. 2016 - 04 - 19.

[160] Claude Solnik. LI Opt Out Leader Blocked from Posting on Group's Facebook Page [EB/OL]. http：//libn. com /2016 /04 /17 /li-opt-out-leader-blocked-from-posting-on-groups-facebook-page/. 2016 - 04 - 17.

[161] Claus von Zastrow. An Interview with Diane Ravitch："The Death and Life of the Great American School System" [EB/OL]. http：//www. learningfirst. org /interview-diane-ravitch-death-and-life-great-american-school-system. 2010 - 03 - 16.

[162] CNN. Obama to push "No Child Left Behind" Overhaul[EB/OL]. http：//www.cnn. com /2010/POLITICS /03 /15 /obama.education/. 2010 - 5 - 15.

[163] CREDO. Multiple Choice：Charter School Performance in 16 States[EB/OL]. https：//credo.stanford.edu /reports /MULTIPLE_CHOICE_CREDO.pdf. 2009 - 06 - 03.

[164] David Denby. Pblic Defender：Diane Ravitch Takes on A MovementEB/OL]. http：//www.newyorker.com /magazine /2012 /11 /19 /public-defender. 2012 - 11 - 19.

[165] Derrick Meador. What are Some Pros and Cons of the Common Core State Standards? [EB/OL]. http：//teaching. about. com /od /assess /f /What-Are-Some-Pros-And-Cons-Of-The-Common-Core-Standards.htm.2016 - 07 - 30.

[166] Diana Senechal. In Defense of Ravitch. New Public[EB/OL]. https：//newrepublic. com /article/98379 /diane-ravitch-school-reform. 2011 - 12 - 12.

[167] Diane Ravitch. Bill Gates：Selling Bad Advice to the Public Schools［EB／OL］. http：//
www. thedailybeast. com /articles /2011 /05 /23 /bill-gates-selling-bad-advice-to-the-
public-schools.html. 2011 - 05 - 23.

[168] Diane Ravitch. Did We Bridge Our Differences?［EB／OL］. http：//blogs.edweek.org/
edweek/Bridging-Differences/2010/11/did_we_bridge_our_differences.html?print = 1,
2010 - 11 - 02.

[169] Diane Ravitch. Is School Choice Enough?［EB／OL］. https：//www.city-journal.org/
html/school-choice-enough-10349.html. 2008 - 01 - 24.

[170] Diane Ravitch. Pete Seeger："Which Side Are You On?"［EB／OL］. https：//
dianeravitch.net/2012/09/02/pete-seeger-which-side-are-you-on/. 2012 - 09 - 02.

[171] Diane Ravitch. Teachers：How to Survive in a Hostile Environment［EB／OL］. https：//
dianeravitch.net/2012/09/28/teachers-how-to-survive-in-a-hostile-environment/. 2012 -
09 - 28.

[172] Diane Ravitch. The Big Idea- it's bad education policy［EB／OL］. http：//articles.
latimes.com/2010/mar/14/opinion/la-oe-ravitch14-2010mar14. 2010 - 03 - 14.

[173] Diane Ravitch. The Myth of Charter Schools［EB／OL］. http：//www. nybooks. com /
articles/2010/11/11/myth-charter-schools/. 2010 - 11 - 11.

[174] Diane Ravitch. We Bridged Our Differences［EB／OL］. http：//blogs. edweek. org /
edweek/Bridging-Differences/2012/09/we_bridged_our_differences.html. 2012 - 09 - 11.

[175] Diane Ravitch. Why Every Child Should Opt Out of the Standardized Tests［EB／OL］.
http：//www. huffingtonpost. com /diane-ravitch /why-every-child-should-opt-out _ b _
9659546.html. 2016 - 04 - 18.

[176] Diane Ravitch. Why I Changed My Mind About School Reform［EB／OL］. http：//
www.wsj.com/articles/SB10001424052748704869304575109443305343962. 2010 - 03 - 09.

[177] Diane Ravitch's Blog. Behind the Opt Out Movement：Tests That Are Designed to Fail
Most Students［EB／OL］. http：//dianeravitch. net /2015 /08 /27 /behind-the-opt-out-
movement-tests-that-are-designed-to-fail-most-students/. 2015 - 08 - 27.

[178] DOE. Testing Action Plan：State and District Profiles［EB／OL］. https：//www2. ed.
gov/documents/press-releases/testing-action-plan-profiles.pdf. 2016.

[179] Eidelson, J. Say Goodbye to Public Schools：Diane Ravitch Warns Salon Some Cities
Will Soon Have None［EB／OL］. http：//www.salon.com/2014/03/12/public_schools_

under_siege_diane_ravitch_warns_salon_some_cities_soon_will_have_none /. 2014 - 03 - 12.

[180] Emma Brown. Teach for America Applications Fall Again, Diving 35 Percent in Three Years[EB /OL]. https://www. washingtonpost. com /news /education /wp /2016 /04 / 12 /teach-for-america-applications-fall-again-diving-35-percent-in-three-years /? utm _ term =.61f3362a08a2. 2016 - 04 - 12.

[181] Emmanuel Felton. Experts Predict the Opt-out Movement will Get Some of What It Wants[EB /OL]. http://hechingerreport. org /experts-predict-the-opt-out-movement-will-get-some-of-what-it-wants/. 2015 - 09 - 25.

[182] ERIC. National Education Summit, 2001 Briefing Book [EB /OL]. http://www. achieve.org/publications/2001-national-education-summit-briefing-book. 2001 - 10 - 09.

[183] Erica Werner. Obama Discusses Pitfalls of Standardized Tests at Town Hall[EB /OL]. http://www.huffingtonpost.com. 2011 - 05 - 28.

[184] FairTest. More than 670000 Refused Tests in 2015[EB /OL]. http://www.fairtest.org/ more - 500000-refused-tests-2015. 2016 - 08 - 29.

[185] Frederick M. Hess & Michael Q. McShane. What the Obamacare Debacle Tells Us About Common Core[EB /OL]. http://www.usnews.com /opinion /blogs /economic-intelligence /2013 /11 /14 /the-botched-obamacare-rollout-is-a-warning-for-common-core-implementation. 2013 - 11 - 14.

[186] Gabby Morrongiello. DeVos Vows to End Common Core at Michigan Rally with Trump [EB /OL]. http://www. washingtonexaminer. com /devos-vows-to-end-common-core-at-michigan-rally-with-trump /article /2609326. 2016 - 12 - 09.

[187] Gary Fineout. Indiana Becomes First State to Drop Common Core[EB /OL]. http:// wane.com/2014/03/24/pence-approves-withdrawal-from-common-core/. 2014 - 03 - 24.

[188] Gary Houchens. What Ravitch Gets Wrong, Part I [EB /OL]. http://schoolleader. typepad.com /school-leader /2013 /02 /what-ravitch-gets-wrong.html. 2013 - 02 - 12.

[189] Gary Houchens. What Ravitch Gets Wrong, Part II[EB /OL]. http://schoolleader. typepad.com /school-leader /2013 /02 /what-ravitch-gets-wrong-part-ii.html. 2013 - 02 - 19.

[190] Gonzalez. Surge of the Opt-out Movement Against English Language Arts Exam is Act of Mass Civil Disobedience [EB /OL]. http://www. nydailynews. com /new-york / education /gonzalez-opt-out-movement-mass-act-civil-disobedience-article-1.2188586. 2015 -

04－16.

[191] Grace Chen. Thinking About the Common Core Standards: Pros and Cons[EB/OL]. https://thecommoncore. wordpress. com /common-core-arguments-for-and-against /. 2011－10－16.

[192] Grad Nation. Building a Grad Nation: Progress and Challenge in Ending the High School Dropout Epidemic: Executive Summary[EB/OL]. http://graduation. org / report/2015-building-grad-nation-report. 2015.

[193] Gregory Korte. The Every Student Succeeds Act vs. No Child Left Behind: What's Changed?[EB/OL]. http://www.usatoday.com/story/news/politics/2015/12/10/ every-student-succeeds-act-vs-no-child-left-behind-whats-changed /77088780 /. 2015－ 12－10.

[194] IBT. "Occupy Wall Street" to Turn Manhattan into "Tahrir Square"[EB/OL]. http:// www. ibtimes. com /occupy-wall-street-turn-manhattan-tahrir-square － 647819. 2011－ 09－17.

[195] J. Michael Shanghnessy, Diane Briars, Brad Findell, & Barbara Reys. Math Groups Support Common Standards[EB/OL]. https://dpi.wi.gov/sites/default/files/imce/ standards/pdf/common-core-math-standards.pdf. 2011.

[196] Janet Napolitano, Sonny Perdue, & Craig R. Barrett. Benchmarking for Success: Ensuring U.S. Students Receive a World-Class Education[EB/OL]. http://www.nga. org/file/live/sites/NGA/files/pdf/0812BENCHMARKING.PDF. 2008.

[197] Janresseger. Diane Ravitch's Speech to the Modern Language Association about the Common Core[EB/OL]. https://janresseger. wordpress. com /2014 /01 /18 /diane- ravitchs-speech-to-the-modern-language-association-about-the-common-core /. 2014－ 01－18.

[198] Jay P. Greene. Ravitch is Wrong Site[EB/OL]. https://jaypgreene.com/2010/11/29/ ravitch-is-wrong-site/. 2010－11－29.

[199] Jeanette Deutermann. LI Refusal Spreadsheet[EB/OL]. https://docs. google. com / spreadsheets/d/12MKPf7x8-Xym-sLwEH2XJNqR6cN6KMGzjFx25k4-_ug/edit?pref＝ 2&pli＝1#gid＝246053646. 2016－04－15.

[200] Jeanette Deutermann, Lisa Rudley. Standardized Tests Kill Learning: Opposing View [EB/OL]. http://www.usatoday.com/story/opinion/2015/08/19/standardized-tests-

learning-public-education-editorials-debates/32000451/. 2015 - 08 - 19.

[201] Joie Tyrrell. Many Candidates Endorsed by LI Opt-Out Group Win Seats[EB/OL]. http://www.newsday.com/long-island/many-candidates-endorsed-by-li-opt-out-group-win-seats-1.10452800. 2015 - 05 - 20.

[202] Joie Tyrrell. Number of School Board Candidates Opposing Testing Grows[EB/OL]. http://www.newsday.com/long-island/education/number-of-school-board-candidates-opposing-testing-grows-1.10443583. 2015 - 05 - 17.

[203] Josh Eidelson. Say Goodbye to Public Schools: Diane Ravitch Warns Salon Some Cities Will Soon Have None[EB/OL]. http://www.salon.com/2014/03/12/public_schools_under_siege_diane_ravitch_warns_salon_some_cities_soon_will_have_none/. 2014 - 03 - 12.

[204] Joy Resmovits. NYC Teachers Counter "Waiting for Superman" with Film of Their Own[EB/OL]. http://www.huffingtonpost.com/2011/05/24/inconvenient-truth-behind-waiting-for-superman_n_865962.html. 2011 - 05 - 24.

[205] Karen Dewitt. Budget Hearing Focuses on Common Core Testing[EB/OL]. http://news.wbfo.org/post/budget-hearing-focuses-common-core-testing#stream/0. 2016 - 01 - 28.

[206] Kelly Wallace. Parents All Over U.S. "Opting Out" of Standardized Student Testing [EB/OL]. http://www.cnn.com/2015/04/17/living/parents-movement-opt-out-of-testing-feat/. 2015 - 04 - 17.

[207] Kevin Garey. The Dissenter[EB/OL]. https://newrepublic.com/article/97765/diane-ravitch-education-reform. 2011 - 11 - 23.

[208] Klein, A. Obama Defends Race To The Top[EB/OL]. http://www.edweek.org/ew/articles/2010/07/29/37obama.h29.html. 2010 - 7 - 29.

[209] Larry O'Connor. If Donald Trump Runs for President, This Interview May Come Back to Haunt Him [EB/OL]. http://ijr.com/2015/02/258713-donald-trump-runs-president-interview-may-come-back-haunt/. 2015 - 02 - 25.

[210] Lindsey M. Burke. Why There's a Backlash against Common Core[EB/OL]. http://www.nationalreview.com/article/344897. 2013 - 04 - 08.

[211] Mark Schneider. What Diane Ravitch Gets Wrong[EB/OL]. https://www.aei.org/publication/what-diane-ravitch-gets-wrong/. 2010 - 03 - 11.

[212] McDermott M. The Pearson Follies Part I[EB/OL]. http://educationalchemy.com/

2013／07／01／the -pearson-follies-an-ongoing-saga／. 2013－07－01.

[213] McNeil Michelle. Civil Rights Groups Call for New Federal Education Agenda[EB／OL]. http：//blogs.edweek.org/edweek/campaign-k－12/2010/07/civil_rights_groups_call_for_n.html. 2010－07－26.

[214] Menlo Park. Facebook Reports First Quarter 2015 Results[EB/OL]. http：//investor.fb.com/releasedetail.cfm?ReleaseID＝908022. 2015－04－22.

[215] Mercedes Schneider's EduBlog. Diane Ravitch's March 9th Speech in Long Island[EB／OL]. https：//deutsch29.wordpress.com/2015/03/12/diane-ravitchs-march-9th-speech-in-long-island／. 2015－03－12.

[216] MGA & CCSSO. Summary of Public Feedback on the Draft College- and Career-Readiness Standards for English-Language Arts and Mathematics[EB／OL]. http：//www.corestandards.org/assets/CorePublicFeedback.pdf. 2009.

[217] Mike Cronin. Common Core Standards Debated in State Senate Hearing[EB／OL]. http：//www.wmur.com/news/common-core-standards-debated-in-state-senate-hearing／30823546. 2015－01－20.

[218] Mike Klonsky. An Interview with Deborah Meier on the Small-Schools Movement[EB／OL]. http：//www. huffingtonpost. com /michael-klonsky-phd /deborah-meier-small-schools_b_859362.html. 2012－06－29.

[219] Molly Peterson. Obama May Disqualify Some States from School Grants[EB／OL]. http：//www.bloomberz.com/apps/news. 2009－07－24.

[220] Moyers & Company. Public Schools for Sale？[EB／OL]. http：//www. billmoyers.com/episode/public-schools-for-sale／. 2014－03－28.

[221] National Center for Education Statistics. The Condition of Education 2013, Public School Expenditures[EB／OL]. https：//nces. ed. gov /pubs2013 /2013037. pdf. 2013－05.

[222] National Education Goals Panel. The National Education Goals Report[EB／OL]. https：//www2.ed.gov/pubs/goals/report/goalsrpt.txt. 1991.

[223] NPE. Message from Diane Ravitch about Opt Out[EB／OL]. https：//vimeo. com /161182196. 2016－04－01.

[224] NPR. Debate：Should Schools Embrace the Common Core？[EB／OL]. http：//www.npr. org /2014 /09 /19 /347145921 /debate-should-schools-embrace-the-common-core.

2014 – 09 – 19.

[225] NPR. Diane Ravitch Rebukes Education Activists' "Reign of Error"[EB/OL]. http://www.npr.org/2013/09/27/225748846/diane-ravitch-rebukes-education-activists-reign-of-error. 2013 – 09 – 27.

[226] NYSAPE. Advocacy Groups Unite to March in Support of Public Education[EB/OL]. http://www.nysape.org/advocacy-groups-unite-to-march-in-support-of-public-education. html. 2014 – 04 – 16.

[227] NYSAPE. Guide to Refusal Policies and How to Handle Each Situation[EB/OL]. http://www.nysape.org/uploads/1/8/7/4/18747290/guide_to_refusal_policies.pdf. 2013 – 03 – 12.

[228] NYSAPE. NYS Allies for Public Education Endorses Full Slate of Candidates for the Board of Regents[EB/OL]. http://www.nysape.org/nysape-endorses-full-slate-of-candidates-for-the-board-of-regents.html. 2014 – 01 – 31.

[229] Partnership for 21st Century Learning. Framework for 21st century Learning[EB/OL]. http://www.p21.org/our-work/p21-framework.

[230] Paul Quintaro. Twitter MAU Were 302M for Q1, Up 18% YoY[EB/OL]. http://www.benzinga.com/news/earnings/15/04/5452400/twitter-mau-were-302m-for-q1-up-18-yoy. 2015 – 04 – 28.

[231] Pauline Vu. Do State Tests Make the Grade? [EB/OL]. http://www.stateline.org. 2008 – 01 – 17.

[232] PBS. Interview with Diane Ravitch[EB/OL]. http://www.pbs.org/wnet/tavissmiley/interviews/diane-ravitch – 2/. 2014 – 09 – 08.

[233] Philosophical Association. Statement on the Role of Philosophy Programs in Higher Education [EB/OL]. http://www.apaonline.org/?page=role_of_phil&hhSearchTerms=% 22critical+and+thinking%22. 2015 – 06 – 23.

[234] Scott Brinton. Jeanette Deutermann: Mother, Activist, Education Reformer[EB/OL]. http://liherald.com/stories/Jeanette-Deutermann-Mother-activist-education-reformer, 75193. 2015 – 12 – 30.

[235] Sean Cavanagh. A Wave of Feedback Over the Standards[EB/OL]. http://blogs. edweek.org/edweek/curriculum/2009/12/a_wave_of_feedback_over_the_st.html?qs= common+core+inmeta: Pub_year% 3D2009+inmeta: gsaentity_Source% 2520URL%

2520entities%3DEducation%2520Week%2520Blogs. 2009 - 12 - 04.

[236] Stanford Graduate School of Business. CAT at the GSB Overview Guide and Example Assignments[EB/OL]. http：//www. hbs. edu /rethinking-the-mba /docs /stanford-gsb-critical-analytical-thinking-at-stanford-gsb-2011.pdf. 2010.

[237] Stephen Sawchuk. Backers of "21st-Century Skills" Take Flak[EB/OL]. http：//www. edweek.org /ew /articles /2009 /03 /04 /23pushback _ep. h28. html? _ga = 2. 262972556. 1448258841.1497840310- 451289347.1497840310.

[238] Susan Ochshorn. Jeanette Deuterman Leads an All Star Team for the Whole Child[EB/OL]. http：//ecepolicyworks. com /jeanette-deutermann-leads-an-all-star-team-for-the-whole-child/. 2016 - 06 - 27.

[239] The Chicago Denfender. Obama Offers "Race To The Top" Contest for Schools[EB/OL]. http：//chicagodefender. com /2009 /07 /28 /obama-offers-race-to-the-top-contest-for-schools/. 2009 - 07 - 28.

[240] The Daily Show. Exclusive- Diane Ravitch Extended Interview PT. 2[EB/OL]. http：// www. cc. com /video-clips /gx7xf5 /the-daily-show-with-jon-stewart-exclusiv — diane-ravitch-extended-interview-pt-− 2. 2013 - 10 - 30.

[241] The Daily Show. Exclusive- Diane Ravitch Extended Interview PT. 2[EB/OL]. http：// www. cc. com /video-clips /gx7xf5 /the-daily-show-with-jon-stewart-exclusive — diane-ravitch-extended-interview-pt-2. 2013 - 10 - 30.

[242] The Glossary of Education Reform. Standards-based[EB/OL]. http：//edglossary.org/ standards-based/. 2014 - 12 - 05.

[243] Tom Torlakson. Recommended Modifications to the Common Core State Standards for Mathematics with California Additions and Model Courses for Higher Mathematics[EB/OL]. http：//www.cde.ca.gov/ci/ma/cf/ccssmpublichearing.asp. 2013 - 08 - 02.

[244] Traiman, S. Business involvemtne in eduaiton- A Nation at Risk, Partnerships with Business, Standards-based Reform, Fedral Education Policy [EB /OL]. http：// education. stateuniversity. com /pages /1808 /Business-Involvement-in-Education. html. 2010 - 04 - 25.

[245] Twitter Blog. Twitter Turns Six [EB /OL]. https：//blog. twitter. com /2012 /twitter-turns-six. 2012 - 03 - 21.

[246] U.S Department of Educaiton. Race To The Top program, Executive summary [EB /

OL]. https：//www2. ed. gov /programs /racetothetop /executive-summary. pdf. 2009 -
11.

[247] U.S Department of Education. American 2000：An Education Strategy [EB /OL].
http：//www.capenet.org/pdf/Outlook171.pdf. 1991.

[248] U.S. Department of Education. A Nation At Risk[EB /OL]. http：//files.eric.ed.gov /
fulltext/ED226006.pdf. 1983.

[249] U.S Department of Education. Every Student Succeeds Act [EB /OL]. http：//
edworkforce.house.gov/uploadedfiles/every_student_succeeds_act_-_conference_report.
pdf. 2015 - 12 - 10.

[250] U.S. Department of Education. Testing Action Plan：State and District Profiles[EB /
OL]. https：//www2.ed.gov/documents/press-releases/testing-action-plan-profiles.pdf.
2016.

[251] U.S. Department of Education. The Elementary and Secondary Education Act (The No
Child Left Behind Act of 2001)[EB/OL]. https：//www2.ed.gov/policy/elsec/leg/
esea02/107 - 110.pdf. 2002 - 01 - 08.

[252] U.S. Department of Education Press Office. King Announces Greduceuidance to States
to Help Reduce Testing[EB /OL]. http：//www.ed.gov /news /press-releases /king-
announces-guidance-states-help-reduce-testing. 2016 - 02 - 02.

[253] U.S. News. Are the Common Core Standards a Good Idea? [EB/OL]. http：//www.
usnews.com/debate-club/are-the-common-core-standards-a-good-idea. 2014 - 02 - 27.

[254] Union Leader Statehouse Bureau. Common Core Debate Fires Up Crowd[EB /OL].
http：//www. unionleader. com /article /20140206 /NEWS04 /140209356&template =
mobileart. 2014 - 02 - 06.

[255] UOO. A Letter to Our Supporters[EB /OL]. http：//Unitedoptout.com /about /letter-
from-us. 2012 - 01 - 21.

[256] UOO. Endorsements of UOO [EB /OL]. http：//unitedoptout. com /2012 /01 /01 /
endorsements-of-uoo/. 2012 - 01 - 01.

[257] UOO. Videos from Occupy DOE in DC 2012[EB /OL]. http：//unitedoptout.com /
archived /occupy-the-doe-march-30-april-2-2012 /videos-from-occupy-doe-in-dc-2012 /.
2012 - 06 - 21.

[258] Upadhyaya, P. How Apple, Google, Cisco are Competing for the $5 Billion K - 12

Ed-tech Market［EB／OL］. http：//www.bizjournals.com/sanjose/news/2013/11/25/
heres-how-silicon-valley-will-make.html. 2012－11－25.

［259］ W. James Popham. Standardized Testing Fails the Exam［EB／OL］. http：//www.
edutopia.org. 2005－03－23.

［260］ Woellert Lorraine，Dwyer Paula. As the School-reform Debate Heats Up，Where's
Business?［EB／OL］. http：//www. businessweek. com /stories /2001-04-29 /sa-the-
school-reform-debate-heats-up-wheres-business. 2001－04－29.

(五) 网站

［261］ https：//dianeravitch.net/.

［262］ https：//twitter.com/dianeravitch.

［263］ https：//unitedoptout.com/about/.

［264］ https：//www.coreknowledge.org/.

［265］ https：//www.edweek.org/search.html.

［266］ https：//www.facebook.com/groups/Longislandoptout/.

［267］ https：//www.facebook.com/United-Opt-Out-National-265810576790447/.

［268］ https：//www.nysape.org/about-us.html.

后　记

　　赵汀阳先生曾说过："思考自然的伟大秘密也许需要天才,但反思人的渺小秘密仅仅需要诚实。"诚然,我不是天才,难以洞察浩瀚的教育领域中神秘且深刻的奥义,却可以通过回溯撰写本书的点点滴滴来真诚地梳理整个成书过程中滋味万千的心路历程。

　　本书是在我博士学位论文基础上修改而成的,因此这段"姻缘"得从我有幸攻读博士学位开始。2013年的秋天,当我的导师彭正梅教授第一次问我想研究什么主题时,我曾幼稚地提出,希望借助"浪漫主义"这一概念对西方教育理论进行一番探讨。他没有做过多的评价,让我看看相关资料,理理思路。当时,我只是单纯地觉得这一概念很独特而且华丽;同时,"浪漫主义"通常会与很多有趣且感性的文学作品联系在一起,可能使得研究过程不至于过分枯燥。然而,这一单纯的想法很快被自己否决,一方面很难找到一个实在的对象入手进行研究,另一方面则是对"浪漫主义"这一概念,我自己把握不清楚。于是,我陷入很长时间的迷茫,在这一过程中,最初的研究设想虽然多次死灰复燃,却都难逃不攻自破的厄运。

　　读博的第二个学期,在参与彭老师的课题研究工作时,我越来越多地接触到美国当代教育。同时,"新自由主义"这一概念成为一个高频词汇,我总觉得导师似乎能把很多教育问题通过这一概念视角加以分析。说实话,刚开始的时候,我对这一概念多少是有些抵触的。因为它本身具有一定的复杂性,我无法搞清楚其内涵;更可怕的是还要基于此去研究一些教育问题,这更是令我为难。不过一段时间之后,我越来越认可这一概念,也似乎感觉到美国乃至当下很多国家教育现实的背后都蕴藏着新自由主义的逻辑。于是,通过与导师的几番讨论,我决定在"美国新自由主义教育改革"这一个问题域做一些研究。这时,导师一直以来对于"批判"的关注给了我一定的启示。因为就美国国内而言,对于新自由主义式的教育改革有很多争论,而这种争论正是一种"批判"的实践,彭老师也觉得研究这种"批判"的现象是一个不错的选择。不过,如何来展现这种"批判"，从什么角度进行分析，仍然是个难题。

2014 年底，我带着疑问进行了学位论文的开题陈述，但之后具体的研究设计让我感到更大的压力，以至于在那个寒假当中，每当我想到这个问题的时候，都不由得会打几个寒噤。2015 年的春天，在室友的引介之下，我旁听了周勇老师开设的"课程文化研究"课程。这门课主要是基于各种人文社会学科的理论，对教育尤其是历史上与课程相关的文化现象进行考察。在学习的过程中，我改变了之前对教育文化研究的理解，尤其是基于"文化学"和"文化研究"的区别，我似乎看到一种精致且奇妙的研究范式。这种范式强调对微观的文化现象的考察，强调通过具体的叙事来解释某种文化现象。于是我开始关注伯明翰学派，知道了《学做工》《弱者的武器》等文化研究的著作，以及霍加特、威利斯、福柯等一批文化研究学者。更重要的是，我注意到新文化史这一与文化研究密切相关的学术领域，并发现教育学实际上已经有了借鉴这种研究范式的作品。因此，我便开始思考，能否借助某个有效的理论工具，通过文化研究的方式对美国新自由主义教育的争论做一番考察呢？

正是在这种想法的驱动之下，我最终选择了"公共领域"这一理论视角，并且将研究问题聚焦于针对"美国标准化教育改革"的批评。由于这场改革具有明显的新自由主义特征，因而遭到来自公众的猛烈批判。如此一来，我的研究命题总算是基本确定了。不过，如何选择具体的案例进行分析，如何能够像"文化研究"那样讲述一个精彩且具有理论价值的好故事，再次成为新的难题。好在我有幸申请到赴美访学的机会，宾夕法尼亚大学的西格尔·本-波拉思（Sigal Ben-Porath）教授给了我许多具体的指导。有着深厚教育政治学背景的她首先建议我关注媒体舆论的声音，而且她为我提供了"选择退出"草根运动的经典案例。与此同时，彭老师则建议我可以去看一看学者们是如何评价标准化教育改革的。正是在两位导师的指导和支持下，我最终确定了论文的基本框架和写作思路。当然，此后的撰写依然是一个艰巨的过程，我曾因资料搜集的障碍而被迫中断写作长达四个月之久，也曾因部分章节设计得不合理，三万多字的内容被推倒重来。不过，好在这篇学位论文最后总算勉强完成，但是如今看来还是存在很多不足。尤其是就我研究设计的初衷而言，虽然基于文化研究范式这一构想，但它似乎并没有得到充分的体现。不过必须承认的是，正是带着这份情怀,我觉得这一路的研究经历在艰辛中始终渗透着快乐。

至此,这番记录像影片一样在我的脑海里生动地回放着。如果要用一句话来概括种种回忆与体悟,我想说:感谢一路走来关心、支持和帮助我的人,能够让最初的"姻缘"化作本书最终成形的果实。

感谢缘分让我有幸进入"彭门学府",让我获得丰富的学习体验与成长契机。在这里不仅有彭正梅教授长期以来的指导,还有一批志同道合的师兄弟姐妹给予我帮助。感谢缘分能够让我在华东师范大学接触到众多的学术名家,让我在分享他们的研究成果的同时开阔了视野,更重要的是让我有机会领略到各位前辈在追求学术道路上的执着与坚守。无论是国际与比较教育研究所这个充满国际化气息的学术殿堂,还是教育学部其他系所的多位老师,都在潜移默化中给予我各种启示和提点。感谢缘分让我在华东师范大学结识了新的同学和朋友,是你们让我在学业征途和论文撰写之余的时光变得多姿多彩。感谢缘分让我拥有严慈相济、善解人意且体贴包容的父母,正是他们近 30 年来的养育、支持与陪伴给予我学术道路上源源不断的动力。最后还要提到的是,本书是在我初入职场半年之后数易其稿完成的,这得益于时任浙江外国语学院教育学院院长吴卫东教授的大力支持。对于刚入职的我,吴教授非常关注我的专业发展,在工作之余,始终督促和鼓励我坚持学术研究,结合前期的基础,尽快稳定自己的研究方向并形成高质量的学术成果。对于吴教授的鞭策和关怀,我表示深深的谢意。教育学院的何伟强教授、潘瑶珍博士、胡敏博士和程静女士也为本书的最终成稿给予建议、关心和支持,在此一并致谢。

高 原

2021 年 8 月 10 日于浙江外国语学院寻语山下

图书在版编目（CIP）数据

众生喧嚣：公众如何影响K-12标准化教育改革 / 高原著. — 上海：上海教育出版社，2021.10
（面向21世纪能力的教育变革：中国与世界 / 彭正梅主编）
ISBN 978-7-5720-1104-7

Ⅰ.①众… Ⅱ.①高… Ⅲ.①教育改革－研究－美国 Ⅳ.①G571.21

中国版本图书馆CIP数据核字(2021)第200813号

责任编辑　钟紫菱
封面设计　陆　弦

面向21世纪能力的教育变革：中国与世界
彭正梅　主编
众生喧嚣：公众如何影响K-12标准化教育改革
高　原　著

出版发行	上海教育出版社有限公司
官　　网	www.seph.com.cn
地　　址	上海市闵行区号景路159弄C座
邮　　编	201101
印　　刷	上海展强印刷有限公司
开　　本	700×1000　1/16　印张18.5　插页1
字　　数	258 千字
版　　次	2021年11月第1版
印　　次	2021年11月第1次印刷
书　　号	ISBN 978-7-5720-1104-7/G·0863
定　　价	58.00 元

如发现质量问题，读者可向本社调换　电话：021-64373213